Winfried Kain

Die positive Kraft der Bilderbücher

Winfried Kain, Jg. 1965, arbeitet als Psychologe am Institut für Heilpädagogik, Salzburg, und freiberuflich in Deggendorf/Bayern. Er ist Lektor am Institut für Psychologie der Universität Salzburg.

Frühe Kindheit | Sprache & Literacy

Winfried Kain

Die positive Kraft der Bilderbücher

Bilderbücher in Kindertageseinrichtungen pädagogisch einsetzen

Cornelsen

Bei Fragen und Anregungen wenden Sie sich bitte an unsere Berater:
Marketing, 14328 Berlin, Cornelsen Service Center,
Servicetelefon 030/89 785 89 29
oder Winfried Kain, Institut für Heilpädagogik,
Kleßheimer Allee 81, A-5020 Salzburg, E-Mail: bwkain@aon.at

Weitere Informationen finden Sie im Internet unter:
www.cornelsen.de/fruehe-kindheit

Bibliografische Information: Die Deutsche Bibliothek verzeichnet diese Publikation in der Deutschen Nationalbibliografie; detaillierte bibliografische Daten sind im Internet über http://www.dnb.de abrufbar.

3. Auflage 2011

Lektorat: Katrin Sauer, Weinheim
Herstellung: Uwe Pahnke, Berlin
Layout & Satz: Markus Schmitz, Büro für typographische Dienstleistungen, Altenberge
Umschlaggestaltung: Claudia Adam Graphik-Design, Darmstadt
Druck und Bindung: Druckerei „Thomas Müntzer", Bad Langensalza
Wir danken allen im Werk aufgeführten Verlagen für die freundliche Überlassung der Bilddaten.

Printed in Germany

ISBN 978-3-589-24532-1

Für Noel und Lina

Inhalt

Vorwort

Bilderbücher sind in der Regel die ersten Bücher im Leben eines Kindes. Durch die einzigartige Verknüpfung von Bild und Text gelingt es ihnen, die Aufmerksamkeit von Kindern zu wecken und ihre Vorstellungen und ihre Phantasie auf verschiedenen Ebenen anzuregen. Hinzu kommt, dass sie Kindern einfach Spaß machen. In diesem Sinne sind sie eine unentbehrliche Quelle für die pädagogische Arbeit im Kindergarten, da sie wichtige Impulse für die Entwicklung von Kindern geben können. Im theoretischen Teil dieses Buches wird daher zunächst die Bedeutung von Bilderbüchern für die Förderung einzelner Entwicklungsbereiche erläutert. Ebenso werden wichtige Aspekte bei der kindlichen Wahrnehmung sowie Verarbeitung von Bilderbüchern dargestellt und es wird der Frage nachgegangen, welche Faktoren die Herangehensweise von Kindern an Bilderbücher beeinflussen können. Abschließend wird darauf eingegangen, wie Bilderbücher im Kindergarten präsentiert werden können.

Die Vielfalt der in Bilderbüchern behandelten Themen ist beeindruckend. Genauso beeindruckend ist jedoch mittlerweile auch die Anzahl der Bilderbücher, die veröffentlicht werden. Dies führt dazu, dass der Überblick, welche Bilderbücher sich für die Vermittlung wichtiger Themen eignen, schwer fällt. Ziel des praktischen Teils ist es daher, Erzieherinnen* strukturiert nach bestimmten Themenbereihen verschiedene Bilderbücher vorzustellen, die sich aufgrund verschiedener Qualitätsmerkmale besonders hervorheben wie z. B. die Bild- und Sprachgestaltung, die psychologische Aussagekraft, die Stimmigkeit der Geschichte oder das Potential eines Bilderbuches, spezifische Fertigkeiten eines Kindes gezielt zu fördern.

Ich hoffe, Ihnen mit der getroffenen Auswahl an Bilderbüchern eine hilfreiche Orientierung und Anregung für Ihre Arbeit im Kindergarten geben zu können. Natürlich können nicht alle ausgewählten Bücher Ihren Geschmack treffen. Ebenso wird es vorkommen, dass Sie bei gewissen Büchern andere Themen stärker im Vordergrund sehen oder andere Schlussfolgerungen ziehen. Sicherlich werden Sie sich auch fragen, warum bestimmte Bücher, die Sie in ihrer pädagogischen Arbeit mit Kindern schätzen und lieb gewonnen haben, nicht aufgeführt sind? Dies liegt in der Natur der Sache, wenn man bei einem so großen Terrain wie dem der Bilderbücher eine Auswahl vornimmt. Hinzu kommt, dass Bilderbücher uns immer auch unsere eigene Subjektivität aufzeigen, indem wir für bestimmte Bilderbuchstile und -themen eine Vorliebe entwickeln, während wir anderen nichts abgewinnen können oder sie sogar ablehnen. Gerade diese Tatsache ermöglicht aber die so wichtige Diskussion über das Für und Wider spezifischer Bilderbücher und über die Möglichkeiten bzw. auch die Grenzen ihres pädagogischen Einsatzes. Dieser Austausch fördert letztendlich den bewussten und reflektierten Umgang mit Bilderbüchern. Da ich selbst diesen Austausch sehr befürworte, möchte ich Sie auch dazu ermuntern, mir persönlich ihre Anregungen, kritischen Kommentare oder Hinweise auf so wichtige, aber im Buch nicht erwähnte Bilderbücher mitzuteilen.

* Der Einfachheit halber und da die überwiegende Mehrzahl der in Kindertageseinrichtungen Tätigen nach wie vor Frauen sind, wird in diesem Buch von Erzieherinnen gesprochen. Männliche Fachkräfte sind selbstverständlich mitgedacht.

An dieser Stelle möchte ich auch meinen Dank an verschiedene Personen aussprechen, die mich bei der Arbeit zu diesem Buch durch Anregungen und Empfehlungen unterstützt haben. Zunächst einmal möchte ich mich bei all den Kindern bedanken, welche ich im Rahmen meiner psychologischen Tätigkeit betreut habe und betreue. Sie zeigen mir immer wieder auf, wie vielfältig das kindliche Erleben ist und wie wichtig es ist, von der Offenheit und Unbekümmertheit der Kinder sowie von ihren Schwierigkeiten zu lernen. Für ihre Unterstützung danke ich auch den Verlagen, die dem Beltz Verlag oder mir Rezensionsexemplare zur Verfügung gestellt haben. Ganz herzlich bedanken möchte ich mich bei Frau Ulrike Bazlen vom Beltz Verlag, die dieses Buch durch ihre positive Unterstützung ermöglichte, und bei Frau Katrin Sauer vom Beltz Verlag für ihre hilfreichen Kommentare sowie für die ausgesprochen angenehme Zusammenarbeit. Ebenso gilt mein Dank der Buchhandlung Högn und der Buchhandlung Kelling in Deggendorf, insbesondere Frau Pelzer, die mich engagiert und tatkräftig bei der Suche nach guten Bilderbüchern unterstützte. Für wertvolle Empfehlungen und Hilfestellungen danke ich auch Bernadette Edtinger, Barbara Günther, Volker Heiduk, Wolfgang Käfer, Maria Kolcu, Ursula Mitmansgruber, Horst Mitmansgruber, Josef Oberauer, Frau Winter-Hopf sowie dem gesamten Praxisteam der Gemeinschaftspraxis Dr. Müller, Dr. von Eichhorn und Dr. Loibl-Keimer in Deggendorf. Als sehr wichtig und inspirierend erwiesen sich die bereichernden abendlichen Donnerstag-Diskussionen mit Marietta Keimer und Rudi Loibl-Keimer. Mein besonderer Dank, der eigentlich nicht in Worten zu fassen ist, geht schließlich an meine Frau Birgit, ohne deren liebevolle Unterstützung das Buch nie zustande gekommen wäre, und an meine Kinder Noel und Lina, die mein Leben auf so wunderbare Weise bereichern und mir auch immer wieder die Faszination der Bilderbücher vor Augen führen.

Winfried Kain
Salzburg, Juni 2006

1. Vom Zauber der Bilderbücher

Spricht man vom Zauber einer Sache, nimmt man in der Regel Bezug auf ein Ereignis, das uns tief berührt, erstaunen lässt und fasziniert. Dies kann einerseits dazu führen, dass wir in ungeahnte und doch so vertraute Empfindungen in unserem Inneren eintauchen oder dass wir in der Betrachtung des Gegenübers aufgehen und uns dabei selbst vergessen. Letztlich betreten wir eine Welt ohne Worte, in der wir uns selbst so nah wie selten kommen und im Geist nach Worten ringen, um diese Faszination zu fassen zu bekommen und zu begreifen. Doch so unerwartet dieses intensive Erleben oft auftaucht, so schnell lässt es auch nach. Das Wissen um diesen Zauber aber lässt uns länger nicht los, so dass wir manchmal mehr, manchmal weniger versuchen, das einmal Erlebte wieder hervorzuholen. Entsprechend können wir nicht umhin, den Auslöser dieses Zaubers immer wieder aufzusuchen, sei es indem wir ein Objekt oder ein Bild betrachten, uns an eine zauberhafte Begebenheit erinnern oder die Nähe eines beeindruckenden Menschen suchen.

Ist es nun zu hoch gegriffen, auch vom Zauber der Bilderbücher zu sprechen? Worin liegt dieser Zauber? Beim Kind selbst ist er unmittelbar zu beobachten. So wird er sichtbar im Leuchten der Augen eines Kindes, wenn es einer beeindruckenden Geschichte lauscht, im vertieften und faszinierten Umherschweifen bei der Betrachtung von Bildern, in den vielfältigen emotionalen Reaktionen auf geschilderte Ereignisse, im Lachen bzw. Spaß haben an spezifischen Darstellungen oder in den innigen Wünschen, eine Geschichte noch einmal und noch einmal vorgelesen zu bekommen. All diese Beispiele verdeutlichen, dass Kinder häufig intensiv in die Welt der Bilderbücher eintauchen, auch wenn sie ihre Empfindungen und Erlebnisse sprachlich nicht mitteilen können.

Der Zauber, der von Bilderbüchern ausgehen kann, zeigt sich aber auch in der Interaktion zwischen Kind und Erwachsenem, welche bei der gemeinsamen Betrachtung entsteht. Dies beginnt bereits bei der Schaffung einer heimeligen Atmosphäre für das Vorlesen eines besonderen Bilderbuches. Erwachsene versuchen, eine Geschichte besonders stimmungsvoll zu erzählen, indem sie ihren Lesestil verändern und an das Kind anpassen. Kinder schmiegen sich an den Erwachsenen und suchen seine körperliche Nähe, um einerseits eine Geschichte noch intensiver aufzunehmen und den Erzähler zu spüren. Andererseits um die so entstehende Geborgenheit sowie Vertrautheit, die Kinder wie Erwachsene aus dem Alltag herausheben, zu genießen. Schließlich kann sich der Zauber auch darin äußern, dass einen die Inhalte eines Bilderbuches nicht mehr loslassen und sich sowohl das Kind als auch der Erwachsene auf diese im Alltag oder in bestimmten Situationen beziehen.

Während Kinder noch viel unmittelbarer und direkter reagieren und sich „verzaubern" lassen, erfolgt die persönliche Herangehensweise des Erwachsenen an Bilderbücher viel reflektierter, auch nüchterner und distanzierter. Dafür sind verschiedenste Aspekte verantwortlich. So stellen Bilderbücher für Kinder Entdeckungsreisen dar, bei denen sie auf unbekannte und Aufmerksamkeit erregende Facetten des Lebens und der Welt stoßen. Entsprechend stellt sich automatisch Staunen und auch Verwunderung ein. Der Erwachsene dagegen hat diese Reisen großteils schon hinter sich, obwohl es auch für ihn mehr zu entdecken gilt, als er vielleicht annimmt. Ebenso tendiert der Erwachsene dazu, Geschichten und Bilder einzuordnen, sei es von seiner Interpretation einer Geschichte her oder von seinen Überlegungen, welches Buch am besten für ein Kind geeignet ist und wozu es gut sein könnte. Kinder betrachten dagegen in erster Linie nicht die „Moral der Geschichte" oder den Sinn eines Bilderbuches. Vielmehr fühlen sie sich bei der ersten Betrachtung eines Bilderbuches vorwiegend einmal von den Bildern selbst angesprochen oder auch nicht. Anhand der Orientierung an den Bildern beginnen sie, das Gesehene und Gehörte zu kombinieren. Der Erwachsene ist somit in erster Linie textorientiert, während das Kind vorwiegend bildorientiert vorgeht. Ebenso stellt der Erwachsene klare Bezüge zu bestimmten Thematiken und Aspekte her, während das Kind noch mehr in eigenen Phantasien und in Vermutungen verweilt. Aufgrund dieser unterschiedlichen Herangehensweisen ist es wichtig, dass der Erwachsene das Kind nicht zu sehr durch seine Interessen und Interpretationen des Bilderbuchs lenkt, sondern offen bleibt für viele Betrachtungsmöglichkeiten. Insofern sollte dem Kind bei der Betrachtung eines Bilderbuches der notwendige Freiraum gegeben werden, damit es sich einem Thema auch auf unbeeinflusste Weise nähern und für sich selbst Fragen und Antworten finden kann, die nicht immer verbalisiert werden müssen und sollen. Diese Balance zwischen sinnvollen Anregungen seitens des Erwachsenen und der eigenständigen kreativen Auseinandersetzung seitens des Kindes ermöglicht schließlich ein gemeinsames Entdecken anstelle eines „Überpädagogisierens".

In Anbetracht dieser Überlegungen wird deutlich, dass es sich beim Bilderbuch um eine bedeutende und oftmals auch unterschätzte literarische Gattung handelt. Dies liegt einerseits an der besonderen Kombination zwischen Bild und Text, welche ja bei jüngeren Kindern zu einer tieferen Verarbeitung von Inhalten beiträgt. Andererseits werden sie in einer äußerst sensitiven Entwicklungsphase verwendet, in der Kinder prägende und nachhaltige Eindrücke für ihr weiteres Leben erhalten. Gerade durch die Offenheit, Unvoreingenommenheit und durch die natürliche Neugier, mit der die meisten Kinder in ihrer „Bilderbuchphase" an ihre Umwelt herantreten, können Bilderbücher Kindern viel für ihr Leben mitgeben. So lernen Kinder verschiedenste Facetten des Menschseins und der Welt kennen. Durch die Symbolkraft als auch durch die Einfachheit, mit der gute Bilderbücher spezifische Ereignisse darstellen, können sich Kinder innerlich ein Repertoire an Handlungsmöglichkeiten im Umgang mit ähnlichen Situationen aufbauen. Das Traumhafte und Phantasievolle vieler Bilderbuchgeschichten trägt dazu bei, dass sich dieses Repertoire nicht selten tief in das Gedächtnis einprägt. Die Einbettung von Geschichten in einen positiven Bezugsrahmen und die Auflösung bestehender Schwierigkeiten bzw. Gefahren in einen glücklichen Ausgang vermittelt vielen Kindern Geborgenheit und bietet auch Schutz und Zuflucht für Kinder in schwierigen Lebensumständen. Das Erzählen von Geschichten spielt in vielen Kulturen eine bedeutende Rolle, um mit schicksalhaften Ereignissen umzugehen und Trost zu erhalten. Gerade durch das Bilderbuch erhalten auch jüngere Kinder unabhängig vom Erwachsenen die Möglichkeit, sich anhand der Bilder in tröstende oder Mut machende Geschichten wieder und wieder einzudenken. Entsprechend können Bilderbücher für Kinder zu einem wichtigen Weggefährten für schwierige Zeiten werden. Ein weiterer wichtiger Impuls, den Kinder über gute Bilderbücher erhalten, ist die Entwicklung eines Gespürs für ästhetische Bilddarstellungen und für schöne bzw. anmutige Sprache. In einer Zeit, in der Kinder mit visuellen Reizen und oft auch mit fragmentierter Sprache überhäuft werden, ist dies bedeutender denn je. Es erweist sich also als wichtig, sich der positiven Kraft, die in Bilderbüchern steckt, bewusst zu werden und sie in einer verantwortungsvollen Weise zu nutzen, um Kindern einerseits Orientierung zu geben und andererseits aber den Freiraum zu lassen, den sie für eine eigenständige Persönlichkeitsentwicklung brauchen.

2. Bedeutung von Bilderbüchern für die Entwicklung von Kindern

2.1 Förderung der sprachlichen Kompetenzen

2.1.1 Allgemeine Sprachentwicklung

Einer der wichtigsten Aspekte für den pädagogischen Einsatz von Bilderbüchern betrifft die Förderung der allgemeinen Sprachentwicklung bei Kindern. Um diesbezüglich einen differenzierteren Zugang zu erhalten, ist es sinnvoll, die verschiedenen Komponenten bei der Sprachentwicklung des Kindes zu betrachten. Nach Grimm (1999) lassen sich bei der Sprachentwicklung insbesondere drei Kompetenzen unterscheiden: *prosodische*, *linguistische* und *pragmatische* Kompetenz. Mit *prosodischer* Kompetenz wird Bezug genommen auf die Fähigkeit des Kindes, die Rhythmik, Betonung und Sprachmelodie von Spracheinheiten wahrzunehmen, zu unterscheiden und zu produzieren. Die *linguistische* Kompetenz lässt sich in vier Komponenten unterteilen. Die *phonetisch-phonologische* Komponente bezieht sich einerseits auf die akustischen Eigenschaften von Sprachlauten (Phonetik) und andererseits auf die Wahrnehmung bzw. Verwendung von Sprachlauten (Phonologie). Die *semantisch-lexikalische* Komponente betrifft die Bedeutung von Wörtern sowie den Wortschatz. Die *morphologische* Komponente beinhaltet die Bildung und Bedeutungsstrukturierung von Wörtern anhand von Morphemen (kleinste bedeutungstragende Einheit der Sprache), wobei insbesondere Ableitungs- (fröhlich – Fröhlichkeit) und Flexionsmorpheme (gehen – er geht – er ist gegangen) unterschieden werden. Die *syntaktische* Komponente wiederum regelt den Bau und die Gliederung von Sätzen bzw. Satzformen. Die *pragmatische* Kompetenz betrifft schließlich die Art, wie wir Sprache kommunikativ in Abhängigkeit vom Kontext verwenden.

Es ist nun anzunehmen, dass das Vorlesen von Bilderbüchern all diese Kompetenzen bereits bei Kindern ab ein bis zwei Jahren fördert. Kinder sind bereits sehr früh in der Lage, prosodische Merkmale einer Sprache wahrzunehmen und zu berücksichtigen. Gefördert wird dies besonders durch die spezifische Art der Sprachmelodie und Betonung, welche Erwachsene in der Unterhaltung mit Säuglingen (Baby Talk) und Kleinkindern verwenden. Neben der wichtigen kommunikativen und emotionalen Bedeutung hat diese betonte Art des Redens auch eine wichtige Funktion für den Spracherwerb, da es einerseits das Interesse für Sprache weckt und andererseits die Einprägung von wichtigen Wörtern unterstützt. Das Vorlesen von Bilderbüchern ist geprägt von der verstärkten Benutzung prosodischer Elemente: Rhythmik und Sprachmelodie, insbesondere bei Büchern mit Reimen, gezielte Betonung wichtiger Wörter oder bei der direkten Rede. In diesem Sinne ist es möglich, Kinder in ihrer Sensibilität für prosodische Merkmale der Sprache zu fördern. Ebenso lernen sie durch das Nachsprechen oder Nachspielen eingängiger Inhalte selbst, diese Aspekte im eigenen Tun auszuprobieren und zu verfeinern. Angesichts dieser Bedeutung von Bilderbüchern für die Entwicklung der prosodischen Kompetenz ist es erstaunlich, dass es diesbezüglich noch keine expliziten Forschungsstudien gibt.

Die Wirksamkeit von Bilderbüchern auf die Förderung des *semantisch-lexikalischen* Bereiches ist durch viele Forschungsstudien sehr gut belegt. So zeigte sich in experimentellen Studien, dass gezieltes Vorlesen von Bilderbüchern zur Verbesserung des Wortschatzes und der Kenntnis der Bedeutung von Wörtern beiträgt (Dickinson & Smith 1994; Sénéchal & Cornell 1993; Wasik & Bond 2001). Umgekehrt hatten Kinder, welche zu Hause auf eine höhere Anzahl von Bilderbüchern zurückgreifen konnten und diese häufiger bzw. interessierter mit ihren Eltern betrachteten, einen größeren Wortschatz (Sénéchal et al. 1996). In Bezug auf den *phonologischen* Bereich ist die Befundlage gemischt. In verschiedenen Interventionsstudien ergab sich durch das alleinige Vorlesen von Bilderbüchern keine spezifische Verbesserung der phonologischen Bewusstheit (Bewusstsein über die lautliche Struktur der Sprache wie Phonem- oder Reimerkennung) im Unterschied zu gezielten Trainingmaßnahmen (Justice & Pullen 2003). Da sich diese Studien in der Regel über relativ kurze Zeiträume erstrecken, ist dennoch zu vermuten, dass sich das langfristige Lesen von Bilderbüchern zu Hause und im Kindergarten positiv auf diesen Bereich auswirkt. Dies belegt auch eine Studie von Foy und Mann (2003), welche bei 4- bis 6-jährigen Kindern einen positiven Zusammenhang zwischen phonologischer Bewusstheit und Lesekultur im häuslichen Bereich fanden. Gezielte Studien zum Einfluss von Bilderbüchern auf den *morphologischen* und *syntaktischen* Bereich fehlen. Angesichts der in der Literatur beschriebenen allgemein positiven Auswirkungen auf die rezeptiven und expressiven Sprachfertigkeiten (Bus et al. 1995) ist jedoch davon auszugehen, dass das kontinuierliche Vorlesen von Bilderbüchern ebenso das Bewusstsein für Morpheme und für die Satzbildung schärft.

2.1.2 Narrative Fertigkeiten

Neben der Förderung der allgemeinen Sprachentwicklung erhalten die Kinder durch das Vorlesen von Bilderbüchern auch ein Gefühl für die Erzählstruktur von Geschichten und werden dadurch gestärkt in ihren eigenen narrativen (erzählenden) Fertigkeiten.

Prinzipiell lassen sich bei Geschichten narrative und episodische Komponenten unterscheiden. Mit den narrativen Komponenten wird darauf Bezug genommen, dass Geschichten eine klassische Struktur haben (Einleitung, Hinführung zum Höhepunkt, Höhepunkt, Ende), an bestimmten Schauplätzen stattfinden, Personen oder Tiere hinsichtlich ihrer Eigenschaften charakterisieren sowie Dialoge und Handlungen beschreiben. Episodische Komponenten beziehen sich dagegen auf die Motive bzw. Interessen sowie Gefühle bzw. Gedanken der handelnden Figuren und auf die Darstellung von spezifischen, meist unerwarteten Problemsituationen und dem Umgang damit. Bildlich gesprochen kann dies mit einem Theaterstück verglichen werden, in dem die narrativen Komponenten durch die Bühne, die Auswahl der Schauspieler bzw. Charaktere und durch die Gestaltung von Dialogen und Handlungen verkörpert werden, während durch das Spiel selbst erst die episodischen Komponenten für den Betrachter zum Tragen kommen.

Wie sehr nun einzelne Bilderbücher die narrativen Fertigkeiten von Kindern fördern können, ist einerseits von der Gestaltung des Bilderbuches selbst als auch von der Präsentation und Nachbesprechung durch den Erwachsenen abhängig. Hinsichtlich der Gestaltung von Bilderbüchern sollten dabei unterschiedliche Aspekte je nach dem Alter der Kinder, denen man das Buch vorliest, berücksichtigt werden. So profitieren jüngere Kinder unter vier Jahren davon, wenn der Inhalt der Geschichte nicht zu komplex ist, die Schauplätze nicht zu stark wechseln und die Anzahl der dargestellten Figuren begrenzt ist. Ebenso profitieren gerade jüngere Kinder von der gezielten Verwendung von Verbindungswörtern (wie z. B. dann, danach, weil, aber, und, nun). Dies ermöglicht eine bessere Überschaubarkeit und damit auch die Möglichkeit, die einzelnen Darstellungen sukzessive nachzuerzählen und miteinander in Verbindung zu bringen. Da sich jüngere Kinder vorwiegend auf die Betrachtung und Beschreibung von Handlungen und Objekten beziehen, sollten nicht zu viele Dialoge oder vielschichtige Bezüge auf Gedanken bzw. Gefühle einer Figur enthalten sein. In Bezug auf das Bild-Text-Verhältnis sollte der Text nicht zu dominant und ausführlich sein, da gerade jüngere Kindern sich vorwiegend an den Bildern orientieren und somit vieles hören, was sie nicht sehen können.

Eine besondere Anregung zur Förderung narrativer Fertigkeiten ermöglichen textlose Bilderbücher, welche eine Geschichte erzählen. Leider gibt es im deutschsprachigen Raum nur wenige Bilderbücher von dieser Art, so dass man ohne Probleme auch auf englischsprachige Bilderbücher zurückgreifen sollte. Der Vorteil dieser Bilderbücher liegt darin, dass die Reihenfolge der Bilder sehr detailliert und gut aufeinander abgestimmt aufgebaut ist. Dadurch sind Kinder besser in der Lage, den sequentiellen Aufbau einer Geschichte über das bildliche Denken nachzuvollziehen und zu verinnerlichen (Jalongo et al. 2002).

Neben den Gestaltungselementen von Bilderbüchern fördert auch die Art der Präsentation und Nachbesprechung von Bilderbüchern durch Erwachsene narrative Fertigkeiten. Dies beginnt bereits beim Vorlesen durch die Art der Intonation, welche z. B. Dialoge von Beschreibungen abhebt, und endet bei der Nachbesprechung durch gezielte Fragen zum Ablauf der Geschichte. Eine weitere Strategie besteht darin, Kinder zunächst die Bilder betrachten und beschreiben zu lassen. Dadurch entwickeln sie eine innere Vorstellung von zentralen Aspekten einer Geschichte (Figuren, Ereignisse, Szenerien) und können durch diese Vorüberlegungen einerseits aufmerksamer der Geschichte lauschen und andererseits Gehörtes sowie Gesehenes intensiver miteinander verknüpfen. Ebenso ist es möglich, nach der Präsentation einer Geschichte Fotokopien der Bilder auf den Boden zu legen, um die Abfolge der Geschichte im wahrsten Sinne des Wortes „durchzugehen“. Eine kognitiv anspruchsvollere Variante besteht darin, die Bilder ungeordnet auf den Boden zu legen und die Kinder selbst die Abfolge der Geschichte legen zu lassen.

2.1.3 Emergent literacy

Mit dem Begriff „emergent literacy", für den im Deutschen keine passende Bezeichnung vorzufinden ist, wird allgemein Bezug genommen auf die Lernprozesse, welche Kinder im Umgang mit Büchern und mit der Schriftkultur vor der Einschulung machen. Die Bezeichnung „emergent" bezieht sich dabei auf die Tatsache, dass Kinder bereits vor dem Erlernen des Lesens und Schreibens eine Vertrautheit und ein Wissen für die Bedeutung und den Kontext der schriftsprachlichen Verwendung von Sprache entwickeln. Verstärkte Aufmerksamkeit wird dabei sogenannten Vorläuferfertigkeiten gewidmet, welche einen starken Einfluss auf die spätere Entwicklung und Praktizierung des Lesens und Schreibens ausüben. Darunter fallen beispielsweise folgende Erfahrungen und Fertigkeiten: Vertrautheit und praktischer Umgang mit Büchern, Interesse für Bücher, Verständnis der Bedeutung der Schriftsprache für die Kommunikation zwischen Menschen, Bewusstsein und Kenntnis von Logos sowie Buchstaben, Unterscheidung von Zeichnungen und Schrift, phonologische Bewusstheit. Der Begriff *Literacy* bezieht sich dabei jedoch nicht nur auf die allgemeine Lese- und Schreibkompetenz, sondern umfasst auch Kompetenzen im Textverständnis und Sinnverstehen, in der sprachlichen Abstraktionsfähigkeit sowie in der Vertrautheit mit literarischer Sprache (Ulich & Oberhuemer 2004) und beinhaltet somit auch Facetten der allgemeinen sprachlichen und narrativen Entwicklung.

Dem Bilderbuch kommt im Aufbau all dieser Fertigkeiten eine zentrale Rolle zu. Bereits die erste Auseinandersetzung von Kleinkindern mit kleinen Pappbilderbüchern schult sie im basalen Umgang mit Büchern allgemein: Erkennen von Vorder- und Rückseite, richtiges Halten von Büchern, Umblättern von Seiten und Erfassen der „Leserichtung" von links nach rechts. Ebenso erhalten Kinder im Umgang mit Bilderbüchern eine Vorstellung über die Bedeutung und Funktionsweise der Druckschrift bzw. Schriftsprache. Die geleitete und eigenständige Betrachtung von Bilderbüchern fördert das Interesse an Büchern und damit auch die Motivation, später selbst Bücher zu lesen. Die Verwendung anspruchsvoller Bilderbücher sensibilisiert für die Ästhetik von Sprache. Schließlich zeigte sich, dass die Kultivierung des Betrachtens und Vorlesen von Bilderbüchern Kinder besser auf den Lese- und Rechtschreiblernprozess in der Schule vorbereitet (Snow et al. 1998).

2.2 Förderung allgemeiner kognitiver Fähigkeiten

2.2.1 Förderung der Aufmerksamkeit

Wenn wir Kinder dabei beobachten, wie sie sich bei verschiedenen Aktivitäten und Anforderungen seitens der Umwelt verhalten, nehmen wir oft Bezug auf das Konzept der Aufmerksamkeit. Oft erfolgt dies, ohne dass es uns bewusst ist, indem wir unser Handeln automatisch darauf abstimmen, ob wir Kinder als aufmerksam oder unaufmerksam einschätzen. So bestätigen wir aufmerksame Kinder, indem wir sie loben, ihre Tätigkeit positiv kommentieren oder sie in ihrer vertieften Auseinandersetzung mit einer Sache weiter belassen. Ebenso reagieren wir bei unaufmerksamen Kindern, indem wir entweder unser Handeln so ändern, dass wir vermehrt Aufmerksamkeit seitens des Kindes erhalten, oder auf das Kind selbst einwirken, damit es aufmerksamer wird. Meist erfolgt dies im Alltag auf der Grundlage eines subjektiven groben Rasters, was für uns Aufmerksamkeit bzw. Unaufmerksamkeit bedeutet. Neuropsychologische Studien zeigen jedoch, dass es sich bei der Aufmerksamkeit um ein komplexes Phänomen handelt, dessen Vielschichtigkeit in der pädagogischen

Aufmerksamkeits-komponente	Definition	Beispiele für Defizite
Aufmerksamkeits-aktivierung (Alertness)	Allgemeiner Wachheitszustand	Aufgrund von Müdigkeit und mangelnder Wachheit werden wichtige Bilddetails oder Inhalte nicht wahrgenommen oder verarbeitet
Ausdauer (Vigilanz)	Fähigkeit, länger bei einer (monotonen) Sache zu bleiben	Nachlassen des Zuhörens bei längerer Präsentation Gute Erinnerung an den Anfang, während der Schluss vergessen wird
Selektive Aufmerksamkeit	Fähigkeit, sich auf zentrale Aspekte zu konzentrieren und andere Ablenkungen auszublenden	Die fortlaufende Erfassung zentraler Figuren oder Aspekte der Geschichte gelingen nicht Ablenkung durch weniger relevante Inhalte oder Bilddetails
Geteilte Aufmerksamkeit	Fähigkeit, mehrere Dinge gleichzeitig wahrzunehmen und zu beachten	Mangelnde Verarbeitung bzw. Integration von sich ergänzenden Bild- und Textelementen

Tab. 1: Komponenten der Aufmerksamkeit

Arbeit stärker zu berücksichtigen ist, insbesondere dann, wenn man die Aufmerksamkeit von Kindern fördern will. Generell lassen sich vier Aufmerksamkeitskomponenten unterscheiden (➛ Tabelle 1). Schwächen in diesen Komponenten führend dementsprechend zu unterschiedlichen Problemen bei der Verarbeitung von Bilderbüchern.

Bilderbücher sind nun ein wunderbares Medium, die unterschiedlichen Aufmerksamkeitskomponenten in der frühen Kindheit zu fördern. So lässt sich die Ausdauer sehr gut durch die abgestufte Wahl der Komplexität von Bilderbüchern trainieren. Die Komplexität bezieht sich dabei sowohl auf die Einfachheit bzw. Dichte der bildlichen Darstellungen als auch auf die Länge der Sätze bzw. des Textes. Die selektive Aufmerksamkeit kann insbesondere in Such- bzw. Wimmelbilderbücher gefördert werden. Bei jüngeren Kindern sollten dabei Bücher verwendet werden, welche auf jeder Seite neue Personen oder Gegenstände abbilden, die durch gezieltes Fragen entdeckt werden sollen. Bei älteren Kindern eignen sich Suchbilderbücher, welche anregen, Personen in ihren Tätigkeiten weiterzuverfolgen. Zur Förderung der geteilten Aufmerksamkeit sollten schließlich Bilderbücher herangezogen werden, welche unterschiedliche Facetten von Handlungen oder die wechselseitige Dynamik beim Verhalten unterschiedlicher Personen betonen.

Ebenso eignen sich Bilderbücher, insbesondere in der Einzelarbeit, sehr gut zur Erfassung unterschiedlicher Aufmerksamkeitsprobleme von Kindern. Durch gezielte Beobachtung und geschicktes Nachfragen ist somit die Klärung möglich, ob Kinder primär in ihrer Ausdauer, in ihrer selektiven oder geteilten Aufmerksamkeit Probleme haben. Entsprechend dieser Einschätzungen können schließlich gezielt Bilderbücher verwendet werden, welche diese Facetten trainieren.

2.2.2 Förderung des Gedächtnisses

Grundsätzlich lassen sich drei Phasen bei Gedächtnisprozessen unterscheiden. Zunächst werden Informationen wahrgenommen und eingeprägt (Enkodierung, erste Phase). Dies kann sowohl beabsichtigt als auch ohne Absicht geschehen. Daraufhin erfolgt die Speicherung der Informationen (zweite Phase), welche dann entsprechend dem Kontext abgerufen bzw. erinnert werden (dritte Phase). Eine weitere Differenzierung betrifft die verschiedenen Gedächtnissysteme. Mit dem sensorischen Gedächtnis bzw. Ultrakurzzeitgedächtnis (Speicherdauer begrenzt auf wenige hundert Millisekunden) wird Bezug genommen auf den bereits oben angeführten Wahrnehmungsprozess. Die weitere Verarbeitung der Informationen erfolgt im Kurzzeit- bzw. Arbeitsgedächtnis. Dabei lassen sich ein Subsystem zur Verarbeitung sprachlicher („phonologische Schleife") und visuell-räumlicher („visuell-räumlicher Skizzenblock") Informationen unterscheiden. Das längerfristige Behalten von Informationen wird schließlich dem Langzeitgedächtnis zugeordnet. Die Abspeicherung im Langzeitgedächtnis kann prinzipiell implizit oder explizit erfolgen. Implizit bedeutet hierbei, dass die Informationen entweder nicht bewusst abgespeichert wurden oder erinnert werden müssen (z. B. Fertigkeiten beim Autofahren). Demgegenüber bezieht sich das explizite Gedächtnis auf das bewusste Erinnern von episodischen Ereignissen oder semantischen Fakten.

Bilderbücher sind nun aus mehreren Gründen eines der besten Medien in der frühen Kindheit, um Gedächtnisprozesse zu fördern. So trägt die Verknüpfung von Text und Bild dazu bei, dass bereits das alleinige Betrachten der Bilder Kinder dazu anregt, sich die Inhalte und den Fortgang einer Geschichte aus dem Gedächtnis vorzustellen und zu rekapitulieren. In diesem Sinne sind die Bilder die Vehikel für den Abruf und die Vertiefung von Erinnerungen. Nicht zu unterschätzen ist hierbei der konstruktive Gestaltungsprozess, welcher das abgespeicherte Wissen mit neu entdeckten Einzelheiten und Assoziationen verbindet. Das Betrachten ist somit mehr als ein Erinnern, da Bekanntes mit Neuem integriert werden muss. Eine weitere Quelle für den Ausbau von Gedächtnisprozessen liegt in der Faszination, die Bilderbücher auf Kinder ausüben können. Diese Faszination ist der Motor für das Bedürfnis, bestimmte Bücher immer wieder vorgelesen zu bekommen. Und wie selbstverständlich und ganz ohne Anstrengung stellt sich bei den Lieblingsbüchern die Fähigkeit

Gedächtnisphase	Modalität	Vertiefungsstrategien
Wahrnehmung und Enkodierung	Visuell	▪ Abbildungen vor dem Lesen benennen lassen ▪ Nicht-Gesehenes umschreiben und zeigen lassen
	Verbal	▪ Betonung von wichtigen Wörtern und Textpassagen ▪ Erklärung von möglichen unbekannten Wörtern/Begriffen
Abspeicherung	Visuell	▪ Bildelemente zeichnen lassen ▪ Emotionsausdrücke beschreiben lassen; auf bildliche Veränderungen hinweisen ▪ Kopien der Abbildungen zeitlich ordnen lassen
	Verbal	▪ Nachfragen (was war vorher – was ist jetzt?) ▪ Nacherzählen lassen und Nachspielen von Textpassagen
Abrufen von Erinnerungen	Visuell	▪ Bildausschnitte zeigen und sich den Rest beschreiben lassen ▪ Bei mehrmaligem Vorlesen nach Bilderinnerung fragen
	Verbal	▪ Bei mehrmaligem Vorlesen Pausen einbauen und Wörter/Textpassagen benennen lassen ▪ Geschichte frei nacherzählen lassen

Tab. 2: Gezielte Förderung von Gedächtnisprozessen bei der Präsentation von Bilderbüchern

ein, ganze Textstellen vorwegzunehmen oder mitzusprechen. Nicht selten wissen Kinder noch Jahre danach diese Stellen auswendig.

Angesichts des hohen Aufforderungscharakters von Bilderbüchern stellt sich die Frage, wie in der pädagogischen Arbeit spezifische Gedächtnisprozesse zusätzlich gefördert werden können. In Anlehnung an die oben angeführten Differenzierungsmöglichkeiten lassen sich insbesondere folgende Anregungen geben (➛ Tabelle 2).

2.3 Förderung emotionaler Kompetenzen

2.3.1 Verständnis von Gefühlen und ihre Entstehung

Die Darstellung von Gefühlen nimmt in vielen Bilderbüchern einen breiten Raum ein. Nicht wenige Bücher konzentrieren sich sogar darauf, die verschiedenen Facetten eines spezifischen Gefühls gezielt im Rahmen einer Geschichte herauszuarbeiten und zu veranschaulichen. Gerade die Kombination zwischen Text und bildlicher Darbietung bewirkt, dass Bilderbücher ein ideales Medium sind, bereits jüngere Kinder in ihrem Verständnis für Gefühle zu fördern. Dem kommt entgegen, dass es oft auch die dargestellten Gefühle von Figuren sind, die Kinder besonders faszinieren und dazu führen, ein bestimmtes Buch immer und immer wieder zu lesen. In verschiedenen Studien konnte beobachtet werden, dass das Betrachten und Vorlesen von Bilderbüchern die Gespräche von Eltern und Kindern über Gefühle verstärken. Die langfristige positive Wirkung zeigt sich darin, dass gerade das Ausmaß, in dem Eltern mit ihren Kindern über Gefühle sprechen, ein wichtiger Einflussfaktor auf die spätere emotionale und soziale Kompetenz von Kindern ist.

Auf welche Weise tragen nun Bilderbücher spezifisch zum besseren Verständnis von Gefühlen bei? Grundsätzlich lassen sich hierbei insbesondere vier verschiedene Ebenen unterscheiden. Über die Bilder lernen Kinder sowohl die spezifischen Ausdrücke verschiedener Emotionen kennen als auch, diese zu differenzieren. Dies trifft in erster Linie auf die Basisemotionen (Freude, Ärger, Traurigkeit, Angst, Ekel, Überraschung, Interesse) zu, die mit klar unterscheidbaren körperlichen Ausdrucksformen einhergehen. Demgegenüber sind die sogenannten selbstbezogenen Emotionen (wie Stolz, Scham, Verlegenheit, Schuld, Neid oder Eifersucht) viel schwieriger über den körperlichen Ausdruck zu erkennen. Die im Text stattfindende Bezeichnung der Gefühle fördert das Emotionsvokabular. Über die erzählte Geschichte wiederum bauen Kinder ihr Verständnis über unterschiedliche Facetten von Gefühlen aus. Schließlich erhalten Kinder durch die Identifizierung mit den Figuren einen Zugang zu ihrem eigenen Emotionserleben. Eine genauere Analyse, wie Bilderbücher zum Aufbau der emotionalen Kompetenz beitragen, ist der Tabelle 3 zu entnehmen.

Ebene	Komponente	Förderungsmöglichkeiten mithilfe des Bilderbuchs
Emotions-ausdruck	Gesichtsausdruck	▪ (Überzeichnete) Darstellung von Mimiken fördert die Wahrnehmung bzw. Analyse von Gesichtsausdrücken ▪ Vertiefung der Wahrnehmung durch Imitation
	Körperhaltung	▪ Vertiefung des Verständnisses für Körperhaltungen durch deren spielerische Imitation
	Stimme	▪ Gezielte Intonation der Erzieherin beim Vorlesen fördert das Gespür für den stimmlichen Ausdruck von Gefühlen
Emotions-vokabular	Passives Verständnis	▪ Vertiefung des Verständnisses von Emotionswörtern durch gezielte Betonung und Erklärung
	Aktiver Gebrauch	▪ Kinder spezifische Emotionswörter bei wiederholtem Vorlesen benennen lassen
	Synonyme	▪ Hinweise auf ähnliche Emotionswörtern (z.B. wütend, zornig, ärgerlich) durch Erzieherin
Emotions-verständnis	Auslöser	▪ Thematisierung des Bezugs zwischen Ereignissen und auftretenden Emotionen ▪ Besprechung von Situationen im Alltag, die ähnliche Emotionen auslösen können
	Ursachen	▪ Vertiefung des Verständnisses für die Entstehung von Gefühlen. Besprechung des Zusammenhangs zwischen Wünschen bzw. Gedanken und auftretenden Gefühlen
	Konsequenzen	▪ Besprechung, was das Gefühl bei der Figur selbst und bei anderen bewirkt ▪ Bezug herstellen zu Situationen im Kindergarten
	Zeitlicher Verlauf	▪ Thematisierung, wie sich Gefühle verändern oder auflösen können
	Intensität	▪ Unterschiedliche Stärke des Ausdrucks von Gefühlen von Kindern einschätzen lassen (kleine vs. große Angst bzw. Wut)
Emotions-erleben	Bewusstsein	▪ Kinder dazu anregen, sich in die Situation einer Figur einzufühlen (Wie würde es euch in dieser Situation gehen?) ▪ Vergleiche herstellen mit ähnlichen Situationen im Alltag
	Regulation	▪ Kinder schildern lassen, was eine Figur gemacht hat und ob sich dadurch ein Gefühl verändert hat ▪ Andere Handlungen vorgeben und nachfragen, ob ein Gefühl dableiben oder weggehen würde

Tab. 3: Förderung der emotionalen Kompetenz in Bilderbüchern

Natürlich unterscheiden sich Bilderbücher in ihrer Qualität und Eignung, diese verschiedenen Aspekte beim Kind anzuregen oder thematisieren zu können. Daher sollte man ein bestimmtes Bilderbuch anhand folgender Fragen beurteilen, wenn man es zur gezielten Förderung der emotionalen Kompetenz einsetzen möchte:

- Sind die beschriebenen Gefühle bildlich klar und differenziert veranschaulicht, z. B. Gesichtsmimik, begleitende (auch überzeichnete) Ausdrucksformen wie rote Farbe (Wut, Scham) oder aufstehende Haare (Angst, Erschrecken), Gestik und Haltung?
- Besteht eine gute Verknüpfung zwischen Bezeichnung im Text und Bild?
- Wie sehr eignet sich der Text zur stärkeren Intonation und Modulation?
- Werden Emotionswörter häufig oder selten genannt?
- Animiert der Text das Kind zum Nachsprechen oder Vorwegnehmen von Emotionswörtern?
- Werden Synonyme genannt?
- Wie eindeutig ist der Bezug zwischen einer Situation und dem damit verbundenem Gefühl?
- Wie gut gelingt die Darstellung der Ursachen eines Gefühls?
- Wie klar werden die Konsequenzen gezeigt, die Gefühle für einen selbst und für andere haben?
- Wie differenziert wird die Veränderung und unterschiedliche Intensität von Gefühlen vermittelt?
- Besitzen die Figuren einen hohen Identifikationscharakter?
- Wird die Regulation von Gefühlen klar und verständlich vermittelt?

Wendet man diese Kriterien auf Bilderbücher an, so ist natürlich auch das Alter der Kinder mit zu berücksichtigen. Bei jüngeren Kindern bis 3–4 Jahren sollte der Focus vorwiegend auf die Bereiche Emotionsausdruck und Emotionsvokabular gelegt werden, da es sich hierbei um die Bereiche handelt, die Kinder als erstes zu verstehen beginnen. Bei Kindern ab 4–5 Jahren sollten dann je nach Auffassungsgabe die komplexeren und kognitiv anspruchsvolleren Bereiche einbezogen werden.

2.3.2 Förderung von Empathie und Mitgefühl

Mit dem Begriff Empathie wird Bezug genommen auf die Fähigkeit, sich in andere Personen einzufühlen. Grundsätzlich kann dabei unterschieden werden zwischen einer kognitiven (sich der Entstehung von Gefühlen bei einer anderen Person bewusst sein) und einer emotionalen Komponente (sich in das emotionale Erleben einer anderen Person einzufühlen). Davon zu trennen ist das Mitgefühl, welches die emotionale Empfänglichkeit für die Notlage bzw. das Leiden einer anderen Person und insbesondere Gefühle von Besorgtheit beinhaltet. In der Regel geht Mitgefühl mit dem Wunsch und Bedürfnis einher, dem anderen zu helfen und sein Leiden zu lindern (siehe Petermann, Niebank & Scheithauer 2004). Die Fähigkeit zur Empathie kann als Voraussetzung für das Empfinden von Mitgefühl angesehen werden, führt aber nicht zwangsläufig zum Impuls, dem anderen beizustehen.

Die Empathiefähigkeit scheint Menschen von Geburt an mitgegeben zu sein. So lassen sich bereits basale Empathieprozesse bei Säuglingen beobachten, wenn sie sich vom Weinen anderer Säuglinge anstecken lassen und selbst zu schreien beginnen. Zwischen 10 und 12 Monaten reagieren Kinder selbst mit Traurigkeit oder Beunruhigung, wenn sie Ähnliches bei anderen Personen wahrnehmen, wobei dies üblicherweise noch nicht mit aktiven Versuchen einhergeht, den anderen zu trösten oder ihm zu helfen. Diese Verhaltenstendenzen treten dann zunehmend im Laufe des zweiten Lebensjahres auf und sind eng verknüpft mit der auftretenden Fähigkeit, zwischen sich selbst und anderen unterscheiden zu können. Im weiteren Entwicklungsverlauf nimmt jedoch die anfängliche Spontaneität des Ein- und Mitfühlens wieder ab, da aufgrund der kognitiven Entwicklung spezifische Kontextbedingungen vermehrt bei der Entscheidung berücksichtigt werden, ob man Mitgefühl haben und helfen sollte. So orientieren sich Kinder ab vier Jahren verstärkt daran, wie sehr ihnen der andere vertraut ist, welches Alter und Geschlecht der andere hat, wie stark seine Notlage ist und ob die Notlage selbst- oder fremdverschuldet ist. Ebenso lernen Kinder zunehmend mehr, sich bei spezifischen Ereignissen mit Geschwistern oder anderen Kindern im Kindergarten zurückzuhalten, weil sie in erster Linie die Erwachsenen für das Trösten und Helfen zuständig halten.

Wichtige Einflussfaktoren auf die Ausprägung und Qualität der Empathiefähigkeiten in der frühen Kindheit sind einerseits biologische Komponenten (z. B. physiologische Reaktivität, Temperament, Geschlecht). So nimmt etwa Baron-Cohen (2004) an, dass beim männlichen Geschlecht eine biologisch begründete verstärkte Tendenz zum Systematisieren besteht, während Frauen stärkere Empathie-Fähigkeiten mitbringen. Andererseits wirken sich insbesondere auch verschiedene Aspekte des Erziehungsverhaltens (z. B. Bindung zwischen Eltern und Kind, elterliche Wärme und Fürsorge, Gesprächskultur über emotionale

Komponente	Vertiefung durch
Einfühlungsvermögen: Kognitive Ebene	▪ Besprechen, welche Gefühle und Gedanken eine Situation bei einer Figur auslösen könnte ▪ Besprechen, warum sich ein Gesichtsausdruck verändert hat ▪ Kinder erklären anderen Kindern Gefühle anhand der Bilder
Einfühlungsvermögen: Emotionale Ebene	▪ Besprechen, wie man sich selbst in ähnlichen Situationen fühlen würde ▪ Vertiefung des Mitfühlens durch Klänge von Instrumenten und Geräusche ▪ Verwendung von Handsymbolen für spezifische Gefühle
Mitgefühl	▪ Thematisierung des Besorgtseins um eine dargestellte Figur ▪ Sammeln von Ideen, wie man jemanden in einer ähnlichen Situation trösten und ihm helfen kann

Tab. 4: Möglichkeiten der Vertiefung empathischer Prozesse

Ereignisse) auf die Entwicklung der Empathie aus. Eine wichtige Komponente hierbei ist auch, wie sehr Eltern und Erzieherinnen mit Kindern über Situationen, welche Empathie hervorrufen bzw. erfordern, sprechen und wie sehr sie ihnen die Möglichkeit geben, bei Vorfällen (mit Geschwistern bzw. anderen Kindern) selbst empathisch einzugreifen oder die Aktivitäten von Erwachsenen zu unterstützen. Oftmals nutzen wir Erwachsene die Gelegenheiten zur Förderung der Empathie und des Mitgefühls im Alltag nicht, indem wir bei spezifischen Ereignissen die beteiligten Kinder zu wenig in unser Handeln mit einbeziehen oder zu Überlegungen anregen, wie man ein betroffenes Kind trösten könnte. Bilderbücher stellen nun ein ideales Medium dar, Kinder bereits frühzeitig in ihren Empathiefähigkeiten zu stärken. Gerade durch das phantasievolle Eintauchen in unterschiedliche Situationen und durch die konkrete Unterstützung emotional anregender Bilder entsteht eine Offenheit, welche das Auftauchen empathischer Gefühle gezielt ermöglicht und verstärkt. Ebenso erhalten Kinder durch die Identifizierung mit Figuren Vorstellungen und Modelle darüber, wie sich Empathie und Mitgefühl in konkreten Handlungen umsetzen lassen. Einige Anregungen, wie empathische Prozesse und Mitgefühl anhand von Bilderbüchern vertieft werden können, sind der Tabelle 4 zu entnehmen.

2.4 Förderung des sozialen Verständnisses

2.4.1 Verständnis von anderen – Perspektivenübernahme

Wie sich das Verständnis von anderen Personen entwickelt, wird in der Entwicklungspsychologie im Rahmen der „Theory of Mind"-Forschung untersucht. „Theory of Mind" bezieht sich dabei auf die Fähigkeit, die geistigen (mentalen) Zustände von sich selbst und von anderen Personen zu verstehen und gedanklich zu repräsentieren (Perner 1991). Kinder erlangen im Laufe ihrer Entwicklung eine zunehmend komplexere Vorstellung davon, dass Personen aufgrund ihrer Wünsche, Überzeugungen, Absichten, Gefühle und ihres Wissens unterschiedlich oder ähnlich handeln. Bereits zwischen dem ersten und zweiten Lebensjahr entwickeln Kinder ein basales Verständnis dafür, dass Menschen zielorientiert handeln. Bis zum vierten Lebensjahr verstehen Kinder zunehmend mehr das Prinzip von Wünschen. Anfangs ist dies noch sehr geprägt von der Annahme, dass andere Menschen die gleichen Wünsche wie sie haben. Gegen Ende des dritten Lebensjahres sind dann Kinder vermehrt in der Lage, bei spezifischen Fragen auch Wünsche anderer Personen, die von ihren eigenen abweichen, zu berücksichtigen. Um das 4. Lebensjahr werden schließlich zentrale Begriffe wie *wissen, denken, glauben* oder *erinnern* verstanden. Dies ermöglicht auch die Perspektivenübernahme auf repräsentationaler Ebene, da Kinder sich gedanklich vorstellen können, dass z. B. eine Person aufgrund fehlender oder falscher Informationen eine andere Überzeugung (Repräsentation von der Welt) aufbaut und etwas macht, was nicht seinen eigentlichen Wünschen bzw. Zielen entspricht. Zwischen dem 5. und 6. Lebensjahr können dann auch verstärkt Bezüge zwischen den Überzeugungen verschiedener Personen (Peter glaubt, dass Maria glaubt, dass ...) hergestellt werden. Dies befähigt somit Kinder, verschiedene Perspektiven mehrerer Personen miteinander zu verknüpfen und in Beziehung zu bringen.

Wie sehr eignen sich nun Bilderbücher zur Förderung von Theory of Mind-Fertigkeiten bei Kindern? Um dieser Frage nachzugehen, analysierten Dyer, Shatz und Wellman (2000) insgesamt 90 Bilderbücher für jüngere (3–4 Jahre) und ältere (5–6 Jahre) Kinder hinsichtlich der Verwendung mentaler Begriffe, um kognitive bzw. emotionale Zustände, Wünsche und moralische Bewertungen zu kennzeichnen. Ebenso untersuchten sie, ob die Vermittlung mentaler Zustände vorwiegend über den Text oder auch unabhängig davon über die Bilder erfolgt. Es zeigte sich, dass in Bilderbüchern unabhängig vom Altersbezug sehr oft Bezug genommen wird auf mentale Begriffe, insbesondere auf Beschreibungen emotionaler Zustände (durchschnittlich bei jedem dritten Satz). Dabei werden auch gehäuft Bezeichnungen verwendet, die in Alltagsgesprächen mit Kindern wenig oder kaum gebraucht werden und daher die Vertiefung mentaler Zustandsbeschreibungen anregen. Die Vermittlung mentaler Zustände über Bilder allein gelang aus Sicht der Autoren nur bei 20 % der analysierten Bilder. Der Großteil der Bilder konzentrierte sich auf die Darstellung des Handlungsstranges und spezifischer Situationen. Dies betont auch die Notwendigkeit der interaktiven Betrachtung und Besprechung von Bilderbüchern, um Kinder in ihren Theory of Mind Fertigkeiten gezielt zu unterstützen. Von entscheidender Bedeutung ist hierbei aber, dass Erwachsene nicht zu viel Informationen und Erklärungen vorgeben, da Kinder dadurch in eine passivere Haltung gedrängt werden und weniger versuchen, sich aktiv den Sinn bzw. Hintergrund von Äußerungen zu erschließen. Belegt wird dies auch durch eine Interventionsstudie von Peskin und Astington (2004), in der Erzieherinnen und Eltern Kindern die gleichen Bilderbücher über vier Wochen lang intensiv vorlasen. In der Experimentalgruppe wurden die Texte der Bilderbücher vermehrt mit vielen zusätzlichen metakognitiven Verben (wie z. B. denken, wissen, erinnern, vermuten) versehen und auch von den Erzieherinnen bei der Nachbesprechung gezielt benutzt. Bei der Kontrollgruppe wurden diese Verben im Text entfernt und die Erzieherinnen konzentrierten sich bei der Nachbesprechung vorwiegend auf allgemeine Fragen und Thematisierung der Bilder. Die gehäufte Verwendung von expliziten metakognitiven Verben bewirkte keine Verbesserung in Theory of Mind-Fertigkeiten. In Teilbereichen schnitt sogar die Kontrollgruppe besser ab. Die Autoren führen dies insbesondere darauf zurück, dass die implizite Darstellung mentaler Zustände im Text bzw. in den Bildern und die unterstützende, nicht erklärende Diskussionsführung der Erzieherinnen Kinder vermehrt anregt, selbst Erklärungsmöglichkeiten durchzugehen und Schlussfolgerungen zu ziehen, was letztendlich zu einer vertieften Auseinandersetzung mit dem Text führt.

2.4.2 Verständnis von sozialen Zusammenhängen

Neben der Förderung der Fähigkeit zur Perspektivenübernahme können Kinder anhand von Bilderbüchern auch Einsichten in allgemeine soziale Zusammenhänge erhalten. So wird bereits jüngeren Kindern vermittelt, dass Handlungen von Personen in einen sozialen Kontext eingebettet sind und mit spezifischen Reaktionen von anderen Figuren einhergehen. Oftmals werden in Bilderbüchern Alltagssituationen von Kindern übersichtlich und prägnant dargestellt, was entsprechend die Entwicklung von Schemata bzw. sozialen Skripts unterstützt. Durch die in der Vorstellung und Phantasie erfolgende Verknüpfung mit eigenen Erfahrungen wird eine vertiefte Auseinandersetzung mit der eigenen Umwelt erreicht. Ebenso werden neue Zugänge und die Aneignung alternativer Sichtweisen bzw. Handlungsmöglichkeiten angeregt. Da sich die erzählten Geschichten immer im Rahmen spezifischer Beziehungskonstellationen ereignen, lernen Kinder auch die Vielfalt von Beziehungsformen kennen und bleiben dadurch nicht begrenzt auf ihre eigenen Erfahrungen in der Familie und im Kindergarten. Gerade Kindern mit vorwiegend negativen Erfahrungen im häuslichen Bereich werden dadurch auch Modelle positiver sozialer Beziehungen vor Augen geführt.

2.4.3 Verständnis moralischer Aspekte

In vielen Bilderbüchern werden direkt oder indirekt moralische Aspekte vermittelt und thematisiert. Oftmals greifen Eltern und Erzieherinnen gezielt zu Bilderbüchern, um Kindern spezifische moralische Aspekte des Verhaltens und sozialen Miteinanders näher zu bringen und zu vermitteln. Die Bedeutung und Beliebtheit dieser Herangehensweise zeigt sich unter anderem auch an den vielen Veröffentlichungen von Bilderbüchern, die bereits im Titel oder Untertitel die moralische Thematik benennen.

Um die Möglichkeiten des Bilderbuches, die moralische Entwicklung von Kindern zu unterstützen und zu fördern, auszuloten, ist es notwendig, sich kurz die wichtigsten Befunde hinsichtlich der Moralentwicklung bei jüngeren Kindern vor Augen zu führen. Verschiedenste Autoren (Piaget, Freud, Kohlberg) haben versucht, diese Entwicklung theoretisch zu erfassen und spezifische Entwicklungsstufen zu postulieren. Bei Freud, der seine Theorie in der Arbeit mit erwachsenen Patienten entwickelte, ist die moralische Entwicklung sehr stark verbunden mit der Auseinandersetzung der Kräfte des Es (Triebe) und des Über-Ichs (Gewissen). Piaget untersuchte als Erster direkt jüngere und ältere Kinder, indem er sie beim Murmelspiel beobachtete oder ihnen Geschichten mit moralischen Inhalten erzählte und sie daraufhin befragte. Aufgrund der erhaltenen Antworten postulierte er zwei Stadien der moralischen Entwicklung: Im Stadium der Heteronomie (Abhängigkeit; ab 4.–5. Lebensjahr) werden die Regeln von Autoritäten bestimmt und sind unveränderbar (rigide). Im Stadium der Autonomie (ab 9.–10. Lebensjahr) erkennen Kinder, dass sich Menschen in ihren moralischen Standards unterscheiden und Regeln auf gegenseitigen Vereinbarungen beruhen, die man auch in Abstimmung mit den anderen ändern kann (flexibel). Eine weitere einflussreiche Theorie zur Moralentwicklung stammt von Kohlberg, der seine Theorie anhand von Interviews mit Kindern ab 10 Jahren und Erwachsenen entwickelte und dabei drei Ebenen (präkonventionell, konventionell und postkonventionell) mit je zwei Stufen unterscheidet. In neueren Studien zeigt sich allgemein, dass in früheren Konzepten zur Moralentwicklung insbesondere die Fähigkeiten von jüngeren Kindern, moralische Aspekte wahrzunehmen und zu differenzieren, unterschätzt wurden. Dies hängt unter anderem auch damit zusammen, dass die Erhebungstechniken sehr stark auf verbalen Anforderungen basierten und das implizite Verständnis von moralischen Komponenten zu wenig berücksichtigt wurde. Gerade bei der Untersuchung typischer Alltagssituationen, welche mit moralischen Fragestellungen verbunden sind (wie z. B. gerechtes Teilen von Essen oder Spielzeug, Umgang mit Verstößen bzw. Regeln, Auseinandersetzung mit Konflikten), zeigte sich, dass sich bereits jüngere Kinder mit basalen Aspekten moralischen Verhaltens auseinandersetzen. So bewerten bereits 3½-jährige Kinder Regelüberschreitungen als falsch, geben jedoch hierfür sehr allgemeine Begründungen („es ist nicht nett"), während 5-jährige Kinder ausgefeiltere Begründungen geben können. Kinder verfügen bereits ab dem dritten Lebensjahr über ein basales Verständnis von Lügen und ihrer negativen moralischen Bedeutung (Polak & Harris 1999). Ebenso zeigte sich, dass sich 4- bis 6-jährige Kinder bei der moralischen Beurteilung von Handlungen nicht nur rigide an die Vorgaben von Autoritäten halten, sondern sehr wohl auch die Art und den sozialen Kontext von moralisch problematischen Verhaltensweisen berücksichtigen. Ausgehend von der bereits bei jüngeren Kindern bestehenden Sensibilität für moralische Aspekte und Fragestellungen eignen sich daher Bilderbücher, die für Kinder typische Alltagssituationen mit moralischen Implikationen darstellen, sehr gut, um diese Sensibilität zu vertiefen und zu fördern. Dabei sollte aus pädagogischer Sicht der Thematisierung moralischer Gefühle wie Scham oder Schuld und der gezielten Weckung empathischer Prozesse (kognitive und emotionale Perspektivenübernahme, Mitgefühl) ein besonderer Stellenwert eingeräumt werden, um moralisches Handeln im Alltag langfristig zu unterstützen.

2.5 Förderung von Phantasie und Kreativität

Die Anregung der Phantasie und die Vertiefung phantasievoller Vorstellungen sind untrennbar mit bestimmten Bilderbucharten verbunden. Dies trifft insbesondere auf das phantastische Bilderbuch und Märchenbilderbuch zu, aber auch auf die Tierbilderbücher. Während Märchenbilderbücher meist angesiedelt sind in einer vergangenen, traumhaften Welt, unterscheiden sich phantastische Bilderbücher im Grad ihrer Vermischung mit der Realität. So finden sich einerseits Bücher, welche vorwiegend in einer phantastischen Welt spielen, und andererseits Bücher, welche zwischen Phantasie und Realität wechseln (wie z. B. Sendaks „Wo die wilden Kerle wohnen"). Auch die Tierbilderbücher lassen sich dahingehend unterscheiden, ob sie für Kinder eher realistisch wirken, indem Tiere sozusagen vermenschlicht sind und alltägliche Probleme von Kindern darstellen, oder eher märchen- bzw. fabelhaft gestaltet sind. Neben der Tatsache, das phantastische Geschichten bzw. Bilder Kindern einfach viel Spaß bereiten, ermöglichen diese Bilderbücher auch, dass die Kinder in eine Welt eintauchen, in der alles möglich bzw. erlaubt ist, keine logischen Gesetzmäßigkeiten herrschen und somit der Phantasie freien Lauf lassen. In diesem Sinne erfolgt auch eine Schulung der Kreativität, da sozusagen im Schutz der erlaubten Phantasie die Grenzen des konventionellen Denkens bzw. der erlebten Wirklichkeit gesprengt werden und Unmögliches sowie Mögliches spielerisch vorgestellt und durchdacht werden kann. Nicht selten sprechen dadurch gerade gut gemachte Bilderbücher tiefe unbewusste Empfindungen an oder bieten gerade Kindern in schwierigen Lebensumständen eine Zufluchtsstätte. Gleichzeitig bewirkt die Auseinandersetzung mit phantastischen Inhalten im Bilderbuch, dass Kinder eine bessere Vorstellung vom Unterschied zwischen Realität und Phantasie erhalten, sei es, indem sie selbst erkennen, dass etwas so nicht sein kann, oder indem sie Erwachsene fragen, ob es das wirklich gibt.

2.6 Förderung der visuellen Kompetenz

In einer zunehmend von visuellen Medien dominierten Umwelt kommt der Entwicklung und Ausprägung der „visual literacy“ bzw. „visuellen Kompetenz“ bei Kindern eine besondere Bedeutung zu. Der Begriff „visual literacy“ wurde zum ersten Mal 1968 verwendet und bezieht sich allgemein auf die Fähigkeit, einerseits visuelle Informationen bzw. Botschaften in unterschiedlichen Medien zutreffend zu erkennen, zu verstehen und zu interpretieren. Andererseits beinhaltet es ebenso die aktive Herstellung und Verwendung visueller Produkte zur Kommunikation mit anderen Personen.

Gerade in Bilderbüchern kommt der Gestaltung von Bildern sowie dem Bild-Text-Verhältnis eine besondere Bedeutung zu. In Bezug auf das Bild-Text-Verhältnis kann dabei grundsätzlich unterschieden werden, ob Geschichten in Bilderbüchern primär vom Text oder vom Bild her angelegt sind. Bei Bilderbüchern, deren Gestaltung primär vom Text ausgeht, haben Bilder vorwiegend eine unterstützende Funktion. Kinder sind in diesem Fall verstärkt auf das Verständnis des Textes angewiesen und erhalten durch die Visualisierung des Textes eine Orientierung zur Vertiefung des Gehörten. Dagegen regen Bilderbücher, deren Gestaltung primär vom Bild ausgeht, oft eine tiefere Verarbeitung des Gesehenen an. Hier ist es der Text, der als Orientierung dient, während die Bilder vermehrt Assoziationen und Phantasien wecken. Gerade künstlerisch anspruchsvollere Bilderbücher sind der zweiten Kategorie zuzuordnen.

Varga (1990) verweist in diesem Zusammenhang auf die visuelle Narrativität von Bildern, d.h. Bilder entfalten auch unabhängig von sprachlichen Orientierungspunkten einen eigenen erzählerischen Rahmen. Er differenziert hierbei zwischen Einzelbildern und Bilderreihen, welche entweder monoszenisch (eine Szene) oder pluriszenisch (mehrere Szenen gleichzeitig) gestaltet sein können (vgl. Thiele 2003). Das monoszenische Bild fokussiert dabei auf die Darstellung einer spezifischen Situation und ist zeitlich auf einen Augenblick begrenzt. Demgegenüber werden beim pluriszenischen Bild mehrere Handlungen gleichzeitig auf einem Bild dargestellt, wie dies z. B. in den sogenannten Wimmelbüchern der Fall ist. Die meisten Bilderbücher verwenden monoszenische Einzelbilder, welche einen starken Bezug zum Text aufweisen. Dagegen sind insbesondere textlose Bilderbuchgeschichten in Bilderreihen eingebettet, welche durch ihre zeitliche Anordnung des Vorher und Nachher eine visuell orientierte narrative Struktur entfalten.

Eine wichtige und teilweise auch vernachlässigte Funktion von Bilderbüchern besteht nun auch darin, Kinder in ihrer visuellen Kompetenz zu fördern. Dies geschieht nicht allein dadurch, dass Kinder sehr leicht von bildlichen Darstellungen fasziniert sind und somit automatisch der Betrachtung von Bildern oft eine größere Priorität einräumen als dem Text. Entscheidend ist hier auch, wie wir als Erwachsene die Art und Weise unterstützen, wie Kinder Bilder betrachten, analysieren und interpretieren. Dies beginnt bereits mit der Auswahl von Bilderbüchern. Haben wir eine bestimmte Vorliebe für die bildnerische Machart von Bildern und gehen wir von einer fixen Vorstellung aus, wie Bilderbücher für Kinder sein sollten? Oder wagen wir es auch, Kinder mit künstlerisch anspruchsvollen Stilen oder ungewohnten Bildgestaltungen, die nicht sofort unsere Begeisterung oder Geschmack treffen, vertraut zu machen, um die visuelle Kompetenz zu fördern? Ein weiterer Aspekt betrifft den Betrachtungsstil, den wir Kindern auch durch unsere eigene Betrachtungsweise vermitteln. Blättern wir schnell durch ein Bilderbuch oder vertiefen wir die Betrachtung der Bilder, indem wir die Kinder anregen, ein Bild länger auf sich wirken zu lassen bzw. zu verinnerlichen oder indem wir bei den Kindern alles hervorkitzeln, was sie entdecken können oder auch was ihnen fehlt? Sehr wichtig für die Förderung der visuellen Kompetenz erweist sich auch die Nachbearbeitung von Bilderbüchern. Dies kann beispielsweise dadurch erfolgen, dass Kinder ausgehend von ihrer Betrachtung des Bilderbuches selbst Bilder malen – sei es aus der Phantasie, Erinnerung oder indem sie das Buch als Vorlage verwenden. Ausgehend von diesen Betrachtungen stellt also das Bilderbuch ein ideales und attraktives Medium dar, um die visuelle Kompetenz auf vielfältige und kreative Weise zu vertiefen und zu fördern.

3. Die Wahrnehmung und Verarbeitung von Bilderbüchern bei Kindern – entwicklungspsychologische Grundlagen

3.1 Wahrnehmung und Interpretation von Bildern

Um eine Vorstellung davon zu bekommen, wie Kinder Bilder in Bilderbüchern wahrnehmen und interpretieren lernen, ist es wichtig, sich dieser Fragestellung von mehreren Perspektiven her zu nähern. Aus entwicklungspsychologischer Sicht ist dabei zentral, wie Kinder die Bedeutung und Symbolkraft von Bildern verstehen lernen. Im Rahmen eines ästhetischen Zuganges zu Bilderbüchern stellt sich die Frage, wie Kinder an künstlerische Darstellungen allgemein herangehen.

Ein grundlegender Entwicklungsschritt in der Wahrnehmung von Bildern liegt in der Fähigkeit, die duale Repräsentation von Bildern zu erfassen, d.h. zu verstehen, dass ein Bild einerseits ein konkretes Objekt in sich selbst darstellt und andererseits sich symbolisch auf etwas in der Welt bzw. in der Vorstellung bezieht. Bereits Babys können den basalen Unterschied zwischen Abbildungen und realen Objekten erkennen, jedoch bleibt das tiefere Verständnis für diesen Unterschied noch länger unklar. So versuchen 9 Monate alte Kinder fast immer, Abbildungen von Objekten manuell zu manipulieren, indem sie sie berühren, daran reiben oder danach greifen, wie wenn sie das Objekt aus dem Bild rausnehmen möchten (DeLoache et al. 2003). Dieses Verhalten ist umso stärker, je mehr die Abbildung einem realen Objekt ähnelt, und verweist darauf, dass junge Kinder die konkreten Eigenschaften einer Abbildung wahrnehmen und noch kein Verständnis des Symbolcharakters von Bildern haben. Nach DeLoache handelt es sich hierbei um kein perzeptives (die Wahrnehmung betreffendes), sondern um ein konzeptuelles Defizit, da die Kinder das Wesen von Bildern noch nicht verstehen. Erst im Laufe des zweiten Lebensjahres beginnen Kinder, das wesentliche Prinzip von Bildern erfassen. So manipulieren 19 Monate alte Kinder Bilder kaum noch manuell, sondern zeigen auf sie, kommentieren die Abbildungen und versuchen dadurch auch, die Aufmerksamkeit des Erwachsenen auf das Gesehene zu lenken. Bilderbücher werden dadurch zu einem Medium, welche eine tiefere Betrachtung und eine kindinitiierte Kommunikation mit dem Erwachsenen auslösen. Ein weiterer Aspekt, den DeLoache untersuchte, betrifft das Verständnis, wie man sich bei der Betrachtung von Bildern orientieren muss. Wenn Erwachsene Bilder verkehrt herum halten, so haben 18 Monate alte Kinder kein Problem damit und betrachten es in der gewohnten Weise im Unterschied zu umgedrehten realen Objekten, wo Kinder in diesem Alter die Erwachsenen sofort auffordern, das Objekt richtig zu halten. Dies zeigt nach DeLoache, dass Kinder in diesem Alter noch keine ausgeprägte holistische (ganzheitliche) Betrachtung von Bildern haben, sondern vielmehr Einzeldetails betrachten. Zwischen dem 2. und 3. Lebensjahr verstehen Kinder zunehmend mehr das Repräsentationsprinzip von Bildern. Beispielsweise sehen 2½- bis 3-jährige Kinder in Abbildungen nicht nur ein individuelles, spezifisches Objekt (z. B. *das* Schaf *Leopold*), sondern beziehen sich vermehrt auf die größere Kategorie aller Schafe, während dies bei konkreten Objekten (z. B. ein Schafkuscheltier) noch nicht der Fall ist (Gelman et al. 2005). Im weiteren Entwicklungsverlauf entwickeln Kinder dann zunehmend mehr Kompetenz, indem sie allmählich besser die Wechselbeziehungen zwischen Personen in Bildern erkennen, Hinweise auf emotionale und geistige Zustände von Personen differenzierter erfassen und komplexere Bilder durchdringen können.

Ein weiterer Aspekt bei der Betrachtung von Bilderbüchern betrifft die Frage, wie stark Kinder auch auf den Text, Buchstaben oder die Druckschrift schauen und ob unterschiedliche Arten der Textgestaltung (z. B. Verwendung von Großbuchstaben, Dekorierung und Arrangements von Buchstaben bzw. Wörter) eine längere Betrachtungsdauer bewirken. Frühere Studien kamen zu dem Schluss, dass 4- bis 6-jährige Kinder sehr selten Fragen (ca. 10 %) hinsichtlich der Schrift und Wörter stellten (Phillips & McNaughton 1990; Yaden et al. 1989). Nun lässt sich aber einwenden, dass Kinder nicht oft Fragen hierzu stellen, jedoch sehr wohl länger die textliche Gestaltung bzw. einzelne Wörter betrachten. Eine kürzliche Studie mit Blickbewegungskamera bestätigt jedoch, dass Kinder dies sehr wenig tun, unabhängig auch von der Art der Textgestaltung (Evans & Saint-Aubin 2005).

In Bilderbüchern wird Kindern stets ein ästhetischer Zugang zur Betrachtung von Bildern vermittelt. Auch kitschige oder schlecht gemachte Bilderbücher wirken sich auf die Entwicklung des Bildgeschmacks und der ästhetischen Vorlieben aus. Aufgrund der Tatsache, dass in modernen Bilderbüchern ästhetischen Gestaltungsprinzipien vermehr Aufmerksamkeit geschenkt wird, ist es um so notwendiger, sich mit der ästhetischen Entwicklung bei Kindern zu beschäftigen. Ein Modell zum ästhetischen Entwicklungsprozess wurde von Parsons (1987) vorgelegt. Er unterscheidet dabei insgesamt fünf Stufen. Die erste Stufe des *Favoritismus* ist geprägt von einer starken Vorliebe für Farben und einfache Gegenstände. Die Bewertung von Bildern erfolgt nicht über eine intensivere Beschäftigung, sondern vielmehr über eine schnelle und simple Entscheidung, dass einem das Bild irgendwie gefällt. Ebenso besteht die Annahme, dass anderen das Bild genauso gefällt wie einem selbst. Nach Parsons gehen die meisten jüngeren Kinder auf diesem Level an künstlerische Bilder heran. Die zweite Stufe ist gekennzeichnet von *Schönheit und Realismus.* Die Verarbeitungstiefe eines Bildes ist stärker, da Vergleiche mit realen Gegenständen vollzogen werden und schönere bzw. realistischere Darstellungen bevorzugt werden. Besonders Kinder ziehen auf dieser Verarbeitungsstufe klare und realistische Bilder wie z. B. Tierbilder abstrakten oder unrealistischen Darstellungen vor. In der dritten Stufe der *Expressivität* stehen die Gefühle, welche durch ein Bild bzw. Kunstwerk hervorgerufen werden, im Mittelpunkt, und der Betrachter interessiert sich zunehmend auch für die Intentionen des Künstlers. Die Schönheit und der Realismus der Abbildungen sind nicht mehr so relevant, so dass auch unzugänglichere oder unangenehme Bilder wertgeschätzt werden können. Auf der vierten Stufe wird insbesondere die Betrachtung des verwendeten *Mediums, des Stils und der Form* zentral. Im Vordergrund stehen somit das differenzierte Kunstverständnis und der Versuch, ein Kunstwerk auf unterschiedliche Weise zu kategorisieren (Stil des Malers, Entstehungskontext des Bildes). Die letzte Stufe der *Autonomie* ist gekennzeichnet von einer reflektierten Herangehensweise, indem der eigene Zugang zu einem Kunstwerk hinterfragt und kunstphilosophisch durchdrungen werden kann. Parsons selbst geht davon aus, dass die meisten Kinder künstlerische Bilder auf der Entwicklungsstufe 1 oder maximal 2 betrachten. Im Unterschied hierzu kommen jedoch Arizpe und Styles (2003) in ihrer detaillierten Untersuchung mit 4- bis 11-jährigen Kindern zum Schluss, dass Kinder in der Auseinandersetzung mit Bilderbüchern sehr wohl auch Elemente der dritten bis fünften Stufe erfassen können. In der Tat bevorzugten die Kinder in ihrer Studie den realistischen Stil von Bildern, waren aber genauso von anderen Darstellungsformen fasziniert und konnten diese auch nachvollziehen. Aus Sicht von Arizpe und Styles ist somit die Bandbreite des Bildstils, welche Kinder ansprechen können, viel weiter zu ziehen als von Parsons angenommen. Die meisten der Kinder, auch jüngere, erreichten die dritte Stufe der *Expressivität*, da sie oft über die Gefühle sprachen, die ein Bilderbuch bei ihnen auslöste, und auch gedankenreich über die Intentionen des Künstlers nachdenken konnten, wenn sie dazu angeregt wurden. Ebenso zeigten viele Kinder Interesse für den Stil und die künstlerische Formen, welche in den Bilderbüchern verwendet wurden, und manche Kinder konnten mit Unterstützung ansatzweise auch einen *autonomen* Zugang gewinnen. Insgesamt zeigt also die Studie von Arizpe und Styles, dass Kinder sehr wohl mehr Ressourcen und Fertigkeiten für eine tiefere Auseinandersetzung mit künstlerischen Aspekten in Bilderbüchern mitbringen, als dies oftmals angenommen wird.

Nach welchen Kriterien beurteilen nun Kinder selbst, ob ihnen Bilder in Bilderbüchern gefallen? Um dieser Frage nachzugehen, ließen House und Rule (2005) Kinder im Alter von 3 bis 4 Jahren aus sechs unterschiedlichen Tierbilderbüchern mit Bären die schönsten auswählen und fragten sie nachher, warum sie sich dafür entschieden. Das häufigste Kriterium war dabei die Vertrautheit mit den Abbildungen (z. B. mit spezifischen Objekten bzw. Schauplätzen oder etwas in der Abbildung erinnerte an die Eltern). Weitere häufige Kriterien waren die Abbildung von interessanten Tätigkeiten, die Verwendung ansprechender Farben, das Vorhandensein spezifischer Kleidungsstücke, Naturelemente (insbesondere Wasser oder Eis), Charakteristika von Gesichts- oder Körperausdrücken, Anwesenheit von Baby-Bären und Vermittlung angenehmer Gefühle. Auch diese Studie verweist darauf, dass jüngere Kinder bereits verschiedene Aspekte des bildnerischen Ausdrucks berücksichtigen wie allgemeine Freude an Farben, realistische Szenerien und ausgelöste Gefühle.

3.2 Sprachverständnis und Verständnis von Handlungsabläufen in Geschichten

Zwischen dem 7. und 8. Lebensmonat zeigen Kinder die ersten Anzeichen, dass sie einzelne Wörter verstehen (Harris & Butterworth 2002). Meistens beziehen sich diese Wörter auf den Namen des Kindes selbst und der anderen Familienmitglieder sowie auf häufig gebrauchte Gegenstände. Bis zum 12. Lebensmonat nimmt die Anzahl der verstandenen Wörter eher langsam zu. Danach ist ein deutlicher Anstieg der erlernten Wörter zu beobachten. Der aktive Gebrauch von Wörtern beginnt etwas später als das passive Verständnis und die ersten Wörter tauchen bei den meisten Kindern zwischen dem 10. und 16. Lebensmonat auf. Um das 18. Lebensmonat herum kommt es zur sogenannten Wortexplosion und die ersten Wortkombinationen entstehen meistens ab dem 20. Lebensmonat (Grimm 1999). Mit Ende des 2. Lebensjahrs entwickeln Kinder dann zunehmend mehr ein Gefühl für die syntaktischen und morphologischen Elemente der gesprochenen Sprache. Zwischen dem 3. und 6. Lebensjahr lernen sie schließlich, die meisten grammatikalischen Konstruktionen kompetent anzuwenden. In der Regel sind die Mädchen bei der Entwicklung des Sprachverständnisses und der expressiven Sprachfertigkeiten (wie z. B. Ausbau des Wortschatzes und grammatikalische Fertigkeiten) den Jungen voraus.

In verschiedensten Studien zeigte sich ein Zusammenhang zwischen Beginn des Bilderbuchvorlesens in Familien und sprachlichen Fertigkeiten. Je früher einem Kind Bilderbücher vorgelesen wurden, desto bessere sprachliche Fertigkeiten konnten später beobachtet werden (Payne et al. 1994). Ein wichtiger Wirkfaktor ist hierbei, dass das frühe Vorlesen den gemeinsamen sprachlichen Austausch über Gesehenes fördert. Dadurch wird das Kind zunehmend empfänglicher bzw. aufnahmebereiter für solche Situationen und kann somit mehr von den sprachlichen Anregungen des Erwachsenen profitieren.

Das Verständnis von Handlungsabläufen lässt sich am besten erfassen anhand von geschickt gestellten Fragen zu Zusammenhängen zwischen dargestellten Ereignissen und anhand der narrativen Fertigkeiten von Kindern, wenn sie versuchen, eine Geschichte in eigenen Worten wiederzugeben. Bei der Nacherzählung von Geschichten werden insbesondere zwei grundlegende Anforderungen gestellt (Karmiloff-Smith 1985): Zum einen ist es wichtig, die Kohärenz einer Geschichte zu berücksichtigen. Dies bedeutet, dass eine Geschichte sowohl zeitlich als auch kausal in der richtigen Reihenfolge erzählt wird, so dass die einzelnen Ereignisse sinnvoll miteinander verknüpft sind und Zuhörer die Geschichte nachvollziehen können. Eine wichtige Grundlage für diese Fähigkeit ist, dass Kinder im Laufe ihrer Entwicklung zunehmend mehr Schemata für einfache und komplexe Ereignisse aufbauen, auf die sie bei der Nacherzählung einer Geschichte zurückgreifen können. Zum anderen ist es erforderlich, dass die Verknüpfung der Sätze anhand des richtigen Gebrauchs von Funktionswörtern wie Präpositionen, Pronomina oder Konjunktionen funktioniert (Kohäsion). Die Frage, inwieweit Kinder bis zum Vorschulalter überhaupt kohärente Geschichten erzählen können, wird in der Forschung kontrovers diskutiert. Es zeigt sich jedoch, dass bereits 4-jährige Kinder Geschichten nicht nur in Form von isolierten Einzelereignissen verstehen, sondern auch die sequentielle Abfolge von Ereignissen erfassen und auf einfache Weise wiedergeben können. Ebenso haben Vorschulkinder bereits ein Gespür für unterschiedliche narrative Genres, indem sie beim Erzählen einer Märchengeschichte diesbezüglich typische Merkmale (wie Eingansformulierungen – „Es war einmal ..." – Vergangenheit und fiktive Charakter) verwenden im Unterschied zu allgemeinen Beschreibungen. Dies verweist darauf, dass bereits jüngere Kinder ab 3–4 Jahren mehr über die narrative Struktur wissen als über ihre Versuche, etwas nachzuerzählen, deutlich wird.

Nach Peterson und McCabe (1983) lassen sich folgende Entwicklungsschritte in Bezug auf die narrative Kompetenz von Kindern beobachten: Mit 4 Jahren erzählen Kinder Geschichten vorwiegend, indem sie entweder von einem Ereignis zum anderen springen, dabei aber wichtige Aspekte auslassen („leapfrog narratives") oder indem sie aufeinander folgende Ereignisse einfach aufzählen („chronology narratives"). Letzteres wird auch von 5-Jährigen meistens praktiziert. Hinzu kommt nun aber auch die Fähigkeit, eine Geschichte bis zum Höhepunkt zu erzählen, wobei eine Lösung bzw. der Ausklang der Geschichte in der Regel ausgelassen wird („ending-at-the-highpoint"). Erst mit 6 Jahren beginnen Kinder, Geschichten nach dem klassischen Erzählmuster, welches um einen Höhepunkt herum gestaltet wird, nachzuerzählen. Dies beinhaltet somit auch die Einbeziehung, wie die Geschichte ausgeht oder der Höhepunkt aufgelöst wird. Die bewusste Verwendung von Dialogen und die explizite Erwähnung von Gedanken, Wünschen oder Motiven einer Figur sind jedoch zu diesem Zeitpunkt noch nicht zu beobachten.

Bei der Auswahl von Bilderbüchern in Abhängigkeit von der sprachlichen und narrativen Entwicklung erweist sich das Konzept der *Zone der proximalen Entwicklung* von Vygotsky als sehr hilfreich. Diese Zone kann definiert werden als der Entwicklungsbereich, der zwischen den Fertigkeiten, die das Kind gerade lernt und alleine kann, und den darauf aufbauenden Fertigkeiten, welche es nur mit Unterstützung eines Erwachsenen oder eines älteren Kindes umsetzen kann, liegt. Die Annahme besteht nun, dass Kinder in diesem Bereich besser in der Lage sind, Neues zu lernen und mit bereits vorhandenen Wissensstrukturen zu verknüpfen, da die Anforderungen weder zu leicht noch zu schwierig sind. Umgangssprachlich wird dies oft damit beschrieben, dass man das Kind da abholt, wo es gerade in seiner Entwicklung steht.

Eine wichtige Rolle beim Aufbau des ersten Wortschatzes kommt der Verwendung sogenannter Elementarbilderbücher zu, welche einzelne Gegenstände des Alltags meist ohne Text realistisch darstellt (Schmitz 1997). Da Kinder bereits ab dem 8. Lebensmonat ein Verständnis für einzelne Wörter aufbauen, können diese Bücher ab diesem Zeitpunkt eingesetzt werden. Dabei sollte darauf geachtet werden, dass zunächst Objekte abgebildet sind, die in der unmittelbaren Umgebung des Kindes vorzufinden sind und aufgrund ihrer kurzen bzw. einfachen Bezeichnung auch leicht von den Kindern nachgesprochen werden können. Ebenso sind Bilderbücher zu bevorzugen, welche jeweils einen Gegenstand und nicht mehrere auf einer Seite abbilden. Mit ca. 1½ Jahren sollten Bilderbücher gewählt werden, die einfache Zwei- bis Drei-Wort-Sätze beinhalten. Alternativ kann der Erwachsene auch einzelne Objektabbildungen mit Zwei- bis Drei-Wort-Sätzen kommentieren (z. B. „Der Hund bellt“). Ab 2 Jahren können dann vermehrt Bilderbücher eingesetzt werden, welche einfache Handlungen oder Ereignisse mit kurzen Sätzen beschreiben. Im Verlauf des 3. Lebensjahrs ist es auch sinnvoll, in Abhängigkeit von der visuellen Aufmerksamkeitsfähigkeit des Kindes textlose Szenen- oder Wimmelbilderbücher einzuführen. Da sich die Kinder bei der Betrachtung dieser Bücher auf Details konzentrieren und nicht auf das ganze Bild als solches, ist die Vielfalt der Darstellungen für viele Kinder in diesem Alter keine Überforderung (Schmitz 1997). Gegen Ende des 3. Lebensjahrs ist es sinnvoll, Bilderbücher mit einfachen Geschichten und kurzen Texten zu verwenden. Die Abbildungen sollten dabei einfach gestaltet sein und mit dem Text gut harmonieren. Ab 4 Jahren können dann vermehrt Bilderbücher mit etwas komplexeren und längeren Geschichten eingesetzt werden. Es sollte dabei jedoch darauf geachtet werden, dass Kinder anhand der Gestaltung der Bilder ein gutes Verständnis der Rahmenhandlung aufbauen können. Die Erzieherin kann dies am besten dadurch beurteilen, dass sie vor dem Lesen eines Bilderbuches zunächst versucht, sich unter Berücksichtigung der Perspektive eines Kindes anhand der Bilder eine Vorstellung von der Geschichte zu machen. Beim Lesen des Textes ist es dann möglich, die Kompatibilität dieser Vorstellung und des Textes zu überprüfen. Es ist darauf hinzuweisen, dass die oben angeführten Altersempfehlungen lediglich eine grobe Orientierung darstellen, da die Empfänglichkeit von Kindern für unterschiedliche Arten von Bilderbüchern stark variieren kann in Abhängigkeit verschiedener Einflussfaktoren (siehe Kapitel 4).

3.3 Wahrnehmung von Phantasiegestalten, phantastischen Handlungen und Personen

Am häufigsten werden Bilderbücher im Alter zwischen 1½ Jahren und 7 Jahren vorgelesen. Nach Piaget befindet sich das Kind genau in dieser Zeit im prä-operationalem Stadium, welches vom 2. Lebensjahr bis ca. zum 7. Lebensjahr andauert. Ein zentrales Charakteristikum des prä-operationalen Denkens ist die Tendenz des Kindes, alles aus seinem eigenen Blickwinkel zu betrachten, und die damit verbundene Schwierigkeit, die Perspektive eines anderen zu übernehmen (Egozentrismus). Dieser Egozentrismus ist auch verantwortlich für das animistische (beseelte) oder magische Denken von Kleinkindern. So nehmen jüngere Kinder an, dass unbelebte Dinge wie Sonne oder Wolken menschenähnliche Merkmale wie Gefühle oder Wünsche haben. Ebenso glauben sie aufgrund ihres magischen Denkens, dass es Phantasiegestalten oder Monster wirklich gibt, was sich auch in ihren Ängsten beim Einschlafen niederschlagen kann. Ein zentraler Entwicklungsschritt in der Überwindung des magischen Denkens liegt nun in der zunehmenden Fähigkeit von Kindern, zwischen Phantasie und Realität zu unterscheiden. In bisherigen Studien zeigt sich, dass bereits Kinder ab 3 Jahren beginnen, ansatzweise gewisse Unterschiede zwischen Phantasie und Realität zu erfassen, es jedoch bis zum 6. Lebensjahr dauert, bis sich ein sicheres Wissen über diesen Unterschied entwickelt hat. So verstehen bereits Kinder zwischen 3 und 4 Jahren, dass man physische Objekte berühren und betrachten kann, während dies bei vorgestellten Objekten nicht zutrifft (Wooley & Wellman 1993). Dagegen glaubten in einer Studie von Lee et al. (2002) die meisten 3-jährigen und auch noch 4-jährige Kinder die Behauptung einer Person, dass ein Geist aus einem Buch sprang und das Glas zerbrach, während die meisten 5- bis 6-jährigen Kinder diese Möglichkeit verwarfen. Ein wichtiger Aspekt hinsichtlich des Auftretens von magischem Denken ist auch der Kontext bzw. die Art und Weise, wie dieses Denken bei Kindern aktiviert wird. Subbotsky (1994) z. B. fragte 4- bis 6-jährige Kinder, ob es möglich sei, mit einer Hand in einen geschlossenen Glasbehälter zu greifen, um den Inhalt zu bekommen. Die meisten Kinder meinten, dass dies unmöglich sei. Dies änderte sich jedoch, nachdem sie eine märchenhafte Geschichte über einen Glasbehälter hörten, dessen Wände zu Luft werden, wenn man magische Wörter sagt. Als der Versuchsleiter aus dem Zimmer ging, sagten 82 % der 4-Jährigen, 58 % der 5-Jährigen und sogar noch 20 % der 6-Jährigen die magischen Wörter und versuchten durch das Glas zu greifen. Bei der Kontrollgruppe, die die märchenhafte Geschichte nicht hörte, zeigte nur ein Kind dieses Verhalten. Diese Studie verdeutlicht sehr schön, wie sehr Kinder im Kindergartenalter trotz der vorhandenen Unterscheidungsfähigkeit zwischen Phantasie und Realität noch fasziniert sind von magischen Möglichkeiten und sich entsprechend anstecken lassen.

Eine wichtige Frage bei der Besprechung von Figuren in Bilderbuchgeschichten besteht auch darin, ab wann Kinder bewusst verstehen, dass Personen Persönlichkeits- bzw. Charaktereigenschaften haben, die den Hintergrund ihrer Handlungen erklären und Aussagen auf ihr zukünftiges Handeln zulassen. In früheren Studien bestand die Annahme, dass Kinder erst zwischen 6 und 9 Jahren beginnen, Persönlichkeitseigenschaften (traits) als stabile und andauernde Ursache von Verhaltensweisen einer Person zu verstehen (Miller & Aloise 1989). Yuill und Pearson (1998) konnten dagegen zeigen, dass bereits 5-jährige Kinder in der Lage sind, anhand von Informationen über Persönlichkeitseigenschaften (wie z. B. ehrlich vs. unehrlich, tapfer vs. furchtsam, großzügig vs. egoistisch) unterschiedliche emotionale Reaktionen vorherzusagen, während dies bei 4-jährigen Kindern nicht der Fall war. Ausgehend von diesem Befund ist also anzunehmen, dass Kinder bei expliziten Vorgaben früher als bisher angenommen den Zusammenhang zwischen Persönlichkeitseigenschaften und Verhalten erfassen. Demgegenüber betrachten Kinder bis 5 Jahren dargestellte Figuren eher bezogen auf einen spezifischen Kontext und schließen von sich aus anhand der dargestellten Handlungen nicht auf zugrunde liegende Charaktermerkmale. Viele Geschichten in Bilderbüchern heben Charaktermerkmale von Figuren oft explizit hervor oder überzeichnen diese sogar. In diesem Sinne eignen sich diese Bücher sehr gut, um bereits Kindern zwischen 4 und 5 Jahren mit dem Prinzip von Charaktereigenschaften und ihren Auswirkungen auf Verhaltensweisen vertraut zu machen.

3.4 Wahrnehmung und Verständnis von Emotionen

Bei der Entwicklung von Emotionen im Kleinkindalter lassen sich insgesamt drei verschiedene Gruppen von Emotionen unterscheiden: so genannte Vorläuferemotionen, primäre und sekundäre Emotionen. Nach Sroufe (1996) stellen die emotionalen Reaktionen beim Neugeborenen streng genommen keine Emotionen im engeren Sinne dar, da diese Reaktionen teilweise noch reflexhaft durch Auslösung physikalischer Reizschwellen entstehen und noch keine Abstimmung der Ausdrucks- und Körperreaktionen auf den Emotionsanlass oder situativen Kontext besteht. In verschiedenen Studien konnten beim Neugeborenen fünf Vorläuferemotionen beobachtet werden: Distress, Ekel, Erschrecken, Interesse und endogenes Wohlbehagen (Holodynski 2005). In der frühen Interaktion mit den Eltern und wichtigen Bezugspersonen entwickelt der Säugling im Verlauf des ersten Lebensjahrs ein differenziertes Repertoire verschiedener Emotionen, welche zunehmend abgestimmt sind mit spezifischen Auslösern und sich auch im mimischen bzw. körperlichen Ausdruck unterscheiden lassen. Diese Emotionen werden häufig auch als primäre Emotionen oder Basisemotionen bezeichnet. Darunter fallen Freude, Ärger, Trauer, Furcht/Angst, Überraschung, Interesse und Ekel. Ab Ende des 2. Lebensjahres sind dann bei Kindern die ersten Anzeichen für das Erleben so genannter sekundärer Emotionen wie Stolz, Scham, Schuld, Neid und Verlegenheit zu beobachten. Aufgrund der Notwendigkeit, bei diesen Emotionen sich selbst in Bezug auf andere Personen bzw. bestehende Regeln oder Standards zu bewerten, werden sie auch selbstbewertende Emotionen genannt.

Hinsichtlich der Entwicklung der Wahrnehmung von Emotionen sind bereits 3 bis 4 Monate alte Säuglinge in der Lage, Basisemotionen anhand des Gesichtsausdrucks vertrauter Personen zu erkennen. Mit 2 bis 3 Jahren können Kinder emotionalen Gesichtsausdrücken passende Emotionsbezeichnungen zuordnen. Die adäquate Benennung emotionaler Gesichtsausdrücke beginnt dann zunehmend ab 4 Jahren (Petermann & Wiedebusch 2003). Die Fähigkeit, Emotionen anhand der Stimme zu erkennen, entwickelt sich demgegenüber später. So orientieren sich Kinder zwischen 4 und 7 Jahren noch vorwiegend am Inhalt von Äußerungen, während 10-Jährige verstärkt auf den stimmlichen Emotionsausdruck achten.

In Bezug auf die Entwicklung des Emotionsverständnisses erweist sich die Zeit zwischen dem zweiten und sechsten Lebensjahr als eine sehr sensitive Phase. So lernen Kinder in diesem Zeitraum zu verstehen, dass bestimmte Situationen spezifische Emotionen auslösen können. Dies beginnt zunächst mit besonderen Situationen wie Geburtstag (Freude) und weitet sich dann auf spezifischere Alltagsereignisse aus. Bereits gegen Ende des 2. Lebensjahres haben Kinder ein passives Verständnis für Gefühlswörter entwickelt und beginnen im weiteren Verlauf vermehrt Basisemotionen bei sich und bei anderen zu beschreiben. Ausführlichere Gespräche über Emotionen innerhalb der Familie und mit gleichaltrigen Kindern treten auf. Mit 3 bis 4 Jahren können Kinder auch einfache Ursachen für die Basisemotionen benennen, während sie sich bei den komplexen Emotionen noch schwer tun. Ebenso lernen sie, dass sich das emotionale Erleben anderer Menschen vom eigenen Erleben unterscheiden kann.

Angesichts der zunehmenden Bedeutung und Faszination, welche Emotionen für Kinder im Laufe ihrer Kindergartenzeit bekommen, erweist sich die frühzeitige Arbeit mit Emotionen als sehr wichtig für die Förderung emotionaler Kompetenz bzw. Intelligenz. Viele Studien verweisen darauf, dass bereits frühe emotionale Kompetenzen (wie z. B. die Wahrnehmung und das Verständnis von Emotionen mit 4–5 Jahren) einen starken Einfluss auf die spätere soziale Kompetenz und Anpassungsfähigkeit in die Gemeinschaft haben. Viele Bilderbücher thematisieren Emotionen auf kindgerechte und nachvollziehbare Weise, so dass gerade ihre Verwendung ein wichtiger Baustein für den Aufbau emotionaler Kompetenz darstellt.

4. Warum Kinder unterschiedlich auf Bilderbücher ansprechen

4.1 Bilderbuchkultur in der Familie und Vorerfahrungen

Kinder kommen mit sehr unterschiedlichen Vorerfahrungen im Umgang mit Bilderbüchern in den Kindergarten. Die Bandbreite reicht dabei vom kleinen „Experten“, der bereits mit vielfältigen Bilderbüchern vertraut ist, bis hin zum Kind, welches noch nie ein Buch in der Hand gehalten hat. Diese Vorerfahrungen wirken sich natürlich auf das allgemeine Interesse für die Bilderbucharbeit im Kindergarten und auf die Geschicktheit im Umgang mit Bilderbüchern aus. Bei Kindern, welche wenig oder kaum vertraut sind mit Bilderbüchern, sind insbesondere zwei Verhaltensmuster zu beobachten. Einerseits zeigen sie eine geringe Bereitschaft, sich Zeit für Bilderbücher zu nehmen und sich darauf einzulassen, was mit einer entsprechend passiven Haltung einhergeht. Andererseits können aber auch manche dieser Kinder begeistert auf die Vielfalt der vorhandenen Bücher reagieren und saugen die vermittelten Inhalte regelrecht auf. Um sich einen Überblick über die Vorerfahrungen mit Bilderbüchern zu machen, ist es empfehlenswert, die Eltern bei der Aufnahme des Kindes in den Kindergarten nach der Verwendung von Bilderbüchern in der Familie (wie z. B. Häufigkeit, Einbettung in Abendrituale, Anzahl und Art der vorhandenen Bilderbücher) und nach den Lieblingsbüchern ihrer Kinder zu fragen.

Welche Aspekte beeinflussen nun, ob Eltern ihren Kindern frühzeitig und genügend vorlesen? Karrass und Mitarbeiter (2003) untersuchten verschiedene Faktoren, welche dazu beitragen, dass Eltern bereits ihren 8 Monate alten Kindern vorlasen. Bei den Eltern erwiesen sich dabei folgende Faktoren als wichtig: höheres Einkommen, geringerer Stress im Alltag und bei der Erziehung. Die Qualität der Paarbeziehung, der Bildungsstatus und ob die Mutter verheiratet, geschieden oder alleinerziehend war, erwies sich nicht als relevant. Auf Seiten der Kinder war entscheidend, wie lange sie bei etwas bleiben konnten und wie sehr sie sich allgemein beruhigen ließen. In anderen Studien erwies sich die Bindung zwischen Eltern und Kind als wichtiger Einflussfaktor auf die Häufigkeit und Qualität des Vorlesens von Bilderbüchern (Bus et al. 1997). Tabelle 5 gibt einen allgemeinen Überblick über die verschiedenen möglichen Einflussfaktoren auf die Ausprägung der „Bilderbuchkultur“ in Familien. Dabei ist zu berücksichtigen, dass nicht jeder Einflussfaktor zwangsläufig zu den dargestellten Auswirkungen führt. Einflussfaktoren, die auf Seiten des Kindes bestehen, werden in den nachfolgenden Kapiteln besprochen.

Einflussfaktoren	Mögliche Auswirkungen auf die Häufigkeit und Qualität des Vorlesens von Bilderbüchern
Sozioökonomischer Status	▪ Niedriger sozialer Status und Einkommen geht tendenziell einher mit geringerer Anzahl von Bilderbüchern im Haushalt, geringerer Häufigkeit des Vorlesens
Kultureller Hintergrund	▪ Unterschiedlicher Zugang zu Bilderbüchern ▪ Unterschiedliche Gewichtung des Vorlesens und Geschichtenerzählens
Bildungsstatus der Eltern	▪ Höherer Bildungsstatus geht tendenziell einher mit Verwendung vielfältigerer Bilderbucharten, Präsentation anspruchsvollerer Bilderbücher ▪ Vermehrtes und ausführlicheres Besprechen von Bilderbüchern
Erhöhter familiärer Stress	▪ Geringere Zeit und Muße zum Vorlesen
Erziehungsstil	▪ Unterschiede in der Art und Weise, ob und wie Bilderbücher präsentiert und insbesondere besprochen werden
Elterliche Wärme und Sensitivität für die Bedürfnisse des Kindes	▪ Vorlesen als Ritual beim Schlafengehen ▪ Genießen der emotionalen Nähe beim Vorlesen
Mangelnde Lesefähigkeit der Eltern	▪ Geringe oder keine Verwendung von Bilderbüchern mit Text
Gleichgültige oder negative Einstellung gegenüber Lesen	▪ Geringe Kontinuität im Umgang mit Bilderbüchern ▪ Mangelnde Verwendung von Bilderbüchern, insbesondere auch bei Vätern
Mangelnde Kenntnis der deutschen Sprache bei Eltern mit nichtdeutscher Muttersprache	▪ Geringe oder keine Verwendung von deutschsprachigen Bilderbüchern ▪ Geringe Verfügbarkeit von Bilderbüchern in der Muttersprache

Tab. 5: Soziale und familiäre Einflussfaktoren auf die „Bilderbuchkultur" einer Familie

Eine weitere Komponente betrifft emotionale und soziale Erfahrungen in der Familie und auch im Kindergarten. So können Kinder auf Themen, welche aufgrund ihrer Erfahrungen angstbesetzt sind, zurückhaltend oder vermeidend reagieren. Ebenso kann es sein, dass sich Kinder mit Bilderbüchern, welche spezifische Lösungswege in Problemsituationen aufzeigen (wie z. B. Streit mit anderen, von anderen ausgeschlossen werden) nur ungern beschäftigen, weil sie sich selbst die Lösung nicht zutrauen oder bisherige Versuche im Alltag nicht geklappt haben.

4.2 Unterschiede in kognitiven Fähigkeiten

Ein weiterer wichtiger Faktor, welcher die unterschiedliche Herangehensweise von Kindern an Bilderbücher prägt, sind ihre kognitiven Fähigkeiten. Diese Fähigkeiten beeinflussen den Umgang mit Bilderbüchern auf verschiedenen Ebenen wie z. B. Interesse und Auswahl von Bilderbüchern, Betrachtungszeit und Verarbeitungstiefe von Bildern und Texten und das Engagement bei der Diskussion bzw. Nachbearbeitung von Themen. Ebenso stimmen Erwachsene die Präsentation von Bilderbüchern intuitiv auf die Fähigkeiten des Kindes ab.

Welche kognitiven Fertigkeiten sind nun von besonderer Relevanz für den Umgang mit Bilderbüchern? Ohne Anspruch auf Vollständigkeit sind hierbei folgende Fertigkeiten zu erwähnen:

- **Visuelle Wahrnehmung.** Im Bereich der visuellen Wahrnehmung erweisen sich insbesondere die Farbwahrnehmung und -präferenz, die Figur-Grund-Unterscheidung (Fähigkeit, eine Figur in Abgrenzung zu anderen visuellen Reizen zu erfassen), die Raumlage-Wahrnehmung und die allgemeine visuelle Aufmerksamkeitsfähigkeit als wichtig. In Bezug auf die Farbwahrnehmung und -präferenz ist immer wieder zu beobachten, dass Kinder vor allem Bilderbücher mit hellen und leuchtenden Farben bevorzugen, während dunklere und satte Farben weniger ansprechend sind. Kinder mit Schwächen in der Figur-Grund-Unterscheidung werden mehr von kontrastreichen Bildern angesprochen, da sie dadurch eine bessere Orientierung gewinnen. Bei Problemen in der Raumlage-Wahrnehmung bereiten Bilder mit verstärkten räumlichen Effekten Schwierigkeiten. Kinder mit Schwächen in der allgemeinen visuellen Aufmerksamkeitsfähigkeit zeigen leicht Ermüdungserscheinungen bei sehr detailreichen und komplexen Bildern.
- **Aufmerksamkeit.** Aufmerksamkeitsschwächen wirken sich auf unterschiedliche Aspekte der Bilderbuchbetrachtung aus (➛ Kap. 2.2.1). Bei Kindern mit stärkeren Aufmerksamkeitsdefiziten können verschiedene Reaktionen beobachtet werden. Einerseits kann es sein, dass diese Kinder (gerade auch wenn sie zusätzlich hyperaktive Verhaltensweisen zeigen) Bilderbüchern wenig abgewinnen und „wildere" Beschäftigungen vorziehen. Andere wiederum sind von vielfältigen Bildreizen fasziniert, insbesondere wenn es sich um spannend aufbereitete Themen handelt.
- **Sprach- und Textverständnis.** Kinder mit Defiziten im Sprach- und Textverständnis gelangen speziell bei komplexeren Geschichten schnell an ihre Grenzen. Dies kann zum einen dazu führen, dass sie sich passiv verhalten und wenig danach verlangen, dass ihnen vorgelesen wird. Zum anderen ist es möglich, dass sie von bilderreichen Büchern mit wenig Text angesprochen werden, da sie ihre Schwächen durch die visuelle Erschließung der Geschichte kompensieren können.
- **Konzeptbildung.** Kindern mit Schwächen in der Konzeptbildung fällt es oft schwer, komplexere Wechselbeziehungen zwischen Ereignissen und Handlungen der Figuren nachzuvollziehen. Insofern tendieren sie mehr zu Geschichten mit einfacheren Handlungssträngen und wenig vielschichtigen Handlungsebenen. Ebenso gefallen

ihnen künstlerisch anspruchsvollere und abstraktere Bilderbücher weniger.

- **Gedächtnis.** Kinder mit Problemen im Gedächtnis (Kurzzeit-, Arbeits- und Langzeitgedächtnis) können leicht den Überblick über eine Geschichte verlieren. Dies ist jedoch mit davon abhängig, ob die Merkfähigkeit nur im auditiven Bereich oder auch zusätzlich im visuellen Bereich eingeschränkt ist. Im ersteren Fall sind sie besser in der Lage, den Handlungsstrang durch die visuell abgespeicherten Bilder zu erfassen.

Um Bilderbücher in der pädagogischen Arbeit mit einzelnen Kindern oder mit der Gruppe gezielter zu nutzen, ist es sinnvoll, anhand einer Checkliste eine Einschätzung von diversen kognitiven Fähigkeiten, welche für die Betrachtung und Verarbeitung von Bilderbüchern wichtig sind, vorzunehmen (siehe Tabelle 6). Anhand dieser Checkliste sollte kein Kind auf angenommene Stärken und Schwächen festgelegt werden. Sie dient vielmehr dazu, der Erzieherin eine Orientierung zu geben, wo Kinder in ihrer Entwicklung stehen und welche Faktoren bei einzelnen Kindern verstärkt zu berücksichtigen und zu fördern sind. Ebenso ist es anhand dieser Checkliste möglich, Fortschritte von Kindern zu dokumentieren und Kindern bzw. Eltern auch ein Feedback zu geben. Wenn es zeitlich und personell möglich ist, kann diese Einschätzung bei Kindern, welche einer intensiveren Förderung bedürfen, auch unter stärker strukturierten Bedingungen erfolgen. Hierzu ist es empfehlenswert, sich einzeln mit dem Kind an einen ruhigen Ort zurückzuziehen und ein Bilderbuch zu wählen, welches das Kind noch nicht kennt. Günstig ist es, wenn man als Standard einige unbekannte Bilderbücher verwendet, um so ein Gefühl bzw. einen Vergleich zu bekommen, wie unterschiedlich Kinder auf identische Bücher reagieren können. Es sollten Bücher gewählt werden, bei denen an einigen Stellen auch zentrale Elemente der Geschichte im Text ohne entsprechende Darstellung in den Bildern beschrieben werden. Ebenso sollten unterschiedliche Arten von Bilderbüchern verwendet werden, da die aktive Mitarbeit eines Kindes auch von der speziellen Attraktivität eines Buches abhängen kann. Vor der Betrachtung sollte mit dem Kind besprochen werden, dass das Buch zweimal angeschaut wird, die Erzieherin beim ersten Vorlesen nach jeder Seite eine Pause macht und das Kind sagen soll, wann weitergeblättert werden soll. Beim zweiten Vorlesen kann folgendermaßen vorgegangen werden: Die erste Seite wird aufgeschlagen und das Kind wird gebeten, auf das zu zeigen, was beim Bild besonders wichtig ist. Danach wird es gefragt, ob es sich noch erinnern kann, was da passiert ist. Schließlich wird der Text erneut vorgelesen und Fragen zu fehlenden Punkten gestellt. Die weiteren Seiten werden auf die gleiche Weise bearbeitet. Um zu dokumentieren, ob Kinder von selbst auf etwas kommt oder erst über das Nachfragen, kann das jeweilige Kürzel „S“ (Selbst) und „N“ (Nachfrage) verwendet werden.

Datum: ____________________

Verwendetes Buch: ____________________________________

Kognitive Fertigkeiten	Ja	Teilweise	Nein
Betrachtungszeit			
▪ Lässt sich Zeit bei der Betrachtung			
▪ Betrachtungszeit passt zur Komplexität der Bilder oder des Textes			
▪ Lässt das Bild in der Lesepause auf sich wirken			
▪ Sonstiges: ____________			
Visuelle Wahrnehmung			
▪ Erfasst und benennt zentrale Bildelemente			
▪ Erkennt Details in Gesichtern, Kleidung oder Landschaften			
▪ Betrachtet alle Bereiche des Bildes gründlich			
▪ Erfasst räumliche Relationen im Bild gut			
▪ Sonstiges: ____________			
Aufmerksamkeit			
▪ Lässt sich nicht ablenken, ist vertieft			
▪ Schweift mit Kommentaren nicht ab			
▪ Hört genau zu			
▪ Zeigt eine gute Ausdauer			
▪ Sonstiges: ____________			
Sprach- und Textverständnis			
▪ Zeigt gutes Verständnis einzelner Wörter			
▪ Zeigt gutes Verständnis der Geschichte			
▪ Fragt bei Unklarheiten gezielt nach			
▪ Beschreibt Bilder oder Figuren adäquat			
▪ Kann Inhalte gut wiedergeben			
▪ Sonstiges: ____________			
Konzeptbildung			
▪ Erfasst schnell wichtige Bildelemente			
▪ Erkennt Handlungslinien oder „roten Faden"			
▪ Verknüpft Bild und Text gut			
▪ Stellt Bezüge zum Alltag her			

Tab. 6: Checkliste zur Einschätzung kognitiver Fertigkeiten im Umgang mit Bilderbüchern

4.3 Die Bedeutung des Temperaments

Mit dem Begriff Temperament wird Bezug genommen auf Unterschiede zwischen Menschen in der Art und Weise (Qualität sowie Intensität), wie sie auf unterschiedlichen Ebenen (physiologisch, emotional und verhaltensbezogen) sowohl auf Reize in der Umwelt reagieren als auch der Umwelt selbst gegenübertreten. Aufgrund ihrer biologischen bzw. genetischen Komponente sind Temperamentsfaktoren bereits sehr früh beim Säugling zu beobachten und bleiben in der weiteren Entwicklung relativ stabil. Innerhalb der Temperamentsforschung gibt es unterschiedliche Konzeptualisierungen bezüglich der Anzahl von Temperamentsfaktoren. Nach Bates (1989) werden jedoch meistens folgende Faktoren postuliert: Sensorische Reizschwelle/Reaktivität, Regelmäßigkeit biologischer Funktionen, negative bzw. positive Emotionalität, Soziabilität, Gehemmtheit, Aktivitätslevel, Aufmerksamkeitsregulation und Anpassungsfähigkeit.

Im Hinblick auf die Auswirkungen von Temperamentsfaktoren auf den Umgang mit Bilderbüchern gibt es kaum Studien. Lediglich Karrass et al. (2003) konnten beobachten, dass Väter 8 Monate alten Kindern mit einer längeren Aufmerksamkeitsorientierung öfter Bilderbücher vorlasen. Interessanterweise war dies auch der Fall, wenn Kinder weniger leicht zu beruhigen waren. Bei Müttern konnte dagegen kein Zusammenhang zwischen Temperamentscharakteristika des Kindes und Häufigkeit des Vorlesens von Bilderbüchern festgestellt werden. Angesichts fehlender Studien bleibt es jedoch offen, inwieweit sich Temperamentscharakteristika vermehrt in späteren Jahren darauf auswirken, wie häufig Eltern ihren Kindern vorlesen. Neben der möglichen Auswirkung auf die Häufigkeit des Vorlesens ist anzunehmen, dass einige Temperamentsfaktoren auch die Qualität des Vorlesens und die Auswahl von Bilderbüchern beeinflussen. So ist in der Arbeit mit Familien teilweise zu beobachten, dass Eltern Kindern mit erhöhtem Aktivitätslevel und Problemen bei der Aufmerksamkeitsregulation Bilderbücher mit längeren Texten seltener vorlesen. Ebenso ist zu vermuten, dass Kinder auch Bilderbücher bevorzugen, welche ihren Temperamentszügen entgegenkommen. Kinder mit erhöhtem Aktivitätslevel sprechen tendenziell besser auf „action"- und spannungsreiche Geschichten an, während sie beschaulicheren Themen im Unterschied zu gehemmteren Kindern weniger abgewinnen können. Kinder mit erhöhter negativer Emotionalität (erhöhte Ärger- und Trotzneigung, häufigere mürrische Laune) sind tendenziell weniger empfänglich für eher lieblich aufbereitete Bilderbücher.

4.4 Emotionale Sensitivität

Der Begriff emotionale Sensitivität taucht in der Literatur eher selten auf, ist aber gerade für die Erklärung, warum Kinder und auch Erwachsene so unterschiedlich auf Bilderbücher reagieren, sehr bedeutsam. Nach Bieg und Behr lässt sich emotionale Sensitivität folgendermaßen definieren: „Emotionale Sensitivität meint eine Durchlässigkeit innerhalb der Person für den Aufbau emotionaler Erfahrungen“ (Bieg & Behr 2005, S. 31). Gerade bestimmte Bilderbücher versuchen sehr stark durch ihre Bildgestaltung und den Aufbau der Geschichten tiefere emotionale Reaktionen beim Betrachter bzw. Zuhörer hervorzurufen. Kinder wie Erwachsene unterscheiden sich nun darin, wie sehr sie sich durch Bilderbücher in einen emotional bewegenden Zustand versetzen lassen und somit für den Aufbau emotionaler Empfindungen empfänglich sind. Während einige Kinder einer Geschichte mit verzückten und strahlenden Augen sehr emotional verfolgen, wirken andere wiederum sehr nüchtern und emotional weniger beteiligt. Diese emotionale Empfänglichkeit bzw. Durchlässigkeit dürfte auch mitentscheidend sein, wie sehr sich Kinder mit einer Figur identifizieren und wie sehr sich Bilderbücher nachhaltig einprägen. Ebenso dürfte die Stärke der emotionalen Sensitivität einen wichtigen Einfluss darauf haben, wie sehr Geschichten Wünsche, Vorstellungen und Einfälle anregen, die nicht selten sofort im Phantasiespiel umgesetzt werden. Auch bei Erwachsenen führt ihre emotionale Sensitivität zu einem unterschiedlichen Umgang mit Bilderbüchern. Fühlt man sich von einem Bilderbuch zutiefst bewegt und ist entsprechend fasziniert, so liest man dieses Kindern viel beschaulicher, fast schon andächtig, vor, während dies bei anderen Büchern nicht der Fall ist.

4.5 Geschlechtsspezifische Unterschiede

Immer wieder ist zu beobachten, dass Mädchen und Jungen teilweise unterschiedliche Arten von Bilderbüchern bevorzugen. So tendieren Mädchen eher zu beschaulicheren und romantischen Geschichten, während Jungen besonders auf spannungsgeladene und auch kampfbetonte Geschichten anspringen. Plakativ gesagt zeigen Mädchen vermehrt Interesse für Feen oder liebevolle Tiergeschichten, während Jungen besonders von Monstern oder gruseligen Gestalten angezogen werden. Dies spiegelt sich auch in der Produktion von manchen typischen Mädchen- bzw. Jungen-Bilderbüchern wieder, welche einerseits auf diese Nachfrage bzw. Präferenzen reagiert, andererseits natürlich auch durch ihr Angebot diese Tendenzen bestärkt. Ein bedeutender Einflussfaktor für die Entwicklung unterschiedlicher Präferenzen ist sicherlich auch die Auswahl von Bilderbüchern durch Eltern, die sich natürlich von geschlechtsspezifischen Vorstellungen leiten lassen. Dies zeigt sich bereits bei der Auswahl von Spielsachen und -aktivitäten im Kleinkindalter.

Ein weiterer Aspekt, in der sich das Geschlecht als Einflussfaktor auf den unterschiedlichen Umgang mit Büchern niederschlägt, ist die Hinwendung zum Betrachten von Bilderbüchern bzw. das spätere Lesen selbst. Dies beginnt bereits damit, dass häufiger Mütter ihren Kindern vorlesen als Väter. Ebenso zeigt sich im Grundschulalter, dass Mädchen allgemein viel öfter zum Buch greifen als Jungen. In der Kindergartenzeit scheint dies teilweise noch nicht so ausgeprägt zu sein, da einerseits der Erwachsene noch stärker den Impuls dazu gibt und andererseits noch nicht die Lesefertigkeiten selbst gefordert sind, welche ja bekanntlich bei den Jungen stärkeren Schwankungen unterliegen (sichtbar zum Beispiel auch am häufigeren Vorkommen von Legasthenie bei Jungen).

In Hinblick auf geschlechtsspezifische Unterschiede im Umgang mit dem Bilderbuch erweist sich auch die Frage, wie sich geschlechtstypische Verhaltensweisen in der frühen Kindheit entwickeln, als relevant. Bereits im 1. Lebensjahr entwickeln Kinder basale Kategorien in der Wahrnehmung der Geschlechter, die sich vorwiegend auf physische Charakteristika beziehen. So sind 6 bis 8 Monate alte Kinder in der Lage, zwischen männlichen und weiblichen Stimmen zu unterscheiden (Miller 1983). Männliche und weibliche Gesichter können ab dem 9. Lebensmonat differenziert werden (Leinbach & Fagot 1993). Der Großteil der bisherigen Studien kommt zu dem Ergebnis, dass Kinder um das 2. Lebensjahr beginnen, eindeutige geschlechtsspezifische Verhaltensweisen zu zeigen (Martin et al. 2002). Diese sind aber in der Regel auf wenige Aktivitäten wie Präferenz für bestimmte Spielsachen beschränkt. Ab dem 3. Lebensjahr werden vermehrt gleichgeschlechtliche Spielpartner bevorzugt, was die Entwicklung stereotyper Vorstellungen über geschlechtsspezifische Spiele und Aktivitäten fördert. Die Rigidität, mit der an diesen Vorstellungen festgehalten wird, erreicht zwischen dem 5. und 7. Lebensjahr einen ersten Höhepunkt, nimmt danach wieder etwas ab, bevor es in der Pubertät erneut verstärkt auftauchen kann (Serbin et al. 1993). Natürlich wird dieser Entwicklungsverlauf von verschiedensten Faktoren wie geschlechtliche Sozialisierung im familiären Rahmen bzw. im Kindergarten sowie Schule und kulturelle Hintergründe sehr stark beeinflusst. Angesichts dieser Befunde ist anzunehmen, dass sich gerade während der Kindergartenzeit vermehrt auch geschlechtspezifische Faktoren auf die Vorlieben für Bilderbücher und ihre Inhalte auswirken.

5. Zur Präsentation von Bilderbüchern

5.1 Die Bedeutung des eigenen Zugangs zu Bilderbüchern

Die Reflexion des eigenen Zugangs zu Bilderbüchern ist eine unabdingbare Notwendigkeit für die Durchführung einer kindgerechten Präsentation von Bilderbüchern. Dies ist gerade bei Bilderbüchern wichtig, welche einen selbst zutiefst bewegen und dadurch tiefere Schichten des eigenen Selbst ansprechen. Eine zu unreflektierte Herangehensweise kann dann dazu führen, dass man bewusst oder unbewusst Kinder mit Botschaften konfrontiert, für die sie emotional oder kognitiv noch nicht bereit sind und die sie somit überfordern. So wichtig die eigene Begeisterung für das authentische Vorlesen ist, kann sie unreflektiert auch dazu beitragen, dass Reaktions- und Sichtweisen von Kindern, die nicht dem Quell der eigenen Begeisterung entsprechen, vernachlässigt werden und ihnen zu wenig Raum zur Entfaltung gegeben wird. Der eigene Zugang zu Bilderbüchern ist geprägt von vielfältigen Einflüssen und Komponenten, von denen einige kurz aufgelistet werden:

- **Eigene Sozialisierung mit Bilderbüchern.** Wie man in der eigenen Kindheit mit Bilderbüchern aufgewachsen ist, beeinflusst sehr stark die Wertschätzung und Bedeutung, die man Bilderbüchern entgegenbringt. Ebenso haben sie einen nachhaltigen Einfluss darauf, zu welcher Art von Bilderbüchern man sich hingezogen fühlt und auf welche Weise Bilderbücher anderen nähergebracht bzw. vorgelesen werden.
- **Eigene bildnerische Sozialisation.** Mit dem Begriff bildnerische Sozialisation wird Bezug genommen auf die eigenen Erfahrungen, welche man insbesondere in seiner Kindheit mit Bildern und bildlichen Phänomenen gemacht hat (Thiele 2003). Sie beeinflusst auch sehr stark unsere Ansichten, welche Bilder wir für Kinder als kindgemäß einstufen. So halten Erwachsene, welche früh mit Kunst sozialisiert wurden bzw. sich stärker damit beschäftigen, künstlerische Bilder für sehr viel früher bei Kindern einsetzbar als Erwachsene, welche sich mit Kunst weniger beschäftigen. Die eigene bildnerische Sozialisation bewirkt auch, dass wir nicht selten eine negative Einstellung gegenüber bestimmten Formen der modernen Bildgestaltung (wie insbesondere in modernen Bilderbüchern oder (Zeichentrick-)Filmen bzw. Comics für Kinder) haben, während genau diese für Kinder eine erhöhte Attraktivität und Bedeutung haben.
- **Eigene Konzeption von Kindsein.** Gerade als Erzieherin pflegt man sowohl bewusst als auch unbewusst eine bestimmte pädagogische Einstellung, in welcher auch die Vorstellung, was Kinder in einer bestimmten Entwicklungsphase brauchen oder nicht, eine zentrale Rolle spielt. Damit verbunden sind auch Annahmen, mit welchen Themen

man Kinder nicht zu früh konfrontieren sollte. Dies kann dazu führen, dass man bestimmte Bilderbücher als nicht kindgerecht ansieht und deshalb auch nicht verwendet, obwohl diese für Kinder sehr wohl ansprechend oder wichtig sein könnten. Umgekehrt kann es natürlich genau so sein, dass man Kindern zu viel zumutet.

- **Einstellungen gegenüber Tabuthemen.** In den letzten Jahren und Jahrzehnten sind auch vermehrt Bilderbücher auf den Markt gekommen, welche frühere oder noch aktuelle Tabuthemen aufgreifen (wie z. B. Sexualität, Aufwachsen bei homosexuellen Eltern, Missbrauch von Kindern, Ausländerfeindlichkeit). Unsere innere Einstellung gegenüber diesen Themen kann dazu führen, dass wir diese sehr zögerlich, unsicher, ungern oder gar nicht mit Kindern thematisieren, obwohl bestimmte Kinder damit konfrontiert sind und eine Orientierung bzw. Unterstützung bräuchten.
- **Haltung gegenüber geschlechtsspezifischen Rollenzuschreibungen.** Manche Bilderbücher vermitteln deutliche geschlechtsspezifische Rollenzuschreibungen. Eine bewusstere Auseinandersetzung damit kann auch Kinder dazu anregen, diese Rollenzuschreibungen zu hinterfragen und eine offenere Haltung zu entwickeln.

5.2 Schaffung einer ansprechenden Atmosphäre

Bei der Schaffung einer angenehmen Atmosphäre für die Betrachtung von Bilderbüchern im Kindergarten lassen sich verschiedene Aspekte unterscheiden. Dies beginnt bereits damit, wie der Zugang zu Bilderbüchern allgemein gestaltet wird, wie die Gestaltung einer Bilderbuchecke erfolgt und wie eine angenehme Atmosphäre bei der gemeinsamen Bilderbuchbetrachtung mit Kindern selbst hergestellt wird.

5.2.1 Zugang zu den Bilderbüchern

Der Zugang zu Bilderbüchern kann prinzipiell auf zwei Arten erfolgen. So besteht die Möglichkeit, in einer Ecke oder an einer Wandseite in einem Schrank oder Regal eine kleine „Bilderbuchbibliothek“ einzurichten, die für Kinder nicht frei zugänglich ist. Wenn Kinder ein Bilderbuch von sich aus betrachten wollen, wenden sie sich an die Erzieherin, um sich ein Buch auszusuchen und auszuleihen. Einerseits wird den Kindern durch dieses Arrangement vermittelt, dass Bücher ein wertvolles Gut darstellen, andererseits übernehmen sie durch den persönlichen Austausch eines Bilderbuches mehr Verantwortung für das „ausgeliehene“ Buch und achten mehr darauf. Damit werden Bilderbücher tendenziell sorgfältiger behandelt und einem schnelleren Verschleiß kann somit vorgebeugt werden. Ebenso behält die Erzieherin einen besseren Überblick darüber, wie sehr und welche Bilderbücher von Kindern zur Betrachtung gewünscht werden. Der große Nachteil dieser Gestaltung besteht jedoch darin, dass durch den „kontrollierten" Zugang der freie und spontane Umgang mit Bilderbüchern deutlich eingeschränkt wird. Auch das Entdecken von unbekannten Bilderbüchern gelingt weniger, da Kinder bei diesem Arrangement meist ein bestimmtes Bilderbuch wollen. Eine bessere Alternative stellt daher die Einrichtung einer gemütlichen Bilderbuchecke dar, bei der die Bücher frei zugänglich sind. Das Kind kann sich somit jederzeit in diese Ecke zurückziehen und sozusagen das Angebot durchstöbern.

5.2.2 Gestaltung einer Bilderbuchecke

Eine Bilderbuchecke kann sowohl offen als auch abgetrennt durch kindshohe Regale in Form eines kleinen Raums für sich im Gruppenraum gestaltet werden. Der Vorteil der offenen Gestaltung liegt darin, dass auch andere Kinder verstärkt zum Mitbetrachten von Büchern eingeladen werden, wenn sie ein bestimmtes Kind in dieser Ecke sehen. Der große Vorteil der abgetrennten Anordnung besteht darin, dass Kinder von Geräuschquellen besser abgeschirmt sind und weniger leicht durch Aktivitäten anderer Kinder abgelenkt werden. Dies fördert entsprechend die „kontemplative" Betrachtung und Vertiefung in Bilderbüchern. Ebenso kann dieser Raum auch als Rückzugsort oder eine Art „Zufluchtstätte" genutzt werden. Es ist günstig, den Raum einerseits mit Kissen am Boden und andererseits mit einem kleinen Tisch mit Stühlen auszustatten, da einige Kinder Bilderbücher gerne am Boden liegend, andere wiederum eher am Tisch lesen. Empfehlenswert ist es auch, am Eingang ein Symbol für die Bücherecke und im Raum selbst Zeichnungen und Bilder rund um das Thema Bücher aufzuhängen. Von Vorteil ist es auch, eine fotografierte Bilderserie anzubringen, bei der ein Kind gezeigt wird, wie es ein Buch herausnimmt, es aufschlägt, die Bilder begeistert betrachtet, sorgfältig die Seiten umblättert und es wieder zurücklegt. In ähnlicher Weise kann auch eine Bilderserie über zwei Kinder, die gemeinsam ein Bilderbuch betrachten und sich darüber austauschen, verwendet werden. Diese Bilder können einerseits einladend bzw. animierend wirken, andererseits kann anhand der Bilder der sorgfältige Umgang mit Büchern thematisiert und visuell in Erinnerung gerufen werden.

5.2.3 Herstellung einer ansprechenden Atmosphäre bei der gemeinsamen Bilderbuchbetrachtung

Um eine ansprechende und beschauliche Atmosphäre bei einer Gruppentätigkeit herzustellen, ist die Verwendung spezifischer Rituale immer empfehlenswert. Zum einen stimmen Rituale Kinder auf etwas ein und runden den Schluss ab. Zum anderen stellen Rituale selbst schon ein besonderes Ereignis dar und erhöhen den emotionalen sowie gemeinsam erlebten Bezug zur durchgeführten Tätigkeit. Außerdem lieben gerade jüngere Kinder Rituale und beginnen schnell, sich damit zu identifizieren. Insofern sollte auch für die Durchführung einer gemeinsamen Bilderbuchbetrachtung ein spezifisches Ritual für den Anfang und den Abschluss eingeführt werden. Die Wahl des Rituals richtet sich nach den eigenen Vorlieben und Stärken, um eine größere Authentizität für Kinder zu erzielen. Zu Beginn ist ein Ritual sinnvoll, welches die Kinder in erster Linie beruhigt und entspannt. Zum Abschluss kann ein Ritual durchgeführt werden, bei dem sich alle an den Händen fassen und gemeinsam sprachlich betont wird, wie angenehm und schön das Betrachten der Bilder bzw. das Hören der Geschichte war. Hinsichtlich der Gruppengröße ist eine Gruppe von sechs Kindern ideal für die Betrachtung eines Bilderbuches, da dadurch eine angenehme körperliche Nähe hergestellt werden kann und jedes Kind gut auf die Bilder sehen kann. Vorteilhaft ist es, sich auf den Boden in Form eines leichten Halbkreises zu setzen, wobei die Erzieherin in der Mitte sitzt und das Buch hält oder auf den Boden legt. Eine empfehlenswerte Variante ist auch, dass der Reihe nach ein anderes Kind ausgewählt wird, das in der Mitte neben der Erzieherin sitzt und das Buch halten bzw. die Seiten umblättern darf. Auf diese Weise werden die Kinder aktiver miteinbezogen und gleichzeitig kann damit auch der sorgfältige Umgang mit Bilderbüchern eingeübt werden. Wird ein Bilderbuch in der Großgruppe vorgelesen, ist es am besten, wenn die Erzieherin auf einem Stuhl sitzt und die Kinder direkt vor ihren Füßen sitzen. Günstig ist es, wenn sich die Erzieherin zuvor den Text des Bilderbuches kopiert und sich auf die Oberschenkel legt, so dass das Vorlesen leichter fällt und die Kinder immer auf die Bilder schauen können.

5.3 Methoden der Betrachtung und Darbietung

5.3.1 Allgemeine Aspekte

Eltern richten sich im Gebrauch der Bilderbücher intuitiv sehr stark an den kognitiven Fähigkeiten der Kinder aus. So zeigen Eltern bei Kindern bis zum 18. Lebensmonat vorwiegend auf die Bilder und benennen diese. Ab dem 18. Lebensmonat beginnen sie, verstärkt Fragen zu stellen und mit dem Kind über die Bilder und einfache Geschichtselemente zu sprechen (Fletcher & Reese 2005). In verschiedenen Studien zeigte sich, dass die Art und Weise, wie die Eltern Bilderbücher präsentieren, einen Einfluss darauf hat, wie stark die Sprachfertigkeiten gefördert werden. So konnten Whitehurst und Mitarbeiter (1988) belegen, dass der Gebrauch von Techniken des „dialogischen Lesens" den sprachlichen Lernprozess vermehrt unterstützt. In Tabelle 7 werden die spezifischen Strategien des „dialogischen Lesens" näher erläutert.

Bei der Besprechung von Bilderbüchern kann ebenso unterschieden werden, welche Anforderungen an Kinder gestellt werden und worauf der Fokus gelegt wird. Diesbezüglich wurden von Haden et al. (1996) drei Stile differenziert. Beim *beschreibenden* Stil legten die

Strategie	Beschreibung
Verwendung von „Was-Fragen"	▪ Auf Bildelemente zeigen und spezifische Fragen stellen: „Was ist das?" „Was macht der…da?" „Was ist sein Name?"
Verwendung offener Fragen	▪ Vermeiden von Fragen, die einfach durch „Ja" oder „Nein" oder durch Zeigen beantwortet werden können ▪ Komplexere Fragen stellen: „Was seht ihr auf dieser Seite alles?"
Systematischer Einsatz von zusätzlichen Fragen	▪ Auf Antworten der Kinder mit zusätzlichen Fragen reagieren: „Welche Farbe ist das?" „Was hat der … an?"
Systematische Verwendung von Wiederholungen	▪ Dem Kind Feedback geben, indem richtige Antworten der Kinder wiederholt werden: „Ja genau, das ist ein …!"
Gezielte Hilfestellung	▪ Wenn ein Kind die richtige Antwort nicht weiß, diese sagen und vom Kind wiederholen lassen
Systematisches Lob und Ermunterung	▪ Gute Mitarbeit gezielt loben: „Toll hast du/habt ihr das gemacht! Weiter so!"
Interesse der Kinder berücksichtigen	▪ Wenn ein Kind für spezifische Details Interesse zeigt oder zusätzliche themenbezogene Einfälle äußert, diese bestärken und gezielt nachfragen

Tab. 7: Strategien beim „dialogischen Vorlesen"

Erwachsenen den Fokus auf die Beschreibung und Benennung der Bilder. Beim *verstehenden* Stil wurde Wert gelegt auf die Bedeutung der Geschichte. Damit verbunden wurden die Kinder auch gefragt, wie die Geschichte weitergehen könnte. Beim *darstellungsorientierten (performance-oriented)* Stil wird den Kindern vor dem Vorlesen ein kurzer Überblick gegeben. Die Geschichte wird ohne Unterbrechung vorgelesen und danach werden die Kinder zur Geschichte befragt. Die unterschiedlichen Stile scheinen auch differenzierte Effekte zu haben, wobei hierbei auch die sprachlichen Fertigkeiten, welche Kinder mitbringen, berücksichtigt werden müssen. So konnten Kinder mit geringeren sprachlichen Fertigkeiten wie geringer Wortschatz am stärksten durch den *beschreibenden* Stil gefördert werden. Demgegenüber profitierten Kinder mit einem guten Wortschatz verstärkt vom *darstellungsorientierten* Stil. Der *verstehende* Stil wiederum zeigte insbesondere Effekte auf die narrative Kompetenz von Kindern. Diese Aspekte unterstreichen die Notwendigkeit, bei der pädagogischen Arbeit mit Bilderbüchern nicht nur intuitiv vorzugehen, sondern auch konzeptuelle Überlegungen anzustellen, da unterschiedliche Kinder von unterschiedlichen Darbietungsstilen unterschiedlich profitieren. Insofern ist es entscheidend, sich vor der Arbeit mit einem bestimmten Bilderbuch klar zu sein, welche Ziele man bei welchen Kindern wie erreichen möchte. Ebenso ist es aber auch notwendig, Bilderbüchern einen entpädagogisierten Raum zu geben, in welchem das Kind seinen eigenen Zugang ohne jegliche erwachsene Lenkung finden kann und soll. Ein optimaler Umgang mit Bilderbüchern im Kindergarten erfordert insofern eine gute Balance zwischen dem Nutzen der pädagogischen Ressourcen, die in Bilderbüchern vorhanden sind, und der Ermöglichung eines sozusagen erwachsenenfreien Eintauchens in die Welt der Bilderbücher. Entsprechend sollte die Betrachtung und Darbietung von Bilderbüchern immer auch abwechselnd gestaltet werden, indem auch Bilderbücher ohne Kommentar bzw. Erläuterung einfach nur vorgelesen und zur selbstbestimmten Benutzung ausgelegt werden. Dies sollte insbesondere bei Bilderbüchern, die qua ihrer Bildkraft und Poesie von alleine wirken, praktiziert werden. Dies bedeutet auch, von der manchmal durchgeführten Praxis, eine Geschichte in eigenen Worten wiederzugeben, Abstand nehmen zu können, da dabei immer die eigene Interpretation eines Buches mit einfließt.

5.3.2 Förderung der Aufmerksamkeit

Neben der Einbettung in Rituale lassen sich verschiedene Strategien zur Förderung der Aufmerksamkeit bei der Bilderbuchbetrachtung von Kindern anwenden. Ein zentraler Aspekt ist hierbei bereits die eigene emotionale Beteiligung und Involviertheit bei der Präsentation. Wie sehr bin ich selbst also begeistert von einem Bilderbuch und bringe dies sichtbar für die Kinder durch meine Mimik, Gestik, Haltung und Stimmführung zum Ausdruck? Nicht selten sind Kinder von einem Bilderbuch auch bezaubert, weil der Erwachsene selbst authentisch seine Faszination und ein Stück seines Kindseins vermittelt. Der Wunsch von Kindern, die Geschichte erneut zu hören, entsteht in diesen Situationen nicht nur aus dem Bedürfnis nach Wiederholung des Inhaltes, sondern auch aus dem Verlangen, den Erwachsenen in seinem Enthusiasmus und die damit verbundene emotionale Nähe wiederzuerleben.

Hinsichtlich weiterer Möglichkeiten, die Aufmerksamkeit von Kindern bei der Bilderbuchbetrachtung zu erhöhen, sind insbesondere folgende zu nennen:

- Herstellen einer physischen Nähe zum Kind
- Mögliche Ablenkungsquellen minimieren bzw. ausschalten
- Abwechslungsreiche Vortragsweise mit auch theatralischen Elementen
- Weder zu langsames noch zu hastiges Vorlesen
- Wichtige Textstellen mit einer spezifischen Gestik einleiten
- Ein Signal für unbekannte Wörter besprechen bzw. abmachen
- Momente der Überraschung und des Interesses durch Mimik und kurze sprachliche Äußerungen vermitteln
- Gezielt Pausen setzen und interessiert in die Runde schauen
- Kinder bei der Betrachtung aktiv miteinbeziehen (wie z. B. Dinge zeigen lassen).

5.3.3 Spezifische Strategien der Darbietung und Nachbearbeitung

Die Anwendung spezifischer Strategien bei der Bilderbuchbetrachtung ist von mehreren Faktoren abhängig wie Gestaltung und Art des Bilderbuchs, Vorlieben und bisherige Erfahrungen der Erzieherin, Zielsetzungen, Fähigkeiten und Vorlieben der Kinder und Größe der Kindergruppe. Im Folgenden werden einige Anregungen zu verschiedenen Methoden der Darbietung und Nachbearbeitung von Bilderbüchern gegeben. Erneut sei aber darauf hingewiesen, dass nicht zu viele Bilderbücher anhand dieser Methoden bearbeitet werden sollen, um eine zu starke pädagogische „Ausschlachtung" von Bilderbüchern zu vermeiden.

- **Arbeit mit den Bildern vor dem Lesen des Textes.** Diese Methode kann bei Bilderbüchern, bei denen die Geschichte anhand der Bilder gut nachvollzogen werden kann und der Text nicht dominiert, eingesetzt werden. Kinder werden dabei aufgefordert, ihre spontanen Eindrücke zu schildern und ihre Vermutungen, wie die Geschichte verläuft, mitzuteilen. Sehr gut eignet sich diese Methode auch bei Büchern, bei denen emotionale Ausdrücke bildlich klar vermittelt werden. So besteht die Möglichkeit, die Mimiken und Haltungen nachmachen zu lassen, um das Verständnis für Emotionen unabhängig von textlichen Hinweisreizen zu vertiefen. Ebenso wird durch diese Methode die Phantasie angeregt, Bilder ohne Bezug zur Geschichte zu interpretieren.
- **Besprechung und Erklärung schwieriger oder unbekannter Wörter vor der Betrachtung.** Es ist günstig, schwierigere oder unbekannte Wörter bereits vor der Betrachtung von Bilderbüchern zu besprechen und zu erklären. Dies fördert einerseits den Aufbau des Wortschatzes, andererseits trägt es dazu bei, dass beim Vorlesen selbst weniger oft unterbrochen werden muss, um Unklarheiten zu erläutern. Somit können sich die Kinder verstärkt auf den Handlungsbogen einer Geschichte konzentrieren.
- **Erläuterung der Thematik eines Bilderbuches im Vorfeld.** Gerade bei problemorientierten Bilderbüchern und bei Sachbilderbüchern ist es wichtig, die Kinder zunächst in die Thematik einzuführen. Ebenso sollte dies erfolgen, wenn die Erzieherin spezifische Ziele mit der Bilderbuchbetrachtung verknüpft. Dies stimmt die Kinder auf das Bilderbuch ein und fördert die Neugier. Ebenso wird die Aufmerksamkeit bereits im Vorfeld auf die Betrachtung zentraler Aspekte gelenkt.
- **Freies Erzählen der Geschichte.** In der Regel sollte man sich gerade bei gehaltvolleren Bilderbüchern genau an den Text halten, da in diesen Bilderbüchern die Verbindungen zwischen Bild und Text bewusst konzipiert wurden. Es gibt jedoch Situationen, in welchen ein freies Erzählen der Geschichte sehr sinnvoll sein kann (Schmitz 1997). So finden sich Bilderbücher, welche von der Gestaltung der Bilder her sehr wohl schon für jüngere Kinder geeignet sind, jedoch der Text für jüngere Kinder noch zu schwierig oder zu komplex ist. In diesem Fall ermöglicht die Verwendung einer kindgerechteren Sprache einen besseren Zugang zu den Inhalten des Bilderbuches. Ebenso ist diese Vorgehensweise bei Kindern mit mangelnden Deutschkenntnissen sehr empfehlenswert. Nach der freien Erzählung und Betrachtung der Bilderbücher sollte der Inhalt der Geschichte gemeinsam mit den Kindern erneut wiederholt werden und im Anschluss der Originaltext vorgelesen werden.

- **Einbettung der Darbietung in eine Themenreihe.** Da es in Bezug auf unterschiedliche Themen oft mehrere gute Bilderbücher gibt, die diverse Facetten einer Thematik beleuchten, ist es sinnvoll, die Darbietung dieser Bilderbücher in einen Bezugsrahmen zu stellen wie z. B. „Wir lernen die Gefühle kennen" oder „Streiten und Versöhnen" und innerhalb von ein bis zwei Wochen mehrere Bücher zu einem Thema zu präsentieren. Dadurch lernen Kinder, Geschichten und Inhalte nicht nur konkret mit einer spezifischen Situation zu verbinden, sondern sich auch auf ein abstrakteres Grundthema zu beziehen und unterschiedliche Darstellungen bzw. Herangehensweisen miteinander zu verglichen. Empfehlenswert ist es auch, im Vorfeld spezifische Erwartungshaltungen zu Themen aufzubauen. So können die Kinder z. B. gefragt werden, welche Gefühle oder Streitsituationen sie besonders interessieren.
- **Vorstellung des Autors.** Bei älteren Kindern ist es möglich, den Kindern den Autor kurz vorzustellen. So kann ein Foto des Autors gezeigt werden und z. B. erzählt werden, wo er lebt oder wie er auf die Idee zu dem Buch gekommen ist. Anhand des Internets kann dies bei bekannteren Autoren teilweise sehr gut recherchiert werden. Ebenso ist es beeindruckend für Kinder, bei älteren Bilderbüchern zu hören, dass es dieses Buch schon sehr lange gibt und viele Kinder vor ihnen bzw. die Erzieherin selbst bereits viel Freude mit dem Buch hatten. Dadurch wird Kindern vermittelt, dass es ein Bilderbuch nicht einfach nur so gibt, sondern von einem bestimmten Menschen in einem spezifischen Kontext gemacht wurde.
- **Aktive Miteinbeziehung der Kinder beim Vorlesen.** Neben allgemeinen Aspekten der Besprechung von Bildern, Figuren oder Ereignissen während des Vorlesens sollten die Kinder, wenn möglich, auch aktiv beim Vorlesen miteinbezogen werden, um die Identifizierung mit einer Figur oder das Mitleben in einer Geschichte zu fördern. So können Kinder aufgefordert werden, eine Textstelle bzw. einen Satz zu wiederholen („Habt ihr gehört, was der ... gesagt hat? Lasst es noch einmal gemeinsam sagen oder auch schreien!") oder eine eindrucksvolle Mimik, Haltung oder Gestik nachzumachen („Habt ihr gesehen, wie der ... dreinschaut oder dasteht? Lasst es uns alle einmal nachmachen!"). Ebenso ist es sinnvoll, bei Bilderbüchern mit Reimen oder eingängigen Satzstellen, die bereits mehrmals vorgelesen wurden, eine kurze Pause vor diesen Textstellen zu machen, erwartungsvoll in die Runde zu schauen und die Kinder den bekannten Text selber sprechen zu lassen.
- **Verwendung einer Handpuppe für Fragestellungen.** Kinder lieben die Interaktion mit einer Handpuppe. Auf beeindruckende Weise ist dies immer wieder beim Kasperltheater zu beobachten. Auch die Verwendung einer Handpuppe beim Vorlesen eines Bilderbuches trägt dazu bei, dass die Interaktion zwischen Erzieherin und Kindern nicht zu eintönig und die Besprechung von Inhalten aufgelockerter bzw. spannender wird. Ebenso werden die Kinder durch eine Handpuppe leichter zum Antworten und Abgeben von Kommentaren animiert. Der Handpuppe sollte ein peppiger Phantasiename gegeben werden und sie kann als „Bilderbuchfreund" eingeführt werden, der leider nicht immer alles sieht, versteht und mitbekommt, so dass er die Kinder zwischendurch immer wieder fragen muss. Die Verwendung dieser Methode sollte hauptsächlich erfolgen, wenn Bilderbücher in einer größeren Gruppe betrachtet werden. In

einer kleineren Gruppe ist die direkte Interaktion zwischen der Erzieherin und den Kindern vorzuziehen. Die Handpuppe sollte auch nicht zu häufig verwendet werden, damit die Einbeziehung der Handpuppe auch etwas Besonderes bleibt und abwechslungsreiche Präsentationen gewährleistet sind.

- **Bilderbuchkino.** Hollstein und Sonnenmoser (2006) verweisen auch auf die Möglichkeit, Bilderbücher über Dias in Form eines Bilderbuchkinos zu präsentieren. So können die Bilder fotografiert werden und auf einer Leinwand entweder über Dias oder per Computer über einen Beamer großflächig gezeigt werden. Natürlich ist diese Anwendung aufgrund der Copyright-Bestimmungen nur für den persönlichen Gebrauch im Kindergarten zulässig. Teilweise bieten jedoch auch Büchereien Dias zu Bilderbüchern an. Besonders empfehlenswert ist diese Vorgehensweise, wenn ein Bilderbuch mit einer größeren Gruppe betrachtet wird, da dadurch alle Kinder einen guten Blick auf die Bilder erhalten.
- **Nachbearbeitung durch einen „Bilderbuchspaziergang“.** Eine Möglichkeit der Nachbearbeitung besteht darin, Fotokopien (am besten farbige) von Bilderbüchern unter Berücksichtigung des Copyrights anzufertigen und auf den Boden nacheinander auszubreiten. Man kann so mit den Kindern die Geschichte sprichwörtlich durchgehen. Eine weitere Variante kann unter Berücksichtigung der kognitiven Fertigkeiten angewendet werden, wenn die Kinder besser mit einer Geschichte vertraut sind. Es können dann die Fotokopien durcheinander auf den Boden ausgelegt werden, und die Kinder werden aufgefordert, die Geschichte in die richtige Reihenfolge zu bringen. Dies fördert das Verständnis der Handlungslinie einer Geschichte und somit auch die narrative Kompetenz. Ein anregendes Szenario ist dabei, wenn der „Bilderbuchfreund“ (Handpuppe) auftaucht und den Kindern sein Leid klagt, dass ihm leider die Fotos der Geschichte runtergefallen sind und er nunmehr nicht mehr weiß, wo die Geschichte anfängt, wie sie weitergeht und endet.
- **Nachbearbeitung durch Nachspielen einer Geschichte.** Wenn Kinder mit einer Geschichte bereits vertraut sind, ist es sinnvoll, diese mit verteilten Rollen nachzuspielen. Je nach Komplexität der Geschichte und Kreativität der Kinder kann dabei das aufgeschlagene Bilderbuch als Orientierung dienen. Förderlich ist es auch, wenn dabei Musikuntermalungen, Dekorationen und Verkleidungen benutzt werden (Schmitz 1997). Empfehlenswert ist es auch, das Nachspielen per Video aufzunehmen und gemeinsam mit den Kindern anzuschauen, was den Stolz auf ihre Leistung und Darstellung erhöht.
- **Nachbearbeitung durch Malen und Basteln.** Anhand geeigneter Bilderbücher können Kinder auch angeregt werden, Figuren oder Szenen aus einer Geschichte zu malen oder anhand anderer Materialien wie Papier oder Stoff nachzubauen oder zu basteln (siehe nähere Anregungen bei Hollstein & Sonnenmoser 2006; Schmitz 1997).
- **Nachbearbeitung durch Erstellen von Plakaten.** Bei der Verwendung von Bilderbüchern im Rahmen einer Themenreihe ist die gemeinsame Erstellung von Plakaten, die dann im Gruppenraum aufgehängt werden, eine wertvolle Ergänzung. Dies ist gerade bei Themen, die von allgemeiner Relevanz für den Kindergarten sind wie Umgang mit Streit bzw. Gefühlen oder Förderung prosozialer Verhaltensweisen, von Bedeutung. So können gemeinsam mit den Kindern ver-

schiedene Symbole für wichtige Verhaltensweisen (wie z. B. teilen, einander helfen, sich entschuldigen) anhand der Bilderbücher erarbeitet und auf dem Plakat festgehalten werden. Eine besondere Unterstützung ist hierbei auch, dass sich Kinder oft sehr gut mit positiven Verhaltensweisen und Eigenschaften einer bestimmten Bilderbuchfigur identifizieren können. Durch die Verknüpfung dieses Symbols mit einer aufgeklebten Fotokopie der Bilderbuchfigur, welche das damit verbundene Verhalten gut verkörpert, wird den Kindern zusätzlich eine Verankerung in der Vorstellung angeboten, wie sich eine spezifische Verhaltensweise konkret äußert und umgesetzt werden kann. Ebenso besteht die Möglichkeit, bei Vorkommnissen im Kindergarten gemeinsam mit den Kindern zum Plakat zu gehen und sie dadurch beim Finden einer Lösung zu unterstützen („Weißt du noch, was der …dann gemacht hat?").

- **Verwendung von Bilderbüchern bei spezifischen Ereignissen.** Bestimmte Bilderbücher eignen sich sehr gut, ein Kind im Umgang mit schwierigen oder belastenden Ereignissen zu unterstützen. So ist es möglich, Kindern mit Hilfe eines gut ausgesuchten Bilderbuches bei der Aufarbeitung von spezifischen Problemen wie Tod eines Angehörigen oder Scheidung der Eltern zu helfen. Wenn das Kind verständnisvolle und kompetente Eltern bzw. wichtige andere Bezugspersonen zur Verfügung hat, sollte in erster Linie diesen ein bestimmtes Bilderbuch ans Herz gelegt werden, um die innerfamiliäre Bewältigung eines Problems anzuregen. Nicht selten werden jedoch auch Kinder von ihren Eltern in ihren eigenen Bedürfnissen und in der Aufarbeitung von Problemen alleine gelassen – sei es, weil die Eltern selbst zu sehr in eine Problematik verstrickt sind, ihnen wichtige Ressourcen für die Unterstützung des Kindes fehlen oder keine Gesprächskultur über Probleme in der Familie vorhanden ist. In diesen Fällen kann die Erzieherin bei einer guten und tragfähigen Beziehung zum Kind eine wichtige Rolle bei der Unterstützung des Kindes einnehmen. Dabei sollte die Hilfestellung seitens der Erzieherin natürlich immer als Angebot formuliert werden, das das Kind annehmen kann oder nicht. Ideal ist es, wenn das Vorgehen mit den Eltern abgesprochen ist, sofern dies überhaupt möglich ist. Ebenso ist es wichtig, dass die Erzieherin auch die eigenen Grenzen kennt und bei tiefer gehenden Problemen entsprechende Fachkräfte empfiehlt oder einschaltet.

6. Überblick über empfehlenswerte Bilderbücher

6.1 Zur Auswahl der Bilderbücher und Struktur der Beschreibungen

Insgesamt wurden bei der Vorarbeit zu diesem Buch ca. 800 Bilderbücher durchgesehen. Der Weg zu diesen Büchern erfolgte dabei über vielfältige Pfade, angefangen von der Kenntnis der Bücher aus der eigenen Kindheit bzw. für die eigenen Kinder, von Empfehlungen von Freunden, Bekannten und Erzieherinnen, über das Stöbern in Buchläden und Büchereien bis hin zur Recherche im Internet und der Anforderung von Rezensionsexemplaren bei vielen Verlagen. Verständlicherweise blieben dabei auch herausragende Bücher auf der Strecke, die aus welchen Gründen auch immer unentdeckt blieben. Während der Durchsicht der Bilderbücher fanden sich immer wieder ausgezeichnete Bücher, die sich insbesondere für Eltern und für das Vorlesen zu Hause eignen. Eine kurze Auflistung dieser Bücher ist dem Anhang zu entnehmen.

Die vorliegende Gestaltung der einzelnen Themenbereiche entstand aus einem Wechselprozess zwischen konzeptuellen Vorüberlegungen und Inspirationen, die durch die Betrachtung der vielfältigen Bilderbücher selbst geweckt wurden. Ein wichtiger Orientierungspunkt war hierbei auch die Fragestellung, welche Themenbereiche für Kindergartenkinder aus psychologischer Sicht besonders wichtig sind und sich anhand von geeigneten Bilderbüchern veranschaulichen lassen. Angesichts der Fülle sehr gut gemachter Bilderbücher bestand die schwierigste Aufgabe darin, die Bilderbücher auszuwählen, die detaillierter vorgestellt werden oder als empfehlenswert zu betrachten sind. Viele Leserinnen, gerade auch die Bilderbuchexpertinnen unter ihnen, werden sich bei der Lektüre öfter die Frage stellen: Warum dieses Bilderbuch und nicht jenes? Das andere Bilderbuch ist doch viel gelungener oder passender, um Kindern diese oder jene Thematik zu vermitteln? Mit diesen Fragen gelangen wir bereits zu einem zentralen Einflussfaktor für die Auswahl von Bilderbüchern: die subjektive Vorliebe für bestimmte Bilderbücher und für spezifische Bilderbuchformen bzw. -stile. Natürlich hat mich selbst diese subjektive Vorliebe manchmal bewusst, manchmal unbewusst bei der hier erfolgten Auswahl beeinflusst. Doch liegen nicht gerade auch in dieser subjektiven Vorliebe der Zauber und die Anziehungskraft verborgen, die dazu führen, dass bestimmte Bilderbücher uns zutiefst persönlich berühren und ungeahnte Tiefen ansprechen? Und sind es nicht gerade diese Bilderbücher, die man anderen Menschen so gern ans Herz legen und Kindern vorlesen möchte? Von diesem Blickwinkel aus gesehen darf und soll sogar die Auswahl von Bilderbüchern auch subjektiv sein, da sonst die positive Kraft, die sich ja auch durch unser Berührtsein entfaltet, ein Stück verloren geht. Genauso wichtig ist es aber, nicht im rein Subjektiven stecken zu bleiben, da man sonst Gefahr läuft, aufgrund eigener blinder Flecke und Vorbehalte Kindern wichtige Bilderbücher, welche den Wahrnehmungs- und Erfahrungshorizont erweitern, vorzuenthalten.

In diesem Sinne spielte auch die künstlerische Qualität der Bilderbücher, sowohl was die Bilder als auch die Texte anbelangt, bei der vorliegenden Auswahl eine bedeutsame Rolle. Gerade in einer Zeit, in der Kinder mit sehr vielen schnelllebigen visuellen Reizen, mit Kitsch und mit eindimensionalen Sprachhülsen überhäuft werden, ist es wichtig, hinsichtlich der Schulung der Wahrnehmung für anspruchsvollere Bilder und Sprache bereits frühzeitig Kontrapunkte zu setzen. Da dies seitens der Eltern äußerst unterschiedlich gehandhabt wird (von gar nicht bis exzellent), kommt hier den Kindertagesstätten eine besondere Bedeutung sozusagen als Inputgeber zu. Die Unvoreingenommenheit und Offenheit der Kinder im Umgang mit neuen Inhalten lehrt uns hierbei auch immer wieder, dass wir ihnen oft genug mehr zutrauen können, als wir vielleicht vermuten. Ebenso zeigen sie uns durch ihre unverblümten und unmittelbaren Reaktionen auch auf, wenn wir ihnen zu viel zumuten oder ein Bilderbuch nicht ihr Interesse weckt.

Eine weitere wichtige Überlegung bei der Auswahl der Bilderbücher bestand darin, wie gut es Bilderbüchern gelingt, psychische Prozesse schlüssig und logisch zu vermitteln. Ermöglicht z. B. die Wahl der Bilder und der Worte, dass das Kind sich in gedankliche und emotionale Prozesse der dargestellten Figuren eindenken und einfühlen kann bzw. es lernt? So finden sich immer wieder Bilderbücher, in welchen die Darstellung von Emotionen oder Handlungen bildlich und textlich nicht harmoniert. Ebenso finden sich Geschichten, welche psychische Prozesse nur oberflächlich und bruchstückhaft darstellen. Wie gut gelingt es also Bilderbüchern, zur Essenz einer Thematik vorzustoßen und gleichzeitig von ihrer Gestaltung her attraktiv für Kinder zu sein? Natürlich muss hierbei auch berücksichtigt werden, dass es einige sehr gut durchdachte Bilderbücher gibt, die sich dem Kind nicht gleich beim ersten Betrachten und Hören erschließen, sondern einer wiederholten Betrachtung und Vorlesens bedürfen, um die tiefere Wirkung entfalten zu können. Eine Wirkung, die weniger durchdachte Bilderbücher meist gar nicht erreichen können. In diesem Sinne wurde auch verstärkt auf Bilderbücher geachtet, deren Geschichte in sich stimmig ist und gut konzipiert wurde.

Um einen gut strukturierten Überblick über die verschiedenen Bilderbücher zu ermöglichen, wurde folgende Struktur gewählt: Zunächst wird der Inhalt des Bilderbuches so plastisch wie möglich wiedergegeben, um sich eine konkrete Vorstellung machen zu können, ob man sich von dem Inhalt eines Buches angesprochen fühlt und sich das Buch besorgt. Unter der Rubrik *Thematik* werden stichpunktartig die wichtigsten Themen des jeweiligen Bilderbuches zusammengefasst. Dabei wird auch berücksichtigt, dass sich manche Bilderbücher aufgrund ihrer Komplexität prinzipiell auch unterschiedlichen Themenbereichen zuordnen lassen. Insofern kann es sehr wohl vorkommen, dass manche Leserinnen in einem bestimmten Buch eine andere Thematik im Vordergrund sehen und das Buch entsprechend in einen anderen Themenbereich eingeordnet hätten. In der Rubrik *Praktische Hinweise* werden teils ausführlichere, teils kürzere Erläuterungen angeführt. Diese vertiefen entweder eine behandelte Thematik oder beschreiben mögliche Aktivitäten im Umgang mit dem Buch. Es wurde bewusst davon Abstand genommen, zu jedem Bilderbuch konkrete Handlungsschritte zu geben. Hintergrund hierfür ist, dass sich einerseits bei vielen Bilderbüchern je nach Vorlieben, Talenten und Einstellungen einer Erzieherin verschiedene kreative Anwendungsmöglichkeiten finden lassen. Andererseits ist die persönliche Auseinandersetzung mit einem Bilderbuch im Vorfeld – und zwar unabhängig von den Nutzungsmöglichkeiten – eine wichtige Voraussetzung, um einen eigenen Zugang zu diesem Bilderbuch zu finden. Je besser der eigene reflektierte Zugang gelingt, desto kreativer und offener erfolgt in der Regel die Arbeit mit einem Bilderbuch. Zu starke praktische Vorgaben würden somit sowohl die eigene innere Kreativität einschränken als auch vielen guten Bilderbüchern nicht gerecht werden. Abschließend erfolgt noch eine *Altersempfehlung*, die jedoch nur als grobe Orientierung dienen kann, da sich Kinder ja sehr stark hinsichtlich ihrer kognitiven Fähigkeiten und in ihrer Empfänglichkeit bzw. emotionalen Sensitivität im Umgang mit Bilderbüchern unterscheiden.

6.2 Gefühle

Zum Thema Gefühle findet man einerseits Bilderbücher, welche einen Überblick über die verschiedensten Gefühle geben, andererseits Bilderbücher, welche unterschiedliche Facetten eines spezifischen Gefühls darstellen und vermitteln. Bilderbücher der ersten Art sind vorwiegend didaktischer Natur mit dem Ziel, Kinder in der Kenntnis und Wahrnehmung von Gefühlen bei sich und bei anderen zu fördern. Demgegenüber sind Bilderbücher mit dem Fokus auf ein Gefühl verstärkt eingebettet in eine erzählerische Struktur. Diese Bücher bewegen sich dabei in einem Kontinuum zwischen eher belehrenden und primär unterhaltsamen bzw. phantasievollen Ansätzen. In der Arbeit mit Kindern zeigt sich immer wieder, dass diese in erster Linie die unterhaltsamen sowie phantasievollen Bilderbücher lieben, während die Betrachtung von eher belehrenden bzw. informierenden Büchern stärker von Erwachsenen ausgeht und initiiert wird. Sehr schön ist dies auch daran zu sehen, dass Kinder von drastischen sowie übertriebenen Darstellungen von Gefühlen fasziniert sind, während Erwachsene sich nicht selten daran stoßen.

Bei Bilderbüchern, die spezifische Gefühle behandeln, lassen sich von ihrer Herangehensweise her verschiedene Ansätze unterscheiden. So finden sich Bücher, bei denen es primär um die einfache Darstellung und das Nachempfinden eines bestimmten Gefühls geht. Auf Erklärungen, wie ein Gefühl entsteht und wie damit umgegangen wird, wird verzichtet. Der viel zitierte „pädagogische Zeigefinger“ fehlt somit. Andere Bücher wiederum haben das Ziel, Kindern die Entstehung und Bedeutung von Gefühlen nahe zu bringen. Handelt es sich dabei um negative Gefühle, was bei der Mehrzahl der Bilderbücher der Fall ist, lassen sich Bilderbücher, die keine Lösungsmöglichkeiten vorgeben, von denen unterscheiden, die klare Lösungen inklusive deutlichem „pädagogischem Zeigefinger“ vorschlagen. Davon zu trennen sind wiederum Bücher, die auf implizite und geschickte Weise die Bewältigung und den Umgang mit Gefühlen darstellen.

Ein Vorteil der Bilderbücher zu spezifischen Gefühlen im Vergleich mit Bilderbüchern, die einen Überblick über verschiedene Gefühle geben, liegt darin, dass die Darstellung des Gefühls intensiver erfolgt und stärker in einen erzählerischen Kontext eingebunden ist. Dadurch wird den Kindern die Komplexität eines Gefühls stärker vor Augen geführt. So können Kinder besser erfassen, wie ein Gefühl entsteht, wie es von der jeweiligen Figur erlebt, wie mit dem Gefühl umgegangen wird und wie das Ganze in Bezug zum Charakter einer Figur zu sehen ist. Dies gewährleistet einen deutlich höheren Identifikationsprozess mit einer Figur, insbesondere wenn diese als sympathisch, anrührend oder originell wahrgenommen wird. Im idealen Wirkungsfall prägt sich dann eine Figur oder Geschichte in die Erinnerung ein, nicht selten bis ins hohe Erwachsenenalter, und kann auch für reale Situationen im Alltag Bewältigungsmodelle liefern.

In der praktischen Arbeit sollten verschiedenste Facetten erarbeitet werden, um das Verständnis von Gefühlen und ihren Wirkungen zu verbessern (siehe Tabelle 8). Die erste Ebene beinhaltet dabei den bildnerischen bzw. zeichnerischen Ausdruck von Gefühlen bei den Figuren. Hier können gerade Kinder wunderbar dazu aufgefordert werden, die abgebildeten Gefühle mimisch nachzuahmen, nachzuempfinden und zu beschreiben. Die zweite Ebene bezieht sich auf die Verhaltensweisen, welche die Figur aufgrund der erlebten Gefühle zeigt. Die dritte Ebene beinhaltet die kognitiven Prozesse bei den jeweiligen Figuren (z. B. Wünsche, Gedanken, Überzeugungen oder Absichten). Die vierte Ebene bezieht sich auf den zeitlichen und narrativen Kontext der Entstehung und des Umgangs mit einem Gefühl. Die fünfte Ebene schließlich schließt interpersonelle Prozesse mit ein und beinhaltet die Wirkung der Gefühle auf die anderen Figuren sowie deren Reaktionen. Natürlich ist die Besprechung dieser verschiedenen Ebenen sowohl von entwicklungspsychologischen Aspekten als auch vom sprachlichen bzw. kognitiven Entwicklungsstand eines jeweiligen Kindes abhängig zu machen. So steht bei jüngeren Kindern bis 3 Jahren die einfache Besprechung des Gefühlsausdrucks und der Verhaltensweisen im Vordergrund. Bei Kindern ab 3 bis 4 Jahren können dann zunehmend die kognitiven Aspekte von Gefühlen thematisiert werden. Ab 4 bis 5 Jahren kann verstärkt der zeitliche und narrative Kontext und darauf aufbauend die wechselseitigen Auswirkungen von Gefühlen auf die beteiligten Personen miteinbezogen werden. Natürlich müssen hierbei die sprachlichen und kognitiven Fähigkeiten des jeweiligen Kindes berücksichtigt werden, die dazu führen, dass die Altersangaben beträchtlich schwanken können. Es sei an dieser Stelle erneut daran erinnert, dass diese Vorgehensweise nicht bei jedem Bilderbuch praktiziert werden soll. Gerade auch bei sehr originellen und für sich sprechenden Bilderbüchern würde dies zu einer zu stark erwachsenenorientierten Lenkung führen und die Kinder darin einschränken, ihren eigenen phantasievollen Zugang zu einem Bilderbuch zu finden. Ein guter Indikator für die Entscheidung, ob man Kinder bei der Betrachtung eines Bilderbuches führt, ist letztendlich die emotionale Wirkung eines Buches beim ersten Betrachten oder Lesen sowohl auf sich selbst als auch auf die Kinder. Je mehr man selbst von einer Geschichte berührt und fasziniert ist, desto stärker wird die damit verbundene Hingabe beim Vorlesen auf die Kinder wirken und ein Zerreden der Geschichte würde diese Magie nur stören. Sind andererseits die Kinder selbst total fasziniert von einer Geschichte und erleben diese sozusagen mit staunenden Augen bzw. offenen Ohren, ist davon auszugehen, dass sie vieles in der Geschichte bzw. in den Bildern für sich rausnehmen können, was bei einer intensiveren Besprechung nur verloren gehen würde.

Ebenen der Betrachtung und Besprechung von Gefühlen	Möglichkeiten der Betrachtung und Besprechung von Gefühlen
1. Ebene: Fokus auf bildlichen Ausdruck von Gefühlen	▪ Kinder Gefühlsdarstellungen suchen lassen ▪ Nachahmung der Mimik und Körperhaltungen durch die Kinder (bei jüngeren Kindern zuerst die Erzieherin) ▪ Nachempfinden der Gefühle durch Geräusche und Klänge ▪ Besprechung von Merkmalen spezifischer Gefühle
2. Ebene: Fokus auf Verhaltensweisen	▪ Kinder Verhaltensweisen, die mit Gefühlen einhergehen, beschreiben lassen ▪ Besprechung der Zusammenhänge zwischen Situation, Verhalten und Gefühl ▪ Erkennen von Situationen, die spezifische Gefühle auslösen
3. Ebene: Fokus auf Kognitionen	▪ Erfassen der geäußerten Gedanken, Wünsche, Überzeugungen oder Absichten von Figuren ▪ Kinder überlegen sich, was sich einzelne Figuren wünschen bzw. denken könnten ▪ Besprechung der Zusammenhänge zwischen einfachen Wünschen/Gedanken und Gefühlen
4. Ebene: Fokus auf zeitlichen und narrativen Kontext von Gefühlen	▪ Besprechung, wie Gefühle kommen und gehen ▪ Kinder erzählen lassen, wie eine Figur mit seinen Gefühlen umgegangen ist (was könnte er noch tun?) ▪ Einschätzung der Intensität von Gefühlen. Nachspielen einer Geschichte
5. Ebene: Fokus auf interpersonelle Prozesse	▪ Besprechen, was Gefühle bei anderen auslösen (Wie geht es dem anderen? Was könnte der andere jetzt fühlen, denken oder tun?) ▪ Besprechen, wie sich Gefühle von zwei oder mehr Personen gegenseitig verstärken oder abschwächen können

Tab. 8: Unterscheidung verschiedener Ebenen bei der Besprechung von Gefühlen in Bilderbüchern

6.2.1 Überblick über Gefühle

Lustig, traurig, trotzig, froh. Ich fühle mich mal so, mal so!

Brownjohn, E. © 2003 by Gabriel (Thienemann Verlag), Stuttgart–Wien

Bei diesem Buch steht die Darstellung basaler und einfacher Aspekte von Gefühlen im Vordergrund. So können bereits die jüngsten Kinder durch das Drehen einer Scheibe den Unterschied zwischen Fröhlichkeit und Traurigkeit anhand der Mundstellung erkennen. Gut gelungen ist auch die einfache Vermittlung, wie sich Gefühle im Alltag von Kindern auswirken können. Sie beeinflussen, ob man mit anderen teilen will oder nicht, ob man mit anderen zusammen oder allein sein möchte. Pädagogisch sehr interessant sind von ihrer Grundidee her die letzten beiden Seiten des Buches, die das Spiel „Kennst du das Gefühl?" enthalten. Auf einem Kreis sind nacheinander 20 Gefühle und Stimmungen notiert. Ein Kind kann ohne Einblick der anderen Kinder den Pfeil drehen, bis er auf einem bestimmten „Gefühlsfeld" stehen bleibt und die Erzieherin ihm das Gefühl leise sagt. Auf der gegenüberliegenden Seite ist es nun möglich, den Gesichtsausdruck des jeweiligen Gefühles in einem leeren Kopffeld aufzumalen. Die anderen Kinder sollen nun erraten, welches Gefühl aufgezeichnet wurde. Das Gemalte lässt sich mit einem Lappen wieder wegwischen, so dass das Spiel immer wieder benutzt werden kann.

Thematik ■ Überblick über basale Gefühle und die Bedeutung von Gefühlen.

Praktische Hinweise ■ Dieses kleine Bilderbuch gibt einen Überblick über die Bedeutung von Gefühlen allgemein und besticht gerade auch durch die spielerischen Elemente. Leider ist die Auswahl der 20 Gefühle für das Spiel „Kennst du das Gefühl?" nicht optimal, da es auch für Vorschulkinder schwierig ist, sich Gesichtsausdrücke von „neugierig, neidisch, mutig, großzügig, faul, selbstbewusst, fleißig oder sanft" vorzustellen und aufzumalen. Ebenso stellen fünf der 20 Gefühle keine Gefühle im eigentlichen Sinn dar, sondern vielmehr teils emotional getönte Haltungen (großzügig, faul, selbstbewusst, fleißig, sanft). Andererseits werden Gefühle, die sehr wohl mit spezifischen Gesichtsausdrücken einhergehen und für Kinder gut erkennbar sind wie Stolz, Ekel oder Überraschung nicht aufgeführt. Um die Kinder mit diesem Spiel nicht zu überfordern und um pädagogisch die besten Effekte zu erzielen, ist folgende Vorgehensweise zu empfehlen:

- Zunächst einmal sollte die Erzieherin selbst ausprobieren, ob sie jedes Gefühl mimisch darstellen kann und andere Personen dies auch erkennen. Gefühle, die für sie schwer darstellbar sind, sollten dann durch andere Gefühle wie bereits die oben erwähnten ersetzt und im Buch entsprechend überklebt werden.
- Nach dem Drehen des Pfeils werden alle Kinder aufgefordert, das jeweilige Gefühl der Reihe nach mimisch darzustellen. Die anderen Kinder beobachten das Gesicht und beschreiben, was an der Mimik besonders auffällt. Dies ermöglicht auch Kindern, welche Schwierigkeiten bei der Emotionserkennung haben, wesentliche Aspekte zu erfassen und dies dann beim Spiel umzusetzen.
- Beim Aufmalen der Gesichtsausdrücke sollte den Kindern freigestellt werden, ob sie es selbst aufmalen oder die Erzieherin es übernehmen soll. Dies ist gerade bei unsicheren Kindern und Kindern, die sowieso nicht gerne zeichnen, wichtig, da dadurch unnötiger Stress für diese Kinder vermieden werden kann. Die Erzieherin sollte sich jedoch dann genau schildern lassen, wie sie einzelne Details zeichnen soll und diese verbale Beschreibung auch als Leistung würdigen.

Altersempfehlung ■ Bezogen auf basale Gefühle wie Fröhlichkeit oder Traurigkeit ab 3 Jahre. Bezogen auf das Gefühlsspiel am Ende des Buches, welches komplexere Emotionen wie Stolz oder Neid einbezieht, ab 5–6 Jahre.

Das kleine Buch der Gefühle. Geschichten zum Nachdenken, darüber Reden und Mitmachen

Hoffmann, L. (2001).
Idstein: Schulz-Kirchner

Lucie Hoffmann vermittelt mit diesem Bilderbuch einen guten Einblick in insgesamt zehn Gefühle bzw. Stimmungen: Fröhlichkeit, Wut, Langeweile, Angst, Eifersucht, Liebe, Hassen/Nicht-Mögen, Kranksein, Traurigkeit, Unruhigsein. Die Vermittlung der Gefühle ist klar strukturiert und erfolgt mit Ausnahme von Liebe und Hassen/Nicht-Mögen nach folgendem Muster: Zunächst wird auf einer Seite eine Person mit Namen vorgestellt, welche mimisch das jeweilige Gefühl darstellt. Die Beschreibung und Benennung des Gefühls erfolgt auf der gegenüberliegenden Seite. Die Kinder werden dann aufgefordert, selbst zu erzählen, wie und wann sie selbst das jeweilige Gefühl erleben oder erlebt haben. Auf einem weiteren Bild wird kurz der Grund geschildert, warum die Person das jeweilige Gefühl erlebt. Schließlich wird erzählt, wie die Person mit ihrem Gefühl umgegangen ist. Danach werden die Kinder aufgefordert, entweder zu erzählen, was sie selbst tun würden, oder spielerische Aktivitäten durchzuführen (Anregungen im Anhang). Am Ende des Buches befindet sich auch eine leere Seite, die kopiert werden kann und auf der die Kinder ihre eigenen „Gefühlsgeschichten" malen und darstellen können.

Thematik ■ Überblick über basale Gefühle und damit verbundene situative Auslöser.

Praktische Hinweise ■ Das Bilderbuch ist gut strukturiert und bietet auf verschiedenen Ebenen einen schönen Einstieg in die Welt der Gefühle an. So ist es anhand der dargestellten Mimiken sehr gut möglich, Kinder spezifische Gesichtsausdrücke nachmachen, beschreiben und das damit verbundene Gefühl erraten zu lassen. Ebenso werden Kinder direkt aufgefordert, ihre eigenen Erlebnisse mit den jeweiligen Gefühlen zu erzählen. Günstig ist es, wenn die Erzieherin diese Schilderungen kurz notiert oder auch bildlich darstellt, um später darauf zurückgreifen zu können. Durch die kurze Erläuterung von Situationen, die das Gefühl ausgelöst haben, wird bereits jüngeren Kindern auf einfache Weise gezeigt, dass bestimmte Erlebnisse spezifische Gefühle nach sich ziehen können. Sehr positiv ist, dass die Kinder angeregt werden, eigene Lösungsmöglichkeiten im Umgang mit den besprochenen Gefühlen zu überlegen. Dies sollte ebenso auf die zuvor geschilderten und notierten Erlebnisse der Kinder selbst angewandt werden. Kritisch anzumerken ist, dass Krank- und Unruhigsein keine Gefühle oder Stimmungen, sondern körperliche Zustände darstellen, welche je nach Ausprägung auch unterschiedliche Gefühle nach sich ziehen können.

Altersempfehlung ■ Ab 4 Jahre. Besprechung komplexerer Gefühle bzw. Zustände wie Langeweile, Eifersucht und Unruhigsein ab 5 Jahre.

Ein Dino zeigt Gefühle

Löffel, H. & Manske, C. (2003).
Köln: mebes & noack

Durch das Buch führt ein grünlich-grauer Dino, der ganzseitig folgende zwölf Gefühle und Einstellungen insbesondere von der Körperhaltung her, aber auch mimisch darstellt: Fröhlichkeit, Misstrauen, gestresst sein, nachdenklich sein, Angst, Glück, Traurigkeit, Wut, Entspannung, etwas nicht wollen, Staunen, Geborgenheit. Sehr animierend ist auch die gegenüberliegende Textseite gestaltet. Dabei wird das Erleben der jeweiligen Gefühle bzw. Einstellungen textlich auf vier Ebenen nahe gebracht:

- Handlungstendenzen, die mit den jeweiligen Gefühlen einhergehen (Weinen, Schluchzen, Schniefen)
- Äußerungen, die auf das Gefühl hinweisen (Huuu)
- Gedanken, die mit dem Gefühl einhergehen (Ich habe Kummer! Ich fühle mich einsam und verlassen!)
- Explizite Benennung des Gefühls (Ich bin traurig!).

Thematik ■ Vermittlung von zwölf Gefühlen bzw. Einstellungen in Hinblick auf körperliche und stimmliche Ausdrucksmerkmale und einhergehenden kognitive Bewertungen sowie Handlungstendenzen.

Praktische Hinweise ■ Das Buch von Löffel und Manske ist ein rundum gelungenes Buch und pädagogisch sehr gut einsetzbar. Positiv hervorzuheben ist, dass sich das Verhältnis zwischen negativen und positiven Zuständen als relativ ausgeglichen erweist. Die zeichnerischen Darstellungen sind gerade auch für jüngere Kinder sehr anschaulich und ansprechend gestaltet. Der beigefügte Ratgeber bietet für die Erzieherin viele Anregungen zur Einzelarbeit sowie zur Arbeit in der Klein- oder Großgruppe.

Altersempfehlung ■ Bezogen auf die Aspekte Ausdruck und Aktivitäten ab 4 Jahre, bezogen auf die Vermittlung der kognitiven Aspekte ab 5–6 Jahre.

Sooooo viele Kinder in der Stadt

Enders, U. & Wolters, D. (2001).
Weinheim: Beltz & Gelberg

Konzipiert als „Wimmelbuch" werden insgesamt sieben Schauplätze großflächig dargestellt, an denen es nur so von Kindern wimmelt. Alle diese Kinder sind entweder mit verschiedenen Tätigkeiten (insbesondere spielerische Aktivitäten) beschäftigt oder kommunizieren auf bestimmte Weise miteinander. Die damit verbundenen Gesichts- und Körperhaltungen verweisen dabei auf spezifische Gefühle, die die Kinder in der jeweiligen Situation erleben. In einem kleinen Kästchen sind auf jeder Seite zusätzlich fünf kurze Beschreibungen von bestimmten Kindern aufgeführt, die gesucht werden sollen.

Thematik ■ Förderung der Wahrnehmung von Emotionen (Gesichtsausdrücke und Körperhaltungen) bei bestimmten Tätigkeiten und Interaktionen.

Praktische Hinweise ■ Das Bilderbuch von Enders und Wolters bietet einen sehr interessanten spielerischen Zugang zum Entdecken von unterschiedlichen Gefühlen an. Bevor auf die Beschreibungen in den Kästchen Bezug genommen wird, sollten die Kinder zunächst aufgefordert werden, entweder zu beschreiben, was die Kinder alles machen, oder nach sichtbaren Gefühlen Ausschau zu halten. Entsprechend kann jeweils danach gefragt werden, was die Kinder bei einer spezifischen Tätigkeit empfinden (Bezug Tätigkeit/Interaktion zu Gefühl) oder warum sie ein bestimmtes Gefühl haben (Bezug Gefühl zu Tätigkeit/Interaktion). Natürlich gehen Kinder bei der Beschreibung von Gefühlen in erster Linie auf die eindeutigeren Gesichtsausdrücke bzw. Körperhaltungen von basalen Emotionen wie Freude, Wut, Angst oder Traurigkeit. Das Buch eignet sich aber sehr gut, auch feinere Nuancen und schwerer zu erkennende Gefühle zu entdecken, die sich oftmals aus dem Kontext einer Situation ergeben wie Interesse/Neugier, Überraschung, Zufriedenheit, Fürsorge, Stolz, Scham oder Schadenfreude.

Altersempfehlung ■ Ab 3 Jahre einfache Beschreibungen. Besprechung komplexerer Gefühle und Auslöser ab 4–5 Jahre.

6.2.2 Spezifische Gefühle

Viele Bilderbücher, welche verstärkt Gefühle thematisieren, konzentrieren sich auf die Vermittlung verschiedener Facetten eines spezifischen Gefühls. Am häufigsten werden hierbei die Gefühle Wut/Ärger, Angst, Traurigkeit und Freude behandelt. Dabei ist immer wieder zu beobachten, dass es gerade die negativen Gefühle sind, die wie bei Erwachsenen auch verstärkt Aufmerksamkeit erregen und verstanden werden wollen. Allgemein üben gut gemachte Bilderbücher zu bestimmten Gefühlen eine besondere Faszination auf Kinder aus, da sie durch die prägnante und teilweise überzeichnete Darstellung von Gefühlen verstärkt angeregt werden, sich mit einer Figur zu identifizieren und Gefühle nachzuempfinden. Ebenso beginnen Kinder, sich ab 2 bis 3 Jahren verstärkt für Gefühle zu interessieren und nehmen im weiteren Entwicklungsverlauf jede Möglichkeit wahr, etwas darüber zu lernen oder anderen darüber zu erzählen. Hierbei kommt ihnen insbesondere auch der starke Signal- und Appellcharakter von Gefühlen entgegen. Bilderbücher zum Thema Angst eignen sich mehr als andere Bilderbücher dazu, dieses Gefühl schon während dem Vorlesen erlebbar zu machen. Spannend vorgetragen fiebern Kinder in der Regel mit der dargestellten Person mit, und eigene Ängste werden durch ein gutes Einfühlungsvermögen spürbar. Bilderbücher, die bereits die Angst beim Vorlesen selbst aktivieren und spielerisch damit umgehen, jedoch auch auflösen, stellen somit eine wertvolle Bereicherung dar. Sie ermöglichen einen unmittelbaren Zugang zu diesem Gefühl und vermitteln im idealen Fall durch das Eintreten des Gefühls der Erleichterung am Ende bereits das Erleben von Angstbewältigung. Dieses Phänomen führt auch dazu, dass Kinder besonders von diesen Büchern fasziniert sind und sie immer wieder betrachten bzw. vorgelesen haben wollen, um die Spannung und Erleichterung zu erleben. Ebenso vermitteln Bilderbücher zu anderen Gefühlen Kindern einen guten Einblick, in welchen Situationen sich diese Gefühle äußern können und wie andere Figuren damit umgehen. Aufgrund dieses Aspektes und der unterschiedlichen Facetten von Gefühlen ist zu empfehlen, zum Thema Gefühle mehrere Bilderbücher unter dem Motto „Wir wollen die Gefühle kennen lernen" vorzulesen, wobei hier zu einzelnen Gefühlen verschiedene Bücher zur Vertiefung gewählt werden sollten.

Ich komm dich holen!

Ross, T. © 1985 by Thienemann (Thienemann Verlag), Stuttgart–Wien

Bereits der Buchumschlag macht deutlich, dass uns dieses Buch das Fürchten lehrt. Im Mittelpunkt steht zunächst ein Furcht erregendes Ungeheuer, das auf einem fremden Planeten harmlose Bananenvölkchen sowie Berge verschlingt, Denkmäler zerschlägt und sogar ganze Planeten bzw. Sterne vernascht. In ausdrucksstarken Bildern werden die Monstrosität und das fürchterliche Toben dieses Ungeheuers verdeutlicht. Als dies immer deutlicher wird, passiert es, dass das Ungeheuer auf seinem Weg zur Erde den kleinen Tommy auf seinem Radarschirm entdeckt und brüllt: „Ich komm dich holen!" Nun ist Tommy genau ein Junge, der große Angst vor Ungeheuern hat, jedes mögliche Versteck überprüft und auf jedes komische Geräusch hört. Er merkt nicht, wie das Ungeheuer immer näher auf ihn zukommt, gerade in dem Moment, wo Tommy nicht mehr an Ungeheuer denkt und sich fröhlich auf den Weg zur Schule macht. Unausweichlich stürzt sich das Ungeheuer auf Tommy. Liest man dieses Buch bis hierhin, ertappt man sich bereits als Vorleserin bei dem Gedanken, ob man dieses Buch überhaupt weiter lesen und den Kindern zumuten soll. Aber Gott sei Dank gibt es die letzten beiden Seiten, auf denen großformatig und wunderbar gezeichnet das Problem auf geniale Weise aufgelöst wird. Das Ende der Geschichte sei hier nicht genannt, um der Leserin den Genuss und die Erleichterung über das überraschende und humorvolle Ende nicht zu nehmen.

Thematik ■ Angst und Sorge. Erleben und Erkennen, dass in der Vorstellung die Angst oft größer ist als in Wirklichkeit.

Praktische Hinweise ■ Dieses Buch vermittelt für Kinder einen sehr erlebnisorientierte Hinführung zum Thema Angst, da das Gefühl der Sorge und Angst um den Jungen beim Betrachter selbst auftaucht. Psychologisch sehr wertvoll ist dabei der beeindruckende dramaturgische Aufbau, der dazu führt, dass die Kinder die Steigerung der Angst miterleben, welche sich schließlich durch die überraschende Wendung so wohltuend auflöst. Gerade dieses Wissen um das gute Ende schmälert nicht den Wiederbetrachtungseffekt, sondern verführt Kinder mehr dazu, mit der Spannung zwischen der Faszination des schrecklichen Ungeheuers, der Sorge um Tommy und dem Wissen um die eigentliche Harmlosigkeit des Ungeheuers zu spielen. Gleichzeitig lässt sich mit Kindern sehr gut thematisieren, wie oft man sich in Gedanken Gefahren vorstellt, die sich dann in Wirklichkeit als harmlos herausstellen.

Altersempfehlung ■ Aufgrund der kognitiven Komponente der Auflösung sollte das Buch erst bei Kindern ab dem 5. Lebensjahr eingesetzt werden.

Angst?

Rau, T. (1997).
Falkenhagen: AnTex

Wir befinden uns beim Volk der Fizzli-Puzzlis im Blauland. Ganz verschwitzt kommt der Farbenkönig an und erzählt aufgeregt, dass er Angst hatte, zu spät zu kommen. Der grüne Fizzli-Puzzli kann das gar nicht verstehen, denn er hat vor gar nichts Angst. Da beginnt der lila Fizzli-Puzzli von seiner Angst beim Gewitter zu erzählen. Und die anderen, unterschiedlich farbigen Fizzli-Puzzlis erzählen ebenfalls von ihren Ängsten. Sogar der grüne Fizzli-Puzzli lernt, über seine Ängste zu sprechen. Als der Farbenkönig dies alles hört, ist er so begeistert, dass er die Fizzli-Puzzlis für ihren Mut lobt, ihre Ängste zu erzählen.

Thematik ■ Angst. Förderung der Wahrnehmung, dass Personen unterschiedliche Ängste haben können. Ermunterung, über seine Ängste sprechen zu können.

Praktische Hinweise ■ Dieses großformatige Buch ist ein idealer Einstieg, Kindern die unterschiedlichsten Formen von Angst zu vermitteln und mit ihnen darüber zu sprechen. Die Auswahl der dargestellten Ängste ist gut gelungen und entspricht dem kindlichen Alltag: Ängste beim Gewitter, vor dem Wasser, vor dem Alleingelassenwerden, vor Fremden, von anderen ausgelacht zu werden, vor dunklen Höhlen, vor Monstern und Gespenstern, vor Schlangen und Spinnen, vor Dunkelheit und vor Höhen. Die sehr kurzen Texte und einfach gehaltenen Bilder bewirken, dass die jeweiligen Ängste prägnant und klar dargestellt werden. Eine Überfrachtung mit zu viel Erklärungen und Beschreibungen wird dadurch verhindert, was das Buch auch für jüngere Kinder ansprechend und verständlich macht. Zwei besonders hervorzuhebende Aspekte führen dazu, dass Kinder durch dieses Buch sehr leicht zum Erzählen ihrer eigenen Ängste animiert werden. Zum einen erfolgt keine Fokussierung auf eine Person, die Ängste erlebt, wie bei vielen anderen Bilderbüchern. Nein, jeder der Fizzli-Puzzlis, sogar der grüne, spricht von seiner eigenen Angst, die sich von den Ängsten der anderen unterscheidet. Angst ist also etwas Normales und Kinder können sich leichter das rauspicken bzw. verneinen, was auf sie zutrifft oder nicht. Zum anderen entwickelt sich durch die kurze Aneinanderreihung der verschiedenen Ängste ein Sog, mehr und mehr Ängste aufzuspüren und sich zu erzählen. Textlich wird dies noch dadurch unterstützt, dass der Eifer der einzelnen Figuren beim Sammeln der verschiedenen Ängste durch Wortwendungen wie „Aber ich ..." bzw. „Und ich ..." vermittelt und bei den betrachtenden Kindern selbst angeregt wird („Und ich kenne das auch!").

Altersempfehlung ▪ Ab 3 Jahre.

Rosi in der Geisterbahn

Waechter, P. (2005).
Weinheim: Beltz & Gelberg

Bereits auf den ersten beiden Seiten treffen wir – sehr ausdrucksstark gezeichnet – auf das Problem von Rosi. Sie träumt nachts von Ungeheuern und wacht morgens zitternd und klatschnass auf. Sie beschließt, Hilfe aufzusuchen und wendet sich an einen Traumspezialisten. Dieser diagnostiziert Monsterangst und empfiehlt Rosi ein Buch zur Angstbewältigung. Zu Hause angelangt, fängt sie sofort an, Übungen gegen die Monsterangst durchzuführen. Schließlich begibt sie sich in die Geisterbahn, um sich der Angst konkret zu stellen. Auf sehr witzige Weise wird nun auf mehreren Seiten dargestellt, wie Rosi unbekümmert und mit zunehmendem Spaß die Monster in der Geisterbahn in die Flucht schlägt. Aufgrund ihrer Aktionen erhält sie zwar ein Jahr Hausverbot in der Geisterbahn, ist aber mit sich zufrieden, belohnt sich für ihre Taten und hat schließlich auch die Geister im Traum im Griff.

Thematik ▪ Angst vor Alpträumen und Monstern. Aufzeigen, dass man die Angst besiegen kann, indem man sich damit beschäftigt und sich ihr stellt. Mutiger und selbstbewusster Umgang mit Angstobjekten.

Praktische Hinweise ▪ Auf sehr anschauliche und einfache Weise vermittelt Waechter in diesem Buch grundlegende verhaltenstherapeutische Strategien im Umgang mit Ängsten: Sich informieren über Ängste und therapeutische Möglichkeiten, Einübung der Bewältigung in der Vorstellung, Durchführung einer Reizkonfrontation und sich selbst belohnen angesichts des Erreichten. Kindern im Kindergarten ein Verständnis dieser therapeutischen Möglichkeiten und Schritte zu geben, ist sicherlich zu hoch gegriffen und darf von diesem Buch nicht erwartet werden. Was jedoch auf Kinder wirkt, ist die Darstellung, dass die kleine Rosi es wagt, ungeniert in die Geisterbahn zu gehen und mit den Monstern zu machen, was ihr gefällt. Dieses Ausagieren in der Phantasie bewirkt, dass Kinder ein basales Gefühl dafür bekommen, dass man Ängsten nicht hilflos ausgeliefert ist, sondern sie bezwingen und zähmen kann. Um dieses Buch auch pädagogisch stärker zu nutzen, ist es möglich, dass jedes Kind zwei Bilder von sich und einem vorgestellten Monster malt. In der ersten Zeichnung soll das Kind malen, wie es von einem Monster bedroht wird. In der zweiten Zeichnung soll schließlich gemalt werden, wie jedes Kind das gleiche Monster zähmt und das Monster in Griff hat. Dabei können die Bilder als gute Vorlage und Anregung dienen. Diese Aktivität sollte jedoch nur dann durchgeführt werden, wenn kein Kind während des zuvor stattfindenden Gesprächs über Monster Symptome von Anspannung und Angst zeigt.

Altersempfehlung ■ Ab 5 Jahre.

Hinterm Vorhang sitzt der Wolf

Louis-Lucas, N. & Aertssen, K. (2005). Frankfurt: Moritz

Vor dem Bettgehen erzählt Jonas seiner Mutter, dass er Angst vor dem Vorhang habe, da sich dahinter ein Wolf versteckt hat. Während die Mutter Jonas den Pyjama anzieht, erzählt Jonas weiter vom Wolf hinter dem Vorhang: dass er soooo groß ist, spitze Zähne hat, Riesenkrallen und eine tiefe Stimme. Die Mutter bestätigt Jonas, dass es sich in Anbetracht dieser Beschreibung um einen wirklich fürchterlichen Wolf handeln muss und fragt, was der Wolf überhaupt macht. Jonas spielt ihr vor, wie er Kindern Angst macht und laut brüllt. Aber wenn Jonas noch lauter zurückbrüllt, bekommt der Wolf selbst Angst. Die Mutter ist von ihrem Wolfsbändiger begeistert und sich sicher, dass der Wolf hinter dem Vorhang nun Ruhe gibt. Aber Jonas muss zuerst noch einmal nachschauen, ob er auch wirklich weg ist. Als er sich davon überzeugt hat, kann ihm schließlich die Mutter die Geschichte vom Wolf vorlesen und er kann seelenruhig allein im Bett, umringt von seinen gezähmten Wölfen, einschlafen. Das Besondere an diesem Buch ist die Gestaltung des Buches. Mit Ausnahme der zwei letzten Seiten lässt sich auf jeder neuen Seite rechts ein geschlossener Vorhang aufklappen und man sieht dahinter jeweils den Wolf, wie er sich entsprechend den Erzählungen von Jonas verändert, bis er endlich davonläuft.

Thematik ■ Angst vor unheimlichen Objekten. Angstbewältigung über Spiel und Phantasie. Plädoyer für Rituale zur Angstbewältigung.

Praktische Hinweise ■ Das Buch ist einfach genial konzipiert, da es mit Phantasie und Realität auf wundervolle Weise spielt. Einerseits beobachtet man, wie Kind und Mutter ein „Angst-vor-dem-Wolf-Spiel" vor dem Schlafengehen miteinander machen. Die Mutter weiß, dass das Kind dieses Spiel braucht, um ruhig einschlafen zu können. Daher weiß sie genau, was sie wann zu sagen hat und wie sie schauen muss. Der Junge wiederum geht in dem Spiel so auf, dass er in seiner Phantasie seine Ängste vor dem Wolf besiegt. Voller Stolz kann er sogar seiner Mutter erklären und zeigen, wie man Wölfe verjagt, und aufgrund dieser Entspannung friedlich einschlafen. Andererseits erleben gerade jüngere Kinder, die noch dem magischen Denken verhaftet sind, den Wolf und die Angst von Jonas als sehr real, da er ja bei jedem Aufklappen des Vorhangs so erscheint, wie Jonas ihn beschreibt. Sie erkennen somit das Angst-Spiel nicht bewusst als solches, sondern sind vielmehr fasziniert von dem Wolf und der Angst, die er verbreitet. Das Kind wird aber durch das Auf- und Zuklappen können vom passiven Betrachter zum Akteur, der selbst bestimmt, wann der Wolf auftauchen und wieder hinter dem Vorhang verschwinden soll. Dieses Eingebundensein beim Vorlesen erhöht den spielerischen Umgang mit bedrohlichen Figuren und bestärkt die innere Vorstellung, so wie Jonas bedrohliche Figuren in die Flucht schlagen zu können. Diese Faszination führt auch dazu, dass Kinder diese Geschichte immer wieder und wieder hören wollen. Sie eignet sich auch sehr schön zum Nachspielen, indem ein Kind den Wolfbändiger (auch mit Unterstützung der anderen Kinder) spielt und ein anderes Kind den Wolf hinterm Vorhang nachahmt.

Altersempfehlung ■ Ab 3 Jahre.

Robbi regt sich auf

d'Allancé, M. (2000).
Frankfurt: Moritz

Der wütende Willi

Oram, H. & Kitamura, S. (1993).
Mülheim an der Ruhr: Verlag an der Ruhr

Da beide Bücher nach einem ähnlichen Prinzip aufgebaut sind, aber gleichzeitig wichtige Unterschiede aufzeigen, werden beide im Folgenden kurz beschrieben und gegenübergestellt.

Auf den ersten Blick sind beide Geschichten sehr ähnlich: Robbi bzw. Willi ärgern sich und die Wut bricht förmlich aus ihnen heraus. Der Fokus zielt dabei ganz klar auf die destruktiven Folgen der Wut. Die konstruktive Bedeutung von Wut im Sinne eines Standpunkt-Vertretens, weil etwas passiert ist, was einem nicht passt und verhindert werden hätte können, wird nicht dargestellt. Das von seiner bildlichen Darstellung her ohne Zweifel drastischere Buch ist von Oram und Kitamura, da sich die Wut von Willi in einen Orkan, Taifun, Erdbeben und in eine Explosion verwandelt, was schließlich zur Zerstörung von Häusern, Städten, der Erde und des Weltalls führt. Die Wut bleibt dabei an der Person Willi gebunden. Im Unterschied hierzu kommt bei Robbi ein rotes, monsterähnliches „Ding" aus ihm heraus, welches die Wut personifiziert und verschiedene Sachen und Spielwaren in seinem Zimmer zerstört. Psychologisch gesehen ist die zweite Variante sicherlich die bessere, da bei Robbi auch von der zeichnerischen Darstellung her etwas in ihm wütend wird, während dies bei Willi nicht der Fall ist. Dies hat bei der Diskussion mit Kindern über diese Bücher eine wichtige Bedeutung, sowohl was die Thematisierung von Schuldgefühlen aufgrund destruktiver Handlungen bei Wutanfällen betrifft als auch für die Ärgerregulation. In Bezug auf mögliche Schuldgefühle kann in der Geschichte mit Robbi besprochen werden, dass man nicht als ganze Person schuldig oder wie Kinder oft sagen „böse" war. Vielmehr hat etwas in einem getobt, das schließlich zu bestimmten destruktiven Handlungen geführt hat. Die Ursachenklärung bezieht sich somit nicht auf die Person als Gesamtes, sondern auf eine spezifische Handlung, die von einer momentanen Gefühlslage und daher von einem Teil der Person ausging. Was die Ärgerregulation anbelangt, ist diese ebenso in der Geschichte von Robbi für Kinder besser nachvollziehbar, da sie sicht- und greifbar ist. Es ist also wichtig, den Teil in der eigenen Person, der wütet, als negativ wahrzunehmen und unter Kontrolle zu bringen (im Unterschied zum berechtigten Ärger, mit dessen Hilfe auch ein Standpunkt vertreten werden kann). Dies wird bei Robbi auf sehr gelungene Weise dadurch veranschaulicht, dass „das Ding" zunächst auf Einladung von Robbi („‚Hallo', sagt das Ding, ‚was machen wir jetzt?' ‚A ... a ... alles, was du willst', sagt Robbi.") destruktiv wird und zunehmend Sachen kaputt macht, die für Robbi Bedeutung haben. Er beginnt, seine Wut als „Blödmann" und „Spinner" zu beschimpfen und empfindet Mitleid mit den Sachen, die beschädigt wurden. Diese Umkehr in der Einstellung von Robbi bewirkt schließlich, dass „das Ding" kleiner wird, bis es Robbi in einer kleinen Schachtel verstauen kann und reumütig zu seinem Vater zurückkehrt. Im Unterschied hierzu erschöpft sich bei Willi die Wut langsam, nachdem alles, was möglich ist, zerstört wurde. Schließlich sitzt er allein auf einem Felsstück vom Mars, überlegt angestrengt und weiß eigentlich nicht mehr, warum er so wütend war. Dies ist ein Zustand, den Kinder ebenso gut kennen. Zur pädagogischen Arbeit mit diesem Buch gibt es vom Verlag eine Arbeitsmappe.

Thematik ■ Wut und Ärger. Aufzeigen der destruktiven Folgen von Wut. Zusätzlich bei „Robbi regt sich auf": Förderung des Verständnisses, dass Wut und Ärger auch kontrollierbar sind. Wunsch nach Versöhnung.

Praktische Hinweise ■ Jedes Kind knetet mit roter Knetmasse sein eigenes kleines Wutding. Als Gegenpol sollte auch eine etwas größere blaue Figur geknetet werden, die den „Chef" der Wut darstellt. Die Kinder können ihre markierten Werke dann an einer bestimmten Stelle im Kindergarten deponieren. Daneben wird eine kleine Schachtel gelegt. Bekommt ein Kind einmal einen Wutanfall und beruhigt sich dann wieder, kann das geknetete rote Wutding symbolisch in die Schachtel gelegt werden, so wie Robbi es am Schluss macht.

Altersempfehlung ■ „Robbi regt sich auf" ab 4 Jahre. „Der wütende Willi" ab 5–6 Jahre.

Anna und die Wut

Nöstlinger, C. © 1990,
Patmos, Dachs, Düsseldorf

Im Mittelpunkt dieses Buches steht Anna, die ein großes Problem hat, da sie schneller, öfter und stärker Wut bekommt als andere Kinder. Sehr schön werden bei diesem Buch verschiedene Aspekte von Wut dargestellt: Wie sich Anna verhält, wenn sie wütend ist, welche Auswirkungen dies auf andere Personen in ihrer Umgebung hat und welche unterschiedlichen Situationen Wut bei Anna auslösen können. Nach diesen einführenden Beschreibungen geht es nun darum, was Anna gegen ihre Wut tun kann. Die Mutter rät ihr, die Wut runterzuschlucken. Davon bekommt jedoch Anna nur Schluckauf und einen Schlabber-Blubber-Bauch. Der Vater rät ihr, der Wut aus dem Weg zu gehen. Dies führt jedoch dazu, dass sich Anna mehr und mehr zurückzieht und jede Situation scheut, wo sie vielleicht Wut bekommen könnte. Bis ihr Opa kommt und ihr eine Trommel schenkt, um die Wut zu verscheuchen. Anna probiert dies in verschiedenen Situationen aus und es klappt. Schließlich wird sie auch von anderen Kindern nicht mehr ausgelacht oder gemieden, sondern für ihre Fähigkeiten bewundert.

Thematik ■ Wut und Ärger. Förderung der Wahrnehmungsfähigkeit von Wut. Unterschiedliche Auslöser für Wut. Unterscheidung zwischen ineffektiven und effektiven Möglichkeiten zur Ärgerkontrolle.

Praktische Hinweise ■ Was diese Buch auszeichnet, ist einerseits der Text, der sich flüssig und rhythmisch vorlesen lässt, und andererseits der Aufbau der Geschichte, die Kinder dazu bringt, sich in Annas Probleme im Umgang mit der Wut einzufühlen. Sehr positiv ist auch die Darstellung, wie Anna zunehmend mehr den Wunsch und den Willen entwickelt, die eigene Wut in Griff zu kriegen. Dies gibt gerade Kindern, die damit Schwierigkeiten haben, eine Perspektive und macht Mut. Die Geschichte bietet einen schönen Einstieg, mit verschiedenen Instrumenten die Intensität von Wutgefühlen durch unrhythmische und unterschiedlich laute Klänge darzustellen. Gleichzeitig sollte die beruhigende Wirkung von rhythmischen und leiseren Tönen vermittelt werden.

Altersempfehlung ■ Ab 5–6 Jahre.

Wie der kleine rosa Elefant einmal sehr traurig war und wie es ihm wieder gut ging

Weitze, M. & Battut, E. (1999).
Zürich: bohem press

Ausgangspunkt der Geschichte ist, dass der kleine rosa Elefant Benno seinen allerbesten Freund Freddi verliert, weil dieser mit seinen Eltern in eine andere Gegend zieht. Dies führt dazu, dass Benno keine Lust mehr zum Spielen hat, ihm nichts mehr schmeckt, ihm alles grau und leer vorkommt und er manchmal wütend auf Freddis Mutter ist. Kurz und bündig, sehr wohl aber einfühlsam werden hier die Symptome einer kindlichen Depression geschildert. Benno bekommt nun gut gemeinte Ratschläge von den großen Elefanten. Die Formulierung dieser Ratschläge deckt sich sehr gut mit dem, was Kinder in solchen Situationen oft von Erwachsenen zu hören bekommen. Benno bemüht sich, aber es gelingt ihm nicht, seine Traurigkeit zu überwinden. Schließlich beschließt Benno, zur alten und weisen Eule Heureka zu gehen und sie um Rat zu fragen. Sie empfiehlt ihm, drei Dinge zu tun: sich erst einmal auszuweinen, dann jemandem, den er lieb hat, von seinem Kummer zu erzählen und schließlich seinem Freund einen Platz in seinem Herzen zu geben. Zu guter Letzt verweist sie noch auf die Zeit, die etwas vom Kummer mit sich nehmen wird. Benno macht sich auf, all diese Ratschläge umzusetzen. Anhand von gefühlvoll gestalteten Bildern und Texten erleben die Kinder mit, wie Benno seine Traurigkeit besiegt und wieder Freundschaften schließt.

Thematik ■ Traurigkeit. Vermittlung einfacher Bewältigungsstrategien.

Praktische Hinweise ■ Dieses Buch vermittelt Kindern auf sehr ansprechende Weise, zu welchen Verhaltensweisen stärkere Traurigkeit führt und wie sie bewältigt werden kann. Das Buch ist in sich sehr stimmig und vermittelt Kindern nachvollziehbare Handlungsstrategien im Umgang mit Traurigkeit. Angeregt durch dieses Buch lässt sich auch ein Plakat mit den Kindern machen, indem oben in der Mitte ein trauriges Gesicht gemalt wird. Darunter kann dann aufgezeichnet werden, was bei Traurigkeit hilft: Weinen zu können und zu dürfen; jemandem seinen Kummer zu erzählen und sich trösten zu lassen; sich nicht zurückzuziehen, sondern mit den anderen Kindern wieder zu spielen. Ganz unten kann schließlich ein entspanntes oder fröhliches Gesicht aufgemalt werden. Wahlweise können auch die entsprechenden Bilder von Benno fotokopiert und aufgeklebt werden.

Altersempfehlung ■ Ab 4–5 Jahre.

Juli und das Monster

Bauer, J. & Boie, K. (1995).
Weinheim: Beltz & Gelberg

Juli hat Angst, auf's Klo zu gehen, da im Klo ein Monster sitzt, das immer auf ihn wartet. Deswegen vermeidet er das Klogehen so gut wie es geht und versucht, seinen Drang zu verdrücken. Im Kindergarten fällt es Juli leichter, aufs Klo zu gehen, weil dort immer jemand mitkommt. Nur an diesem Tag will kein Kind mit ihm gehen, so dass das Allerschrecklichste passiert: Juli macht in die Hose. Er schämt sich. Als die anderen über ihn lachen, reagiert Juli wütend. Auch gegenüber Katrin, die versucht, ihn zu trösten, verhält er sich zunächst gereizt und ablehnend. Aber Katrin lässt nicht locker und erzählt, dass ihr dasselbe auch schon einmal im Kaufhaus passiert ist und sie auch Monster im Klo zu Hause hat. Schließlich verrät sie Juli ihren Trick, das Monster zu verjagen – was Juli dann gleich selber ausprobiert.

Thematik ▪ Angst, Wut und Scham. Verständnis für Veränderungen von Gefühlen. Bewältigung von Angst. Sich trösten lassen von anderen. Erfahren, dass man nicht der einzige ist, der peinliche Situationen erlebt.

Praktische Hinweise ▪ Das Buch von Bauer und Boie ist in Bezug auf die Darstellung von Gefühlen ein sehr vielschichtiges Buch. Zunächst steht das Gefühl der Angst im Vordergrund. Als Juli in die Hose macht, empfindet er Scham, welche aufgrund der Reaktion der anderen Kinder in Wut umschlägt. Die Schilderung, wie sich Juli schämt und sich die Reaktionen der anderen Kinder vorstellt, welche dann auch eintreten, eignet sich wunderbar für die Erläuterung von Schamgefühlen und als Diskussionseinstieg, wann sich Kinder schon einmal geschämt bzw. geniert haben und welche Reaktionen man sich von den anderen Kindern in solchen Fällen wünschen würde.

Altersempfehlung ▪ Ab 5 Jahre.

„Iiiieh! Wie eklig, Berti!"

Roberts, D. (2004).
Leipzig und Frankfurt: Baumhaus

Hauptdarsteller ist Berti, der ein paar ganz eklige Angewohnheiten hat. Berti tut einfach alles, was eklig ist, und ruft die entsprechenden Reaktionen bei seinen Verwandten und seiner Schwester hervor. Berti isst Süßigkeiten, die auf der Straße liegen, er popelt in der Nase, spielt gerne mit Würmer und Schnecken, schlabbert seinen Hund ab und pinkelt gemeinsam mit seiner Katze ins Blumenbeet. Als alle immer die gleiche Reaktion („Iiiieh! Wie eklig, Berti!" – meist gekoppelt mit dem entsprechenden Gesichtsausdruck) zeigen, hört Berti mit seinen Angewohnheiten auf mit Ausnahme des Popelns in der Nase, wenn er sich unbemerkt fühlt. Und manchmal isst er die Popel auch noch genüsslich auf.

Thematik ■ Ekel. Verständnis, dass eigene Verhaltensweisen eine starke Wirkung auf andere Personen haben können, was Abwehr und Distanzierung hervorrufen kann. Angewohnheiten und die Schwierigkeiten, damit aufzuhören.

Praktische Hinweise ■ Eine zugleich drastischere und vergnüglichere Darstellung von Ekel im Bilderbuch als die von Roberts findet man derzeit nicht. Das Buch besticht durch seine peppigen und witzigen Bilder und verspricht viel Spaß für Kinder und aufgeschlossene Erwachsene. Gleichzeitig ist es ein guter Einstieg in die Diskussion mit Kindern, wann und wovor sie sich selber ekeln.

Altersempfehlung ■ Ab 4 Jahre.

Die Prinzessin bin doch ich

Moost, N. & Ackroyd, D. (2005).
München: arsEdition

In dieser Geschichte geht es um eine kleine Ente, die von all ihren Freunden verhätschelt wird und somit im Mittelpunkt des Geschehens steht. Eines Tages entdeckt sie eine Vogelschar am Himmel und äußert den Wunsch, auch fliegen zu können. Aber trotz fleißigen Übens gelingt es ihr nicht und keiner ihrer Freunde kann ihren Wunsch erfüllen. Da entdeckt der Hase ein Kükenei und bei den Freunden der kleinen Ente dreht sich nun auf einmal alles um dieses Ei. Als das Küken endlich aus dem Ei schlüpft und sich alle Freunde liebevoll um das Küken kümmern, wird die kleine Ente zunehmend eifersüchtiger. Sie ärgert sich, dass sich keiner mehr um sie kümmert, und behandelt das Küken sehr schroff, um es loszuwerden und zu verscheuchen. Schließlich schleudert die kleine Ente in einer heftigen Aussprache das Kuscheltier des Kükens vor lauter Ärger hoch in die Luft. Als daraufhin das Küken sehr traurig wird und eine dicke Träne über ihr Gesicht kullert, bekommt die kleine Ente Mitleid mit dem Küken und will es zurückholen. Dabei stolpert sie, breitet die Flügel aus, um nicht zu fallen, und fängt an zu fliegen. Voller Stolz darüber, dass sie fliegen kann, sieht die kleine Ente ein, dass sie dieses Geschenk eigentlich dem Küken zu verdanken hat und schließt Freundschaft mit ihm.

Thematik ■ Eifersucht, Traurigkeit und Wut. Verständnis dafür, was Eifersucht ist und zu welchen Verhaltensweisen es führen kann. Umgang mit Rivalen. Versöhnung.

Praktische Hinweise ■ Dieses Bilderbuch lässt sich aus mehreren Gründen sehr gut für die Thematisierung von Eifersucht im Kindergarten verwenden. Einerseits bezieht es sich nicht auf den familiären Rahmen, wie bei vielen Büchern zum Thema Eifersucht, und kann somit gut auf Situationen im Kindergarten übertragen werden. Andererseits gelingt es Moost und Ackroyd auf eine sehr kindgerechte Art, die Gefühle und Handlungen, die mit Eifersucht einhergehen, plastisch darzustellen: Die Traurigkeit, weil sich anscheinend keiner mehr um einen kümmert; die Wut auf den „Eindringling“ und die damit einhergehenden Versuche, den „Eindringling“ schlecht zu machen oder zu verjagen und schließlich das Gefühl, dass einen keiner mehr versteht. Anhand des Endes der Geschichte kann schließlich mit Kindern thematisiert werden, dass man durch den zunächst verwünschten „Eindringling“ auch etwas Neues lernen kann, für das man letztendlich dankbar ist.

Altersempfehlung ■ Ab 4 Jahre.

Die Glücksfee

Funke, C. & Hein, S. (2003).
Frankfurt: Fischer Schatzinsel

Von allen Glücksfeen ist Pistazia die beste. Darum erhält sie auch von ihrer Chefin den Auftrag, sich um den schwierigen Fall Lukas Besenbein zu kümmern, der ständig schlecht gelaunt ist und keine Ahnung hat, was Glücklichsein eigentlich heißt. Da Pistazia Spezialistin für solche Miesepeter ist, erkennt sie schnell, welche Lektionen Lukas braucht. Ihm ist einfach nicht bewusst, wie gut er es hat und wie glücklich er allein schon deswegen sein müsste. So lässt Pistazia ihn nachts zitternd am Dachfirst sitzen, bis er vor Angst fast in die Hose macht und froh ist, wieder im Bett zu liegen. Am nächsten Tag kann Lukas sich zum Trinken eingießen, was er will. Pistazia leert alles sofort aus, so dass er sich am nächsten Morgen ganz ausgetrocknet für den wunderbarsten Kakao bei seiner Mutter bedankt. Aber Pistazia ist noch lange nicht zufrieden, weil Lukas zu träge ist, sich nicht bewegt und an den Farben erfreut. So lässt sie Lukas die Welt in den nächsten drei Tagen nur grau erscheinen, so dass sogar dieser es abscheulich findet. Am vierten Tag schließlich erlöst sie ihn. Er springt erfreut drauf los, entdeckt die Farben und ist ausgelassen. Und endlich weiß er, wie Glück sich anfühlt.

Thematik ■ Glück und Unzufriedenheit. Wertschätzung selbstverständlicher Sachen.

Praktische Hinweise ■ Dass die Glücksfee zunächst einfach gemeine Dinge mit Lukas macht, ist gerade für jüngere Kinder nicht gleich verständlich. Die Verblüffung und das Unverständnis, dass die Glücksfee scheinbar etwas Anderes macht, als man normalerweise von einer solchen Fee erwarten würde, lässt sich sehr schön nützen, um Kindern den tieferen Sinn der Geschichte nahe zu bringen. Insofern ist diese Gestaltung der Geschichte ein geschickter Schachzug, um jüngere Kinder anzuregen, genauer und tiefsinniger darüber nachzudenken, was Glück und Zufriedenheit auch bedeuten kann.

Altersempfehlung ■ Ab 4–5 Jahre.

Alberta geht die Liebe suchen

Hebrock, A. & Abedi, I. (2004).
Düsseldorf: Sauerländer

Nach dem Winterschlaf ist Mama Feldmaus ganz begeistert, dass der Frühling wieder da ist. Auf die Frage, was der Frühling überhaupt sei, erhält ihre Tochter Alberta die Antwort, dass im Frühling alles erwacht, besonders die Liebe. Auch die Liebe kennt Alberta nicht und erfährt von ihrer schwärmenden Mama, dass bei der Liebe das Herz Purzelbäume schlägt und man vor lauter Glück in die Wolken springen möchte. Fasziniert von dieser Vorstellung beschließt Alberta, die Liebe zu suchen. Es scheint aber wirklich schwer zu sein, sie zu finden, wenn man nicht weiß, wo man suchen soll. Da trifft sie den jungen Mäuserich Fred, der zufällig auch die Liebe sucht. Gemeinsam begeben sie sich weiter auf Entdeckungsreise. Auf den Bäumen vermuten sie die Liebe nicht, denn da könnte sie zu leicht herunterfallen. Auf der Wiese wäre auch ein schlechter Ort, denn da würde man nur auf der Liebe herumtrampeln. Als Alberta und Fred schließlich noch zum kleinen See schauen, stolpern sie am Hügel und landen eng umschlungen am Ufer des Sees. Etwas peinlich berührt, hilft Fred Alberta beim Aufstehen, die dabei zum ersten Mal seine warmen Augen wahrnimmt. Aber die Suche nach der Liebe muss weitergehen, und als sie sie auch am See nicht finden, machen sie eine Pause und betrachten zusammen in einem kleinen Boot den Sonnenuntergang. Da ergreift Fred die Pfote von Alberta und Alberta spürt gemeinsam mit Fred endlich all die Gefühle, die ihr zuvor die Mutter über die Liebe geschildert hat.

Thematik ▪ Liebe und Verliebtsein.

Praktische Hinweise ▪ Mit diesem Buch ist Hebrock und Abedi eine rührende Geschichte über die Liebe gelungen. Besonders ansprechend für Kinder ist die Vorstellung, die Liebe auf den Bäumen oder der Wiese zu suchen, was sich natürlich auch spielerisch sehr schön mit Kindern umsetzen lässt. So kann man die Kinder in einer etwas abgeschwächten Form auffordern, das „Lieb-zueinander-Sein“ an allen möglichen Stellen im Zimmer zu suchen. Immer wenn man auf der Suche einem anderen begegnet und sich gegenseitig lieb in die Augen schaut, darf man gemeinsam sagen: „Wir haben es gefunden – es ist bei uns!“

Altersempfehlung ▪ Ab 4 Jahre.

Marvin wollte immer noch ein kleines bisschen mehr!

Theobald, J. (2005).
Berlin: Bloomsbury

Marvin ist unzufrieden mit sich, da er sich kleiner fühlt als die anderen Schafe auf der Weide. Auch wenn Molly zu ihm sagt, dass sie ihn so mag, wie er ist, hilft es nichts. Marvin fängt an zu essen, um größer zu werden, und kann leider nicht mehr aufhören. Er wird unersättlich und kann nicht genug kriegen, so dass er auch noch den Wald, die Berge, ganze Länder und sogar die ganze Welt auffrisst. Erst als er überdimensional groß und allein auf dem Mond steht, hört er auf zu fressen. Er fühlt sich alleine und es wird ihm bewusst, dass er die anderen Schafe, insbesondere Molly, und all das, was er aufgefressen hat, vermisst. Nachdem ihm furchtbar schlecht wird, muss er sich schließlich übergeben und dabei kommt die ganze aufgefressene Welt wieder heraus. Nun geht es Marvin wieder viel besser und endlich stimmt er Molly zu, dass er sich so mag, wie er ist.

Thematik ■ Zufriedenheit und Hunger nach Anerkennung. Selbstunsicherheit. Selbstakzeptanz.

Praktische Hinweise ■ Anhand dieses Bilderbuches lässt sich mit Kindern das Thema Zufriedenheit erarbeiten. In der Regel kennen die meisten Kinder mit fünf Jahren das Wort und die Bedeutung von Zufriedenheit nicht. Anhand der sehr anschaulichen und drastischen Bilder wird Kindern aber sehr schön verdeutlicht, dass Unzufriedenheit unter anderem entsteht, wenn man das, was man hat, nicht gut findet und deswegen immer mehr will. Die Unzufriedenheit und der damit verbundene Hunger nach stärkerer Anerkennung machen somit auch blind für die kleinen Hinweise im Alltag, dass anderen einen, so wie man ist, für liebenswert halten (so wie es auch Molly tut). Man entwickelt dann das Bedürfnis, sich selbst und anderen zu beweisen, wie toll man ist, oder man kann von bestimmten Dingen nicht mehr genug kriegen. Auch bei jüngeren Kindern, bei Jungen meist viel offensichtlicher als bei Mädchen, sind diese Verhaltensweisen des Noch-Besser und Noch-Mehr bereits in Ansätzen zu beobachten. Hierbei ist jedoch die Unterscheidung wichtig, aus welcher Grundmotivation dies Kinder tun. Sind sie in sich gefestigt und zeigen Anzeichen eines stabilen Selbstwertgefühls, so kann dies ein Impetus sein, mehr aus sich herauszuholen. Gelingt ihnen dann etwas nicht, sind sie zwar sehr enttäuscht, aber nicht verzweifelt. Erfolgt dies jedoch aus mangelnder Selbstsicherheit heraus, wird das Bedürfnis nach Anerkennung verstärkt zu einem Problem, indem man nach außen hin mehr und mehr mit seinen Taten protzt oder vermehrt Statussymbole bzw. Spielzeug (schaut, was ich alles habe!) braucht, um etwas zu gelten. Letzteres ist gerade auch die Gefahr in einer konsumorientierten Gesellschaft, in welcher unsere Kinder aufwachsen. Auch Marvin kann nicht mehr genug kriegen und muss erkennen, dass sein Weg der falsche war, weil er zur Einsamkeit führt. Schließlich wird ihm klar, dass das Wichtigste auf der Welt nicht das Mehr-Haben-Müssen ist, sondern die Zufriedenheit mit sich selbst, welche zu einem stabilen Selbstwert führt, und die Beziehung zu den Anderen. Auch wenn die Geschichte zum Teil sehr stark erwachsenenbezogene Themen aufgreift, lässt sich mit Kindern anhand des Buches sehr gut thematisieren, ob man glücklicher wird, wenn man immer mehr haben muss, ob man damit mehr Freunde gewinnt und was Zufriedenheit bedeutet.

Altersempfehlung ■ Zum Betrachten ab 4 Jahre. In Bezug auf die Diskussion über Zufriedenheit ab 5–6 Jahre.

Puh, hier stinkt's

Gates, S. & Fuge, Ch. (2004).
Düsseldorf: Sauerländer

Das gefährlichste Tier für die Spitzmaus ist der Panther. Aber leider haben die Spitzmäuse zu schwache Augen, um den Panther zu sehen. Umso mehr sind sie auf ihr Riechorgan angewiesen, um Pantherkacke zu schnuppern und so schnell wie möglich wegzulaufen. Deswegen versucht Mama Spitzmaus Baby Spitzmaus beizubringen, „ungefährliche" Kacke von „Horrorkacke" zu unterscheiden. Aber leider schafft es Baby Spitzmaus nicht. Es kann einfach nicht gut riechen. So kommt es, dass es alles – vom Schmetterling über den Vogel bis hin zur Kröte – für Pantherkacke hält und schließlich ganz rosa wird vor Scham. Die Eltern machen sich Sorgen, wie Baby Spitzmaus im Dschungel überleben kann, wenn es keine Gefahren schnuppert. Zufällig kriegt Baby Spitzmaus das Gespräch mit und beschließt, nicht mehr aus der Höhle zu gehen. Als es auch noch sein großer Bruder hänselt, fühlt es sich völlig elend. Da hört Baby Spitzmaus auf einmal ein leises Fauchen und ein noch leiseres Geräusch. Er zögert keine Sekunde und klammert sich so fest wie es nur geht an dem borstigen Schwanz des Panthers fest. Der Panther bemüht sich redlich, das beißende Etwas wieder loszuwerden, bis er es endlich hoch in die Lüfte wirft und Baby Spitzmaus genau in der Pantherkacke landet. Nun endlich riechen auch seine Eltern die Gefahr und wollen mit Baby Spitzmaus so schnell fliehen, wie es geht. Aber dieses Mal beruhigt Baby Spitzmaus seine Eltern und auch sein großer Bruder bestätigt, dass der Kleinste den großen Panther in die Flucht gejagt hat. Alle sind stolz auf Baby Spitzmaus, und Papa Spitzmaus zudem noch erleichtert, dass sein Baby so gute Ohren hat, so dass es ohne Probleme im Dschungel überleben kann.

Thematik ▪ Stolz. Jeder hat seine Schwächen und Stärken. Sorgen von Eltern.

Praktische Hinweise ▪ Verschiedene Faktoren – angefangen von der Faszination für Ausscheidungen über die witzigen Situationsdarstellungen bis hin zu den faszinierenden und dynamischen Bildern – tragen dazu bei, dass Kinder dieses Buch lieben. Und ganz nebenbei wird vermittelt, wie Baby Spitzmaus, um das man sich langsam Sorgen machen muss, sprichwörtlich über sich hinauswächst, ungeahnte Fähigkeiten entdeckt und zum Held wird. Daran anschließend lässt sich mit Kindern besprechen, was sie von sich selbst glauben, was sie toll oder nicht so gut können.

Altersempfehlung ▪ Ab 4 Jahre.

Weitere empfehlenswerte Bücher

▪ Überblick über Gefühle

Lilly

Enders, U. & Wolters, D. (2000).
Weinheim: Beltz & Gelberg

Luis

Enders, U. & Wolters, D. (2000).
Weinheim: Beltz & Gelberg

Eine gute und einfache Einführung in die Welt der Gefühle, welche bereits bei den jüngsten Kindern eingesetzt werden kann.
Altersempfehlung ▪ Ab 2 Jahre.

Geschichten vom Freuen, Ärgern und Kuscheln

Gotzen-Beek, B. & Mai, M. (2004).
Ravensburg: Ravensburger Buchverlag

20 kurze bebilderte Geschichten (maximal eine Seite lang) zu unterschiedlichen Gefühlen und Stimmungen. Eignet sich gut, Kindern mit verschiedenen Alltagssituationen vertraut zu machen, die mit spezifischen Gefühlen einhergehen.
Altersempfehlung ▪ Ab 3 Jahre (bezogen auf einfache Gefühle und Stimmungen).
Ab 5 Jahre (bezogen auf komplexere Gefühle und Stimmungen).

Ich und meine Gefühle. Emotionale Entwicklung für Kinder ab 5

Kreul, H. (1996).
Bindlach: Loewe Verlag

Eine sehr schöne Sammlung verschiedener Gefühle, wie sie sich im Alltag von Kindern äußern. Ein prägnantes Bild sowie ein kurzer Text erläutern jeweils die unterschiedlichen Gefühle und sind somit ideal als Anstoß für weitere vertiefende Gespräche.
Altersempfehlung ▪ Ab 5 Jahre.

Angst

Kleiner, schrecklicher Drache

Baeten, L. (2000).
Hamburg: Oetinger

Vergnügliche Darstellung eines Drachenkindes, das auf Geheiß seiner Mutter verzweifelt versucht, einem Kind Angst einzujagen. Schließlich zeigt das Kind dem Drachen, wie es seinen Eltern Angst einjagen kann, und schließt Freundschaft mit dem Drachen.
Altersempfehlung ▪ Ab 4 Jahre.

Selina, Pumpernickel und die Katze Flora

Bohdal, S. (1981).
Gossau: Nord-Süd

Eines der besten Bilderbücher darüber, wie die Angst, wenn man sich ihr nicht stellt, immer größer werden kann, und die Einsicht darüber dazu beiträgt, die Angst in den Griff zu kriegen. Leider vergriffen!
Altersempfehlung ▪ Ab 5 Jahre.

Der große Platsch

Carrer, C. (2002).
Wien: Picus

Die Bilder sind zwar gewöhnungsbedürftig, aber insgesamt eine schöne Darstellung, wie Angst ansteckt und zur Massenpanik führen kann.
Altersempfehlung ▪ Ab 5 Jahre.

Der Regenbogenfisch hat keine Angst mehr

Pfister, M. (2001).
Gossau: Nord-Süd

Kinder lieben den Regenbogenfisch. Sehr schön wird dargestellt, wie die Angst die Wahrnehmung dahingehend beeinflusst, dass man auch in harmlosen Dingen etwas Bedrohliches sieht.
Altersempfehlung ▪ Ab 4 Jahre.

Der große Klong

Rosenmaier, M. & Rassmus, J. (2006).
Wien: Dachs

Heitere Darstellung davon, wie Geräusche Angst fördern können, wenn man nicht nachschaut, woher das Geräusch kommt.
Altersempfehlung ▪ Ab 4 Jahre.

Traurigkeit

Ein Brief für dich

Beeke, T. & France, A. (2004).
Weinheim: Beltz & Gelberg

Eine rührende Geschichte über Ratte, der sich alleine fühlt und den Bademantel-Blues hat. Bis ein wundersamer Brief dazu führt, dass er seine alte Freunde wieder aufsucht, wieder Spaß empfindet und dabei sogar die Fledermaus von ihrer Einsamkeit und Traurigkeit befreit.
Altersempfehlung ▪ Ab 4 Jahre.

Stolz

Schau einmal, wie toll ich bin!

Anger-Schmidt, G. & Antoni, B. (2005).
Wien: Dachs

Mit knappen Worten zeigt ein Junge seinem Opa, was er alles schon kann. Und den jüngsten Kindern vermittelt es, wie sehr man bereits auf die kleinsten Dinge und Alltagstätigkeiten, die man selber schafft, einfach nur stolz sein kann.
Altersempfehlung ▪ Ab 3 Jahre.

Scham

Der Hase mit den himmelblauen Ohren

Bolliger, M. & Obrist, J. (1991).
Gossau: Nord-Süd

Eine wunderbare Geschichte über den Zusammenhang zwischen Scham und Selbstwert. Ein Hase schämt sich wegen seiner himmelblauen Ohren und versucht, sie so gut es geht zu verstecken. Schließlich entdeckt er, dass seine Ohren etwas ganz Besonderes sind und zeigt sie stolz den anderen, die nun nicht mehr über ihn lachen.
Altersempfehlung ▪ Ab 4 Jahre.

Manchmal, wenn ich was falsch mache

Erickson, K. & Roffey, M. (1988).
Reinbek: Carlsen

In diesem kleinen Bilderbuch wird gerade für die jüngsten Kinder sehr schön dargestellt, wie man sich traurig fühlen und schämen kann, wenn einem etwas nicht gelingt. Ein kleines Kind möchte einen Kuchen backen, jedoch schüttet es das Mehl aus und die Eier fallen zu Boden. Es möchte sich verkriechen und weint. Doch es erfährt Trost von seinem Papa, der einfach nur meint, dass das jedem einmal passieren kann. Und als dem Papa selbst ein Wassereimer umfällt, kann das Kind wieder lachen und versteht, dass es nicht schlimm ist, wenn einmal etwas schief geht. Die kleine Geschichte wird in klaren und einfachen Bildern bzw. Texten vermittelt. Sehr positiv ist, dass auf der linken Seite des Bilderbuchs die jeweilige Situation prägnant mit einem kleinen Gegenstand oder Symbol (z.B. ausgeschüttete Blumenvase für die Tränen) zusammengefasst und verdeutlicht wird. In der gleichen Buchreihe werden auch andere Gefühle wie Angst oder Wut thematisiert. Leider ist diese Buchreihe nur mehr teilweise im Antiquariat erhältlich. Eine Neuauflage wäre sehr wünschenswert.
Altersempfehlung ▪ Ab 3 Jahre.

Fröhlichkeit und Lustigsein

Wehe, du lachst

Stevenson, J. (1999).
Hildesheim: Gerstenberg

Zum Glücklichsein gehört bekanntlich Lachen dazu. Bei diesem Buch stellt das Krokodil Klaus Kleinzahn aber zu Beginn drei Regeln auf: 1) Du darfst nicht lachen, 2) Du darfst noch nicht mal lächeln und 3) Wenn du lachst oder lächelst, musst du zurück zum Anfang des Buches. Schließlich folgen drei Geschichten, bei denen Kinder in der Regel einfach lachen müssen. Insgesamt also ein sehr aktivierendes Buch zum Praktizieren der Fröhlichkeit. Leider ist das Buch vergriffen, die originelle Grundidee kann aber auch bei anderen lustigen Bilderbüchern angewandt werden.
Altersempfehlung ▪ Ab 5 Jahre.

Liebe

Kai liebt Sarah liebt Tim

Schreiber-Wicke, E. & Holland, C. (1999).
Stuttgart – Wien: Thienemann

Ein einfühlsames und unkompliziertes Buch über die Freuden und Nöte (Liebeskummer) der ersten Liebe im Kindergarten. Leider vergriffen.
Altersempfehlung ▪ Ab 5 Jahre.

Ein kleines Krokodil mit ziemlich viel Gefühl

Kulot, D. (2000).
Stuttgart – Wien: Thienemann

Das Krokodil ist verliebt in die Giraffe. Aber der Größenunterschied bewirkt, dass die Giraffe es einfach nicht mitbekommt. So stellt das Krokodil allerlei Witziges an, um die Aufmerksamkeit der Giraffe zu erhalten. Als es fast schon aufgibt, klappt es doch noch mit der Liebe und lehrt uns, bei der Liebe nie etwas unversucht zu lassen.

Altersempfehlung ▪ Ab 4 Jahre.

6.3 Stimmungen

Im Unterschied zu Gefühlen, die meist unmittelbar auftauchen und intensiv erlebt werden, sind Stimmungen emotionale Zustände, die sich zeitlich länger hinziehen (in der Regel länger als 30 Minuten andauern). Stimmungen sind dadurch gekennzeichnet, dass sie einerseits eher diffus erlebt werden in einem Kontinuum zwischen unangenehm-gereizt bis angenehm-heiter. Andererseits sind sie nicht objektbezogen, was bedeutet, dass sie keinen spezifischen Auslöser haben oder sich auf bestimmte Objekte oder Personen beziehen. Stimmungen gehen auch nicht einher mit charakteristischen Handlungstendenzen wie bei Emotionen. So führt z. B. Ekel automatisch dazu, dass man sich von dem Ekel verursachenden Objekt wegbewegt, während Ärger dazu führt, eigene Ansprüche durchsetzen zu wollen. Stimmungen haben ebenso wie Emotionen einen bedeutsamen Einfluss auf die weitere Informationsverarbeitung. So führt schlechte Stimmung dazu, dass Informationen oder Handlungen anderer kritischer beäugt oder negativer wahrgenommen werden. Entsprechend empfinden Kinder, wenn sie schlechte Laune haben, Handlungen anderer schneller als feindselig oder nervig. Positive Stimmungen führen im Gegensatz dazu, dass man für Angebote der Umwelt offener ist, aber auch manches weniger genau nimmt. Bilderbücher stellen nun eine gute Möglichkeit dar, Kindern das Phänomen Stimmung näher zu bringen. Anhand geeigneter Geschichten lernen sie nachzuvollziehen, wie man Stimmungen erleben bzw. erkennen kann und wie sie sich auf die Person selbst sowie auf andere im Umfeld auswirken können. Dies erhöht den Wiedererkennungseffekt, so dass gerade schlecht gelaunte oder gereizte Kinder in Anspielung auf eine Geschichte auf ihre Stimmung aufmerksam gemacht werden können. Dies fördert langfristig auch ihre Fähigkeit, Stimmungen zunehmend besser regulieren zu können.

Jeder Tag hat eine Farbe

Dr. Seuss (1996).
München: cbj-Verlag

In farbintensiven und eindrucksstarken Bildern werden verschiedene Farben mit spezifischen Stimmungen gekoppelt (z. B. Rot: Ich fühle mich richtig gut. Braun: Ich fühle mich ganz tief unten). Die kurzen und in Reimform gehaltenen Texte ergänzen die Bilder sehr gut („Sind die Tage rot wie Glut, fühle ich mich richtig gut. Wie ein Pferd werf ich die Hufe, nehme spielend jede Stufe"). Insgesamt werden 12 Stimmungen anhand unterschiedlicher Farben dargestellt (kunterbunt, rot, himmelblau, braun, gelb, grau, orange, grün, lila, rosa, schwarz, Durcheinander von Farben). Am Ende des Buches wird schließlich hervorgehoben, dass man trotz der vielen Stimmungen, die man erlebt, die gleiche Person bleibt: „Nach alledem wird endlich klar: / Ich bin und bleibe, wer ich war. / Die Farbe ändert sich, / doch ich bleib ich."

Thematik ■ Künstlerische und poetische Darstellung unterschiedlicher Stimmungen.

Praktische Hinweise ■ Mit diesem Buch haben Dr. Seuss und die Illustratoren Steve Johnson und Lou Fancher ein ästhetisch herausragendes Buch zur Vermittlung von Stimmungen geschaffen. Gerade künstlerisch orientierte Erzieherinnen werden begeistert sein. Durch die farbintensive Gestaltung wird auch die visuell-sinnliche Wahrnehmung und Empfindung von Stimmungen geschult, was in anderen Büchern nicht erfolgt oder viel zu kurz kommt. Dadurch, dass diese Texte nicht auf spezifische Situationen gemünzt und abstrakt gehalten sind, lassen sie sehr viel Freiraum, was die Anwendung auf das eigene Erleben anbelangt. Insofern eröffnen auch die Texte einen poetisch-ästhetischen Zugang zu Stimmungen, der oftmals zu kurz kommt und Kindern allgemein zu wenig vermittelt wird. Natürlich führt dies dazu, dass jüngere Kinder mit dem Anspruch dieses Buches leicht überfordert sein können, so dass es erst bei 5- bis 6-jährigen Kindern eingesetzt werden sollte, wobei die aktive Unterstützung durch die Erzieherin sehr wichtig ist. Um das sinnliche Erleben zu fördern, ist zu empfehlen, dass die Kinder dabei selbst mit den dargestellten Farben experimentieren und mit den jeweiligen Stimmungen in Verbindung bringen.

Altersempfehlung ■ Ab 5–6 Jahre.

Als der Lange seine gute Laune verlor

Schirneck, H. & Sönnichsen, I. (2001).
Wien: Jungbrunnen

An diesem Morgen läuft irgendwie alles anders. Der Lange kann nicht so aus dem Bett springen und keine Grimasse machen wie sonst immer. Beim Frühstück kocht auch noch die Milch über und das Ei zerplatzt. Er weiß einfach nicht, was mit ihm los ist, und ruft daher den Kurzen an. Dieser eilt sofort herbei und nach einer eingehenden Untersuchung kommt er zu dem Schluss, dass der Lange seine gute Laune verloren hat. Gemeinsam suchen sie nun, ob sich die gute Laune irgendwo versteckt hat wie z. B. unterm Bett oder in der Waschmaschine. Nichts zu finden. Also schlägt der Kurze vor, ins Fundbüro zu gehen und nachzufragen, ob jemand die gute Laune vom Langen abgegeben hat. Aber auch hier ist nichts zu finden. Sogar der Besuch im Zirkus und beim Wunderdoktor mit seinen Wundermitteln mit Lachgarantie hilft nichts. Die Suche geht in der ganzen Stadt weiter und der Lange kommt zu dem Schluss: „Naja. Weg ist weg. Da kann man nichts machen." Sie beschließen, am nächsten Tag weiterzusuchen und der Lange geht trostlos ins Bett. Am nächsten Morgen ist jedoch alles wieder anders, nämlich so wie immer, als der Lange seine gute Laune hatte.

Thematik ■ Schlechte und gute Laune.

Praktische Hinweise ■ Schirneck und Sönnichsen ist ein sehr unterhaltsames und lustiges Bilderbuch gelungen über die Launen, die einfach kommen, ohne dass man weiß woher, und ebenso auch wieder gehen. Kindern macht allein der Gedanke, dass man seine gute Laune verliert und sie suchen könnte, sehr viel Spaß. Mit Hilfe dieses Bilderbuches lässt sich dies auch praktisch im Kindergarten umsetzen. Was spricht dagegen, bei einer schlechten Laune eines Kindes laut auszurufen: „Mensch, der … hat seine gute Laune verloren! Weiß jemand, wo sie sich versteckt hat? Lasst sie uns suchen!" und gemeinsam mit den anderen Kindern an allen möglichen Stellen nachzuforschen? Mit einem entsprechenden Elan macht das allen Spaß und trägt auch zur Aufheiterung des betroffenen Kindes bei. Voraussetzung ist natürlich, dass die schlechte Laune nicht auf etwas zurückzuführen ist, das das betroffene Kind belastet und daher anders damit umgegangen werden sollte. Um eine solche Situation zu verhindern, ist es daher ratsam, das schlecht gelaunte Kind zunächst alleine danach zu fragen, ob wir die gute Laune so wie beim Langen einfach mal suchen sollten.

Altersempfehlung ■ Ab 5 Jahre.

Der Dachs hat heute schlechte Laune!

Petz, M. & Jackowski, A. (2004).
Gossau: Nord-Süd

Eigentlich möchte der Dachs heute zu Hause bleiben, weil er so schlecht gelaunt ist und damit ja richtig gefährlich für die anderen ist. Aber beim Frühstück beschließt er doch, nach draußen zu gehen, damit die anderen Tiere ruhig mitbekommen, dass er heute schlecht gelaunt ist. Und so zieht der Dachs los und begegnet nacheinander dem Waschbär, dem Hirsch, der Maus, dem Fuchs, dem Hasen und dem Eichhörnchen. Der Dachs lässt an allen seine schlechte Laune aus, indem er sie anpöbelt und beschimpft. Mehr und mehr verfliegt seine schlechte Laune dadurch, während die anderen Tiere nun selbst schlechte Laune wegen des Verhaltens des Dachses haben. Gut gelaunt möchte der Dachs nun am Nachmittag die anderen Tiere wieder treffen. Aber siehe da, er ist ganz überrascht, dass nun die Tiere ihrerseits ihre schlechte Laune an ihm auslassen. Nachdenklich und zerknittert sitzt der Dachs zu Hause und überlegt, was er jetzt nur machen soll. Da kommt die Amsel, die er heute noch nicht getroffen hat und deswegen auch nicht schlecht gelaunt ist, und gemeinsam beschließen sie, ein großes Dachsfest für alle schlecht gelaunten Tiere zu machen. Als alle gekommen sind, entschuldigt sich der Dachs und erklärt, dass schlechte Laune haben nicht schlimm sei, jedoch schlechte Laune machen sehr wohl. Schließlich veranstalten sie einen Wettbewerb, wer am schlecht gelauntesten ist, was letztendlich wieder dazu führt, dass alle gut gelaunt sind.

Thematik ■ Schlechte Laune. Auswirkungen auf andere.

Praktische Hinweise ■ Das Buch zeigt sehr schön, wie schlechte Laune auch anstecken und zu entsprechender Gereiztheit bzw. Missmut bei anderen führen kann. Die Geschichte lässt sich sehr schön nachspielen. Eine Möglichkeit besteht darin, dass zunächst alle bis auf einen, der den schlecht Gelaunten spielt, fröhlich rumtänzeln. Das Kind mit der schlechten Laune geht nun rum und schlägt wie beim Fangenspielen ein weiteres Kind auf den Rücken, so dass dieser auch mit der schlechten Laune herumläuft und ein weiteres Kind auf den Rücken schlagen soll. Dies wird so lange praktiziert, bis alle in der Gruppe ihre schlechte Laune zeigen. Dann dreht sich der Spieß um und das Kind, das als erstes schlechte Laune hatte, wird fröhlicher und steckt das nächste Kind mit seiner guten Laune an, bis alle wieder heiter sind.

Altersempfehlung ■ Ab 4 Jahre.

Weitere empfehlenswerte Bücher

Armer Pettersson
Nordqvist, S. (1998).
Hamburg: Oetinger

Einfach herrlich, wie der Kater Findus versucht, die schlechte Laune von Pettersson zu vertreiben. Gleichzeitig wird Kindern vermittelt, wie sich schlechte Laune bei Erwachsenen zeigt und wie man damit umgehen kann.
Altersempfehlung ▪ Ab 4–5 Jahre.

6.4 Freundschaft

Freundschaften spielen eine zentrale Rolle in unserem Leben. Mit Freundschaften verbindet man intensive und erlebnisreiche Momente, an die man sich gerne zurückerinnert und die einem zeigen, dass man nicht alleine auf der Welt ist. Die damit verbundenen Gefühle von Vertrautheit und Gemeinsamkeit führen auch dazu, die Gesellschaft von Freunden aufzusuchen und diese Beziehungen zu pflegen. In guten Zeiten genießen wir die emotionale Nähe zu Freunden und gemeinsame Aktivitäten heben uns aus dem Alltag heraus. Und in schlechten Zeiten suchen wir Trost und Ratschlag bei Freunden, um über belastende und schwierige Situationen besser hinwegzukommen. Für jüngere Kinder stellen Freunde die ersten persönlichen Beziehungen dar, die sie nach der Beziehung zu ihrer Familie (Eltern, Geschwister, Verwandte) haben. Sie sind in der Regel die ersten frei gewählten Beziehungsformen und verstärken aufgrund ihrer Exklusivität das Gefühl, auch ein von der Familie unabhängiges Leben zu führen. Wie erleben aber nun jüngere Kinder Freundschaften und welches Verständnis haben sie davon? Anhand entwicklungspsychologischer Studien zeigt sich, dass sich diese Entwicklung in unterschiedlichen Phasen vollzieht. Bereits bei 2 Monate alten Säuglingen lässt sich anhand ihrer Verhaltensweisen ein grundlegendes Interesse für andere anwesende Säuglinge beobachten. Zwischen 6 und 9 Monaten beginnen sie dann, über Anschauen, Berührungen oder Geräusche Interaktionen mit anderen Kindern zu initiieren. Erste Ansätze zu kurzen wechselseitigen Kommunikationsprozessen, meist ausgehend vom gemeinsamen Interesse für Spielsachen, finden sich ab ca. dem 1. Lebensjahr. Während des 2. Lebensjahres werden die Interaktionen zunehmend länger, komplexer und koordinierter. Dabei lassen sich auch erste Anzeichen für die Entwicklung von Freundschaftsgefühlen beobachten, da die Kinder anfangen, bestimmte Spielpartner zu bevorzugen. Mit 3 Jahren befinden sich Kinder nach dem Modell der Entwicklungsstufen von Freundschaften nach Selman auf der Stufe 0. Dies bedeutet, dass Freundschaften noch nicht als überdauernde Beziehungen mit emotionalen und sozialen Qualitäten, sondern als augenblickgebundene Interaktionen verstanden werden. Zwischen 3 und 4 Jahren bezeichnen Kinder nun zunehmend mehr andere als ihre Freunde oder Feinde. Bei der Wahrnehmung, wer ihr Freund ist, beziehen sich jedoch Kinder in diesem Alter vorwiegend auf äußere Faktoren. So basiert ihre Entscheidung oft darauf, wie oft sie mit jemandem spielen, ob er in ihrer Nähe wohnt, ob er über wichtige physische Merkmale (z. B. groß oder stark) oder aber auch über tolle Spielsachen verfügt. Ab 4 Jahren befinden sich Kinder nach Selman auf der Stufe 1 (Zeitraum 4–9 Jahre). Diese Stufe ist geprägt von einer einseitigen selbstbezogenen Orientierung, wonach ein guter Freund jemand ist, der sich im Sinne der eigenen Bedürfnisse und Interessen verhält. Ab 6 Jahren können Kinder im Alltag zunehmend besser unterschiedliche Perspektiven und Bedürfnisse von Personen erfassen und miteinander in Bezug bringen. Die wechselseitige Dynamik von Freundschaften und die Notwendigkeit, die unterschiedlichen Interessen zu berücksichtigen, werden mehr und mehr verstanden. Ebenso gewinnen emotionale Aspekte sowie Werte wie gegenseitige Unterstützung stärker an Bedeutung. Es bleibt jedoch die eigene Sichtweise noch sehr dominant, so dass Freundschaften noch leicht zerbrechen oder wechseln können, wenn Interessen und Wünsche nicht harmonieren. Freundschaften werden also noch nicht getragen von einem stabilen gegenseitigem Verständnis und werden daher auch als „Schönwetter-Kooperation“ charakterisiert. Nach Selman kennzeichnen diese Merkmale die Stufe 2 (Zeitraum 6–12 Jahre) bei der Entwicklung von Freundschaften. Zwischen neun und zehn Jahren erreichen Kinder die Stufe 3 (Zeitraum 9–15 Jahre), die mit der Fähigkeit verbunden ist, unterschiedliche Perspektiven wechselseitig zu koordinieren. Freundschaft wird als stabile Beziehung wahrgenommen, die durch Intimität, Fürsorge und Vertrauen gekennzeichnet ist. Ab 12 Jahren kann schließlich die Stufe 4 erreicht werden, die geprägt ist von Autonomie und Interdependenz. Dies bedeutet, dass die gegenseitige Abhängigkeit in Freundschaften und ihre Bedeutung für die eigene Identitätsbildung bewusster wahrgenommen wird, gleichzeitig jedoch auch die Exklusivität von Beziehungen gelockert wird, da der größere soziale Bezugsrahmen stärker miteinbezogen wird und das Interesse an anderen Beziehungen akzeptiert werden kann. Ab wann Kinder von einer Stufe in die andere wechseln, ist sehr unterschiedlich und wird sehr beeinflusst von bisherigen sozialen Erfahrungen sowie allgemeinen kognitiven Fertigkeiten.

Betrachtet man nun Bilderbücher zum Thema Freundschaft und setzt diese in Bezug zu dem erläuterten Entwicklungsschema, so fällt auf, dass viele Bilderbücher in der Darstellung von Freundschaften Merkmale und Werte aufführen, welche von Kindern in ihrer Bedeutung und Tragweite erst später im Grundschulalter verstanden werden. Grundsätzlich spricht dies nicht dagegen, auch jüngeren Kindern solche Bilderbücher vorzulesen. Als wichtig erweist sich aber, Bilderbücher danach zu unterscheiden, wie diese Darstellung und Vermittlung erfolgt. So finden sich Bilderbücher, die die Qualität von Freundschaften hauptsächlich anhand atmosphärischer Bilder und der Schilderung gemeinsamer Aktivitäten vermitteln. Diese eignen sich insbesondere für jüngere Kinder. Bei anderen Bilderbüchern wiederum erfolgt die Vermittlung spezifischer Aspekte von Freundschaft (Berücksichtigung der unterschiedlichen Interessen, Vertrauen, Fürsorge) vorwiegend textlich und sollten daher erst bei Kindern ab 5–6 Jahren verwendet werden.

Freunde

Heine, H. (2003).
Weinheim: Beltz & Gelberg

Franz von Hahn, Johnny Mauser und der dicke Waldemar leben im Dorf Mullewapp und vertreiben ihre Zeit, indem sie ihre Freundschaft mit den herrlichsten Ideen zelebrieren. Als richtige Freunde helfen sie einander, beschließen alles zusammen und schwören sich schließlich hinter dem Hühnerstall ewige Freundschaft. Natürlich erfordert dies das Aufsuchen einer gemeinsamen Schlafstätte bei einem der Freunde – schließlich will man ja nie mehr auseinander gehen. Es will aber einfach nicht klappen – sei es wegen der Größe, dem Geruch oder dem Gewicht. So muss jeder alleine schlafen, doch letztendlich sind sie mehr denn je zusammen, denn richtige Freunde begegnen sich auch im Traum.

Thematik ■ Freundschaft.

Praktische Hinweise ■ Dieses Buch von Helme Heine kann man getrost als Klassiker zum Thema Freundschaft bezeichnen. Eine so unkomplizierte, spritzig-humorvolle und bildlich überzeugende Darstellung von Freundschaft ist nur schwer wieder zu finden. Nichts wirkt belehrend oder konstruiert. In wenigen Worten wird das Wesen der Freundschaft in seiner ganzen Komplexität wie auch Einfachheit gezeigt. Erklärungen, was Freundschaft ausmacht und wie man sie erkennt, sind gar nicht mehr nötig. Man weiß und spürt es einfach. In diesem Sinne eignet sich dieses Buch wunderbar zum Betrachten, um Kindern einfach die Atmosphäre von Freundschaft näher zu bringen. Anschließend kann mit Kindern besprochen werden, was sie selbst gerne mit Freunden machen.

Altersempfehlung ■ Ab 4 Jahre.

Lenny und Twiek

Baumgart, K. (2003).
Frankfurt: Baumhaus

Lenny fehlt ein Freund. So denkt er darüber nach, wie er einen Freund finden kann, und beschließt, einen Zettel an einem Baum aufzuhängen mit der Botschaft: „Freund gesucht." Amüsant wird nun das Warten bebildert. Nachdem nichts passiert, bricht Lenny auf, um nach dem Zettel zu schauen. Da fällt er über den kleinen Twiek mit der piepsigen Stimme, der sich für die Suche nach dem Freund interessiert. In einfachen, prägnanten Worten erklärt Lenny dem wunderbar naiven Twiek, woran man überhaupt einen Freund erkennt. Schließlich schlägt Twiek vor, einfach etwas zu spielen, während man auf den Freund von Lenny wartet. Auf den nächsten Seiten gelingt es Baumgart, auf sehr anrührende Weise bildlich zu vermitteln, dass sich zwischen den beiden eine innige Freundschaft aufbaut, ohne dass sie sich darüber bewusst sind. Erst als Twiek bedauert, dass kein Freund zu Lenny gekommen ist, und selbst geht, wird beiden klar, dass sie sich gefunden haben, was bildlich beeindruckend auf der letzten großflächigen Seite dargestellt wird.

Thematik ■ Suche nach Freundschaft.

Praktische Hinweise ■ Wunderbar, wenn man schon Freunde gefunden hat und miteinander tolle Sachen erlebt! Was macht man aber, wenn einem ein Freund fehlt und ihn erst finden muss? Dieses Buch eignet sich sehr gut zur Thematisierung der Suche nach Freundschaft und ist gerade auch für jüngere Kinder geeignet, welche noch kein klares Konzept von Freundschaft haben. Sie erleben ja Freundschaft vor allem über ihr Zusammensein, ohne viel nachzudenken. Entsprechend sind sie sich auch oft nicht bewusst, dass sie bereits Freunde haben so wie Lenny. Da nur auf der letzten Seite indirekt erwähnt wird, dass Lenny einen Freund gefunden hat, kann man mit Kindern gut besprechen, ob Lenny nun einen Freund gefunden hat und woran man das erkennt.

Altersempfehlung ■ Ab 4 Jahre.

Welche Farbe hat die Freundschaft?

Scheffler, U./Lieffering, J. © 2005 by Gabriel (Thienemann Verlag), Stuttgart – Wien

Max, Mira und Joshua gehen in den gleichen Kindergarten. Max kennt Mira schon länger, während Joshua neu im Kindergarten ist. Als im Kontakt mit Joshua das Thema Anderssein entsteht, beschließt die Erzieherin, mit den Kindern verschiedene Spiele dazu zu machen. Nach dem Kindergarten geht Max nun zum ersten Mal mit zu Mira und lernt verschiedene Aspekte ihrer Religion und Kultur kennen: Was ist eine Moschee, was passiert beim Ramadan, was ist das Zuckerfest, wer ist Allah und was ist der Koran? Schließlich wird Max von seinem Papa abgeholt und er erzählt ihm von seinen Eindrücken bei Mira sowie seiner Erkenntnis, dass alle Menschen unabhängig von Kultur und Herkunft anders sind.

Thematik ■ Freundschaft mit Kindern anderer Kulturen. Akzeptanz und Wertschätzung für Lebensstil und Bräuche anderer Kulturen.

Praktische Hinweise ■ Das Buch von Scheffler und Lieffering nimmt sich eines Themas an, das gerade in letzter Zeit zunehmend an Aktualität und Bedeutung gewinnt: der Freundschaft von Kindern unterschiedlicher Kulturen und Religionen. Die Irritation von Max über die türkische Sprache bei Mira und über die dunkle Hautfarbe bei Joshua wird sehr kindgerecht vermittelt und sehr positiv aufgelöst. Dadurch wird Kindern auch vermittelt, dass es ganz normal ist, wenn man auf Kinder anderer Kulturen zunächst irritiert reagiert. Diese Irritation wird schließlich dadurch aufgelöst, dass Max den Lebensstil und die Bräuche von Mira kennen lernt. Das Buch ist sehr geprägt von einem positiven Grundton im Umgang miteinander und wirkt daher zeitweise auch etwas harmonisierend. Die Stärke des Buches liegt aber zweifelsohne in der Darstellung der Offenheit und Unkompliziertheit, mit der Max die Kultur von Mira kennen lernt. Anhand des Buches lässt sich Kindern aufzeigen, dass Freundschaft etwas ist, was Kulturen miteinander verbindet. Gleichzeitig macht es neugierig darauf, den Lebensstil anderer Kulturen kennen zu lernen. Es ist somit ein guter Einstieg für ältere Kindergartenkinder, sich mit den Bräuchen anderer Kulturen auseinanderzusetzen. Die Beschreibung der anfänglichen Irritation von Max kann auch dazu benutzt werden, Kinder zum Nachdenken anzuregen, welche eigenen Bräuche bzw. Feste für Kinder aus anderen Kulturen irritierend sein könnten. Gleichzeitig können Ideen gesammelt oder Bilder gemalt werden, wie man die eigenen Traditionen anderen Kindern erklären könnte.

Altersempfehlung ■ Ab 5 Jahre.

Das Königsspiel

Blazejovsky, M. (1998).
Wien: Jungbrunnen

Tim und Tina sind die besten Freunde. Sie machen alles miteinander, erzählen sich ihre Geheimnisse und fürchten sich vor den gleichen Dingen. Als sie an einem Tag das Königsspiel spielen und Tim gewinnt, beginnen die beiden miteinander um die Krone zu streiten, da ja jeder König sein möchte. Sie beschimpfen sich aufs Heftigste und gehen schließlich zornentbrannt auseinander. Zu Hause angelangt fertigt sich Tim zunächst eine große Krone an und spielt alleine König. All das hilft nichts, den Ärger auf Tina loszuwerden. Er beginnt, ihr alles Übel, was man sich nur ausdenken kann, zu wünschen, bis der Ärger verraucht und er traurig einschläft, um von der Versöhnung mit Tina zu träumen. Tina ergeht es ähnlich. Auch sie nimmt sich zu Hause die Prinzessinnenkrone und spielt zunächst Königin, was aber alleine einfach keinen Spaß macht. Voller Zorn wünscht auch sie Tim alles nur Erdenkliche, bis auch sie betrübt ist über den Streit und ins Bett geht. Beide Kinder können nicht richtig schlafen, da sie immer wieder an den anderen denken müssen. Gleich am nächsten Morgen rennen beide sofort auf den Spielplatz, um sich wieder zu sehen. Voller Erleichterung, dass ihre Verwünschungen nicht eingetroffen sind, kommen sie sich wieder näher und versöhnen sich. Keiner will mehr König sein, zumindest heute nicht.

Thematik ▪ Konflikte und Streit in Freundschaften. Aufzeigen der intensiven Gefühle (Ärger und Trauer), welche Streitereien auslösen können. Sehnsucht nach Versöhnung und Aufeinanderzugehen.

Praktische Hinweise ▪ In eindrucksvollen Bildern gelingt es Blazejovsky, die vielfältigen Dynamiken von Streit unter Freunden zu vermitteln. Die Darstellung aus der Vogelperspektive, wie sich Tim und Tina um die Krone streiten und sich gegenseitig beschimpfen, ist sowohl ästhetisch als auch psychologisch gesehen sehr gut gelungen, da es die Einnahme einer Außenperspektive fördert. Ebenso wird sehr gut dargestellt, welche Handlungen und innerpsychischen Reaktionen ein solcher Streit auslöst. So ist es zunächst für beide Kinder wichtig, das nicht Erreichte – nämlich König zu sein – auszuleben. Erst im Ausleben bemerken sie, dass dies alleine nicht glücklich macht. Doch der Ärger auf den anderen ist deswegen noch lange nicht verschwunden. So muss der andere zunächst verwünscht werden, bis die Traurigkeit darüber, dass überhaupt der Streit entstanden ist und man die Nähe zum anderen vermisst, entstehen kann. Gerade dieses nachhaltige Gefühl macht klar, wie sehr man den anderen mag und die Streitsituationen bedauert, und öffnet somit den Weg zur Versöhnung. Sowohl inhaltlich als auch textlich ist dieses Bilderbuch nicht für jüngere Kinder geeignet und sollte daher erst bei älteren Kindern eingesetzt werden. Für diese vermittelt die künstlerische Darstellung sehr stimmungsvoll die emotionale Intensität, mit der man nach Streitsituationen Gefühle und Gedanken gegenüber den anderen erlebt, ohne sich dessen immer bewusst zu sein. Insofern eignet sich das Buch dazu, bei den Kindern nachzufragen, ob sie sich vorstellen können, dass man so wie Tim oder Tina auf Streitsituationen reagieren kann und ob sie selbst Ähnliches bei sich selbst schon einmal wahrgenommen haben.

Altersempfehlung ▪ Ab 5–6 Jahre.

Weitere empfehlenswerte Bücher

Lola und Max und der goldene Stern

Benjamin, A.H. (2002).
Gießen: Brunnen

Sehr schöne und kindgerechte Darstellung über Vorwürfe sowie Streit in einer Freundschaft und über Versöhnung.
Altersempfehlung ▪ Ab 4 Jahre.

Die Kinderbrücke

Bolliger, M. & Zavrel, S. (2005).
Zürich: bohem Press

Die Geschichte zweier Bauernfamilien, die an einem Fluss gegenüber wohnen. Während sich die Erwachsenen aus Neid beschimpfen und bekriegen, begegnen sich ihre Kinder, werden zu Freunden und lernen schließlich den Erwachsenen, Freundschaft zu schließen.
Altersempfehlung ▪ Ab 4–5 Jahre.

Sei nicht traurig, Monty Maulwurf

Carolat, G. & Mais, S. (2003).
Würzburg: Edition Bücherbär

Einfache und einfühlsame Geschichte über den Umgang mit Trennungssituationen in Freundschaften.
Altersempfehlung ▪ Ab 3 Jahre.

Malte und Sebastian. Eine besondere Freundschaft

Krott-Unterweger, V. & Junge, A. (2006).
Freiburg: Kerle

Ein wichtiges Buch über die Entstehung der Freundschaft von Malte zu Sebastian, einem Kind mit Down-Syndrom. Sehr schön werden auch die Unsicherheiten von Malte im Umgang mit Sebastian dargestellt. Ideal für integrative Kindergärten.
Altersempfehlung ▪ Ab 4 Jahre.

Dudu findet einen Freund

Swoboda, A. (2001).
Frankfurt: Fischer Schatzinsel

Ente Dudu wünscht sich einen Freund und malt sich in malerischen Bildern aus, was sie alles mit einem Freund machen könnte, bis sie schließlich nicht nur *einen* Freund findet.
Altersempfehlung ▪ Ab 3 Jahre.

6.5 Selbstwert und Selbstvertrauen

Selbstwert und Selbstvertrauen können als zwei eng verwobene Facetten des Selbstkonzepts bei Kindern sowie Erwachsene betrachtet werden. Mit dem Begriff Selbstkonzept wird dabei auf die allgemeinen Überzeugungen bzw. Vorstellungen von Personen über sich selbst sowie über persönliche Eigenschaften Bezug genommen. Der Selbstwert wird als Teil des Selbstkonzepts betrachtet und bezieht sich auf das Gefühl der Wertschätzung und Akzeptanz der eigenen Person. Nach Harter (1998) lassen sich globale und spezifische Selbstwerteinschätzungen unterscheiden. Das globale Selbstwertgefühl beinhaltet dabei die allgemeine Einschätzung von sich als Person, während sich die spezifischen Einschätzungen auf unterschiedliche Bereiche wie schulische, athletische, körperliche oder soziale (Beliebtheit) Kompetenzen beziehen. Das Selbstvertrauen wiederum kann als eine verhaltensbezogene Komponente des Selbstwertgefühls angesehen werden. So ergibt sich die Ausprägung von Selbstvertrauen aus dem Vergleich zwischen der Einschätzung der eigenen Fähigkeiten und der Einschätzung der Anforderungen, mit denen man konfrontiert ist. Die Entwicklung des Selbstwertgefühls bei Kindern wird zunächst sehr stark von elterlichen Haltungen (inkl. Bindung) und Verhaltensweisen beeinflusst. Dabei erweisen sich sowohl unterstützende Verhaltensweisen wie Ermutigung und Lob als auch der positive elterliche Umgang mit eigenen Erfolgen bzw. Misserfolgen als wichtige Wirkfaktoren. Im weiteren Verlauf beeinflussen dann verstärkt auch Vergleiche mit Geschwistern und Gleichaltrigen sowie Rückmeldung anderer Bezugspersonen wie Erzieherinnen und Lehrerinnen die Entwicklung des Selbstwertgefühls. Generell haben jüngere Kinder bis ca. 6–7 Jahren mit Ausnahme von gehemmten bzw. ängstlichen Kindern ein relativ hohes Selbstwertgefühl. Dies hängt damit zusammen, dass sie kognitiv noch nicht in der Lage sind, die Relation zwischen eigenen Fähigkeiten bzw. Anstrengungen und zu erbringenden bzw. erbrachten Leistungen einzuschätzen sowie zu reflektieren. Dies führt entsprechend zu einer unrealistisch positiven Sichtweise der eigenen Fähigkeiten, so dass jüngere Kinder glauben, fast alles zu können. Mit zunehmendem Alter beginnen Kinder, sich selbst und ihre Fähigkeiten mehr und mehr anhand der Rückmeldungen und über Vergleichsprozesse mit Gleichaltrigen, welche verstärkt auch mit Beginn der Schule einsetzen, zu bewerten. Dies führt in Abhängigkeit der gemachten Erfahrungen zu einer graduellen Abnahme von Selbstwertgefühlen und zur Ausdifferenzierung spezifischer Selbstwerteinschätzungen.

Zur Förderung von Selbstwertgefühl und Selbstvertrauen lassen sich vier Ansätze hervorheben:

- Förderung des allgemeinen Selbstwerts und der Selbstakzeptanz. Vermittlung des Gefühls, dass man, so wie man ist, liebenswert und in Ordnung ist
- Förderung des Selbstvertrauens, sich gegenüber Übergriffen von anderen Personen (Erwachsene wie Kinder) zu wehren oder dies mitzuteilen
- Förderung des Selbstvertrauens, sich auf neue Situationen einzulassen, sich etwas Schwieriges zuzutrauen und auch in beunruhigenden Situationen den Glauben an sich nicht zu verlieren
- Anbieten von Identifikationsfiguren, welche Selbstbewusstsein und Selbstvertrauen ausstrahlen.

Komm mit in den Kindergarten

Minte-König, B./Döring, H.-G. © 1996 by Thienemann (Thienemann Verlag), Stuttgart–Wien

Das Buch gibt einen sehr netten Überblick über Abläufe und verschiedene Tätigkeiten wie Basteln, Turnen, Musizieren oder Spielen im Kindergarten. Die Texte sind kurz gehalten. Die Strukturierung ist dabei gut gelungen, da die Kinder mit Text und Bild auf zwei Ebenen angesprochen werden. Einerseits wird eine kurze Information gegeben, was man im Kindergarten alles machen kann. Andererseits werden immer ein paar Kinder, die etwas gemeinsam machen, mit Namen genannt, was das Prinzip der Gemeinsamkeit und des Miteinander hervorhebt und personalisiert.

Thematik ■ Einstimmung und Vertrautwerden mit Abläufen im Kindergarten. Förderung der Selbstsicherheit im Umgang mit neuen Situationen.

Praktische Hinweise ■ Für Kinder sind die ersten Tage im Kindergarten ein einschneidendes Erlebnis und somit auch eine Herausforderung für ihr kindliches Selbstvertrauen. Zum einen müssen sie sich in der Regel zum ersten Mal länger von ihrer Mutter bzw. Vater trennen (umgekehrt natürlich auch) und dies auch noch regelmäßig. Zum anderen sind sie mit einer unüberschaubaren Anzahl neuer Kinder und Reize konfrontiert. Die Reaktionen von Kindern auf diese neue Situation sind sehr unterschiedlich. Während einige von Anfang an begeistert sind und sich auf das Neue stürzen, reagieren andere sehr unsicher, teilweise auch mit lautem Protest. Bilderbücher wie dieses erleichtern den Einstieg in den Kindergarten, da sie einen kindgerechten Überblick über die Abläufe im Kindergarten geben und somit Sicherheit im Umgang mit der neuen Situation aufbauen. Günstig ist es, wenn das Buch bereits im Vorfeld von den Eltern zu Hause vorgelesen wird, um die Inhalte dann praktisch vor Ort zu vertiefen. Leider gibt es dieses Buch nur noch im kleinen Format. Dies ist sehr schade, da gerade die reiche und großflächige Bebilderung des Originalformats sehr ansprechend auf Kinder wirkt.

Altersempfehlung ■ Ab 3 Jahre.

Das kleine Ich bin Ich

Lobe, M. (1972).
Wien/München: Jungbrunnen

Ein buntes Tier geht auf einer bunten Blumenwiese spazieren und freut sich an der Natur und an den Tieren. Da taucht ein Laubfrosch auf und fragt es, wer es eigentlich sei? Als das bunte Tier verdutzt erwidert, das wisse es nicht, wird es vom Laubfrosch deswegen einfach als dumm bezeichnet. Verunsichert begibt sich das bunte Tier auf die Reise, um die verschiedensten Tiere danach zu fragen, ob sie vielleicht wüssten, wer es sei. Es begegnet den Pferden, den Fischen, den Nilpferden, dem Papagei und den Hunden. Jedes dieser Tiere erkennt zwar eine kleine Ähnlichkeit mit dem bunten Tier, kann aber nichts darüber sagen, wer es sei, und schickt es weiter, manchmal sanft und manchmal schroff. Ganz verzweifelt und den Tränen nah fragt sich das bunte Tier, ob es am Ende gar nichts ist. Da sagt es auf einmal ganz laut zu sich: „Sicherlich gibt es mich: Ich bin ich!“ Die Fröhlichkeit kehrt wieder zurück und voller Stolz erzählt es dies allen Tieren. Sogar der Laubfrosch bekennt zum Schluss: „Du bist du! Und wer das nicht weiß, ist dumm! Bumm.“

Thematik ■ Förderung des allgemeinen Selbstwerts und Selbstakzeptanz. Umgang mit Unsicherheiten durch negative Rückmeldung von anderen Personen.

Praktische Hinweise ■ Mira Lobe hat mit diesem Buch sicherlich einen Bilderbuchklassiker zum Thema Selbstbewusstsein geschaffen. Aufgrund des gelungenen in Reimform abgefassten Textes lässt sich dieses Buch sehr schön auf rhythmische Weise vortragen. Dies fördert sicherlich die Vermittlung eines grundlegenden Gefühls von Selbstakzeptanz, das sich gegen Ende des Buches so deutlich und wie selbstverständlich einstellt. Mira Lobe gelingt es dabei sehr gut, nicht in eine banale Darstellung positiver Eigenschaften wie in anderen Selbstbestätigungsbilderbüchern nach dem Motto „Ich bin toll und gut“ abzugleiten. Dies verhindert gerade die zuvor anschaulich vorgetragene Verunsicherung und verzweifelte Suche des bunten Tieres nach sich selbst. Positiv hervorzuheben ist auch die Bastelanleitung für das bunte Tier auf der Innenseite des Einbands, was dazu beiträgt, dass die Kinder praktisch ein Symbol für die Selbstakzeptanz mit nach Hause nehmen können.

Altersempfehlung ■ Ab 4–5 Jahre.

Der Tag, an dem Marie ein Ungeheuer war

Kinskofer, L. & Ballhaus, V. (2001).
Zürich: Bajazzo

Marie geht wie jeden Morgen in den Kindergarten. Dieses Mal ist aber alles anders, da sie von verschiedensten Kindern auf irgendeine Weise gehänselt oder angemault wird. So meint Raphaela, dass sie zu große Füße habe. Schwupps werden ihre Füße riesengroß und sie stolpert dauernd drüber. Als Kai sie gereizt auffordert, doch ihren dicken Bauch wegzutun, wächst Marie genau dieser dazu und behindert sie beim Malen. Marie ist nun überzeugt, dass sie hässlich ist und traut sich den ganzen Morgen nicht mehr vom Tisch aufzustehen. Aber das hilft nichts. Es wächst ihr auch noch eine Kartoffelnase im Gesicht, nachdem Tina dies ihr in bösem Ton sagt. Leider ist es auch beim Mittagessen zu Hause nicht anders. Ihr Bruder meint, sie soll ihre Flossen wegnehmen, und die große Schwester meint lachend, sie soll nicht so glotzen. Wieder erlebt Marie, dass sie Flossen und Glotzaugen hat. Auch am Nachmittag im Garten wird es nicht besser, da Thorsten ihr zuruft, sie soll die Klappe halten, und ihre Haare als Borsten bezeichnet. Marie ist ganz verzweifelt und fühlt sich nun als hässliches Ungeheuer, das keiner mehr mag. Bis schließlich die Mutter zu ihr ins Zimmer kommt und ihr zeigt, wie schön ihre Augen, Haare, Nase, Mund, Bauch sowie Füße sind und wie stolz Marie auf sich selbst sein kann, was sie nun auch ist.

Thematik ■ Verunsicherung des Selbstwertgefühls durch Hänseleien oder Beschimpfungen von anderen. Selbstakzeptanz. Bedeutung von Trost durch andere.

Praktische Hinweise ■ Mit diesem Buch lässt sich sehr schön und eindrucksvoll aufzeigen, wie Hänseleien und Beschimpfungen dazu beitragen, das Selbstwertgefühl zu knicken. Sehr gut gelungen ist dabei die Darstellung, wie diese Verunsicherung dazu führt, seine phantasierten Unzulänglichkeiten verstärkt zu betrachten und davon überzeugt zu sein, dass man hässlich und nicht liebenswert ist. Kinder, welche öfter Opfer von Hänseleien sind, werden sich dadurch sehr verstanden fühlen. Gleichzeitig wird den Kindern, die gerne hänseln, verdeutlicht, wie stark und nachhaltig schnell hingesagte Schimpfwörter bzw. Beleidigungen auf andere wirken können. Ebenso wird vermittelt, wie wichtig in solchen Situation der Trost und die Rückmeldung durch andere ist, dass die ausgelösten Sorgen und Ängste unberechtigt sind, was entsprechend zu einer erhöhten Selbstakzeptanz und Selbstsicherheit beiträgt. Anhand des mitgelieferten Puppenbogens ist es möglich, die Figur der Marie zu basteln und alles, was ihr in der Geschichte anwächst (große Füße, dicker Bauch, Kartoffelnase, Flossen, Glotzaugen, Klappe und Borsten), anzuhängen, um sie letztendlich wieder davon zu befreien. Dadurch lässt sich die Geschichte mit den Kindern auch sehr plastisch nachspielen und vertiefen. Daran anschließend können die Kinder befragt werden, ob sie selbst auch schon einmal erlebt haben, dass sie durch Hänseleien oder Beschimpfungen anderer verunsichert wurden und sich in ihrer Vorstellung ausmalten, wie fürchterlich oder hässlich sie sein könnten. Schließlich sollten Ideen gesammelt werden, was einem in einer solchen Situation helfen würde und wie man mit Beleidigungen in Zukunft umgehen könnte.

Altersempfehlung ■ Ab 5 Jahre.

Kein Anfassen auf Kommando

Mebes, M. & Sandrock, L. (2002). Köln: mebes & noack

Den Kindern werden verschiedene Arten von Berührungen vorgestellt. Zunächst wird auf der linken Seite jeweils eine positive und angenehme, auf der rechten Seite eine negative und unangenehme Form der Berührung dargestellt. Das Buch beginnt mit zwei Kindern, die sich aus Spaß kitzeln, bis es dann für ein Kind zu viel wird. Daraufhin wird gezeigt, wie das Streichen über das Haar als Trost gut sein kann, jedoch nicht, wenn man getätschelt wird wie ein Hund. Ebenso wird dargelegt, dass es wichtig ist, selbst zu bestimmen, was man mag und was nicht, dass man sich zu nichts zwingen lassen und auf das Gefühl vertrauen soll, wenn etwas komisch wirkt oder sich etwas eklig anfühlt. Schließlich wird darauf aufmerksam gemacht, wie wichtig das „Nein" in diesen Situationen ist und wie hilfreich es ist, wenn man es bei Unsicherheit einen Freund erzählt, der einem helfen kann.

Thematik ■ Wahrnehmung angenehmer und unangenehmer Berührungen. Förderung des Selbstvertrauens, sich gegenüber unangenehmen Berührungen oder Übergriffen zur Wehr zu setzen oder Hilfe aufzusuchen.

Praktische Hinweise ■ Dieses kleine Bilderbuch ist sehr anschaulich sowie schlicht aufgemacht und kann daher gerade auch bei jüngeren Kindern sehr gut eingesetzt werden. Die kurzen Sätze sind kindgerecht aufgebaut und haben eine deutlich aktivierende Komponente, welche zum Mitsprechen anregt. Sehr positiv ist, dass es mittlerweile insgesamt fünf Sprachversionen dieses Buches (Englisch, Französisch, Italienisch, Spanisch und Türkisch) gibt. Zusätzlich gibt es vom Verlag auch eine Malbuchversion sowie eine Arbeitsmappe mit didaktischen Hinweisen. Das Buch eignet sich neben dem ebenfalls erhältlichen Buch „Kein Küsschen auf Kommando“ ideal für die Präventionsarbeit. Sollten sich bei der Arbeit mit diesem Buch Verdachtsmomente bzgl. körperlichen oder sexuellen Missbrauchs ergeben, so ist es dringend notwendig, die weitere Abklärung spezifischen für diesen Bereich ausgebildeten Fachkräften zu überlassen.

Altersempfehlung ■ Ab 3 Jahre.

Das große und das kleine Nein

Braun, G. & Wolters, D. (1991).
Mülheim an der Ruhr: Verlag an der Ruhr

Ein Kind sitzt auf einer Bank im Park. Es verkörpert das kleine Nein, das sich nicht zu sagen traut, was es will. Eine große, dicke Frau fragt, ob es sich dazusetzen darf, aber das kleine Nein flüstert nur, dass es das nicht will. Ein Junge erscheint und fragt, ob es die Schokolade des Kindes haben darf. Auch dieses Mal flüstert das kleine Nein, dass es die Schokolade eigentlich selbst essen will, was natürlich nichts hilft. Schließlich erscheint ein Mann, der dem Kind einen Kuss geben will. Nach anfänglichem Zögern schreit jedoch das kleine Nein laut und deutlich „Nein“. Angeregt durch dieses Verhalten fordert das Kind auch die Frau auf, sich wegzusetzen, und holt sich die Schokolade von dem Jungen zurück. Verwundert darüber, dass das Kind nicht gleich gesagt hat, was es will, gehen die Frau, der Junge und der Mann weg. Stolz und zufrieden darüber, dass es endlich laut sagen kann, was es will, und dass die anderen dies hören, sitzt schließlich das große Nein auf der Parkbank.

Thematik ■ Förderung des Selbstvertrauens, sich gegenüber unangenehm erlebten Wünschen bzw. Verhaltensweisen von anderen Personen zu wehren.

Praktische Hinweise ■ Die kleine Geschichte vermittelt sehr anschaulich die Entwicklung von unsicherem Verhalten hin zu einem selbstbewussten Auftreten gegenüber unangenehm empfundenen Wünschen bzw. Verhaltensweisen anderer Personen. Während die Wünsche des Jungen und des Mannes sehr wohl unangebracht sind, erweist sich jedoch die dargestellte Situation mit der großen Frau als etwas problematisch und somit für Kinder klärungsbedürftig. So fragt die Frau höflich, ob sie sich dazusitzen darf. Einerseits ist gegen diesen Wunsch nichts einzuwenden, genau so wenig wie gegen den Wunsch des Kindes, lieber alleine zu sitzen. Andererseits ist es auch keine Selbstverständlichkeit, dass Erwachsene Kinder fragen, ob sie sich auf einer Parkbank dazusetzen dürfen. Als das kleine Nein in der Begegnung mit dem Mann aber endlich das große Nein herausschreit, wird im Zuge dessen auch die Frau relativ schroff von der Bank verwiesen, welche entsprechend erstaunt und erschreckt reagiert. Dadurch werden für Kinder aber in der Darstellung des selbstbewussten lauten Neins alle drei Situationen hinsichtlich ihrer Unangebrachtheit gleich dargestellt. Gerade stärker trotzigen Kinder kann somit bezogen auf die Situation mit der Frau vermittelt werden, dass es wichtig ist, den eigenen Willen und die eigenen Wünsche durchzusetzen, unabhängig davon, wie sich der andere verhält. In diesem Sinne wäre eine angemessenere Reaktion des Kindes auf das Problem, dass die Frau nicht auf das hört, was das Kleine Nein sagt, wünschenswert. Die in dem Bilderbuch dargestellten Situationen lassen sich sehr schön mit den Kindern nachspielen, um selbst nachzuspüren, wie es ist, leise und laut Nein zu sagen. Ebenso können Kinder dazu angeregt werden, selbst nach Situationen zu suchen, wo sie sich gewünscht hätten, laut Nein sagen zu können, und diese im Rollenspiel nachzuspielen.

Altersempfehlung ▪ Ab 4 Jahre.

Der Grüffelo

Scheffler, A. & Donaldson, J. (1999). Weinheim: Beltz & Gelberg

Eine Maus spaziert im Wald umher. Als ein Fuchs erscheint, um sie zu fressen, erzählt sie schreckliche Details von dem fürchterlichen Grüffelo, den sie gleich treffen wird. Wie klug von ihr, auch noch zu erwähnen, dass der Grüffelo Fuchsspieße liebt, woraufhin der Fuchs natürlich sofort das Weite sucht. Der Clou dabei – die Maus hat sich den Grüffelo nur ausgedacht. Das gleiche Spiel vollzieht die geschickte Maus mit der Eule und der Schlange. Doch wen trifft sie da? Den Grüffelo, den es ja eigentlich gar nicht geben dürfte. Und dieser hat gerade besonderen Appetit auf Butterbrot mit kleiner Maus. Doch was für eine Raffinesse und Schlauheit! Die Maus macht dem Grüffelo weis, dass er sich in Acht nehmen muss, da alle Tiere im Wald Angst vor ihr haben. Der Grüffelo kann's gar nicht glauben und ist bereit, mit der Maus mitzugehen, um das auch

wirklich zu überprüfen. In der Tat schauen die Schlange, die Eule und der Fuchs voll Entsetzen auf das Ungeheuer und sind flugs verschwunden. Der Grüffelo staunt nur noch und ist perplex. Und als die Maus den Spieß noch einmal umdreht und erwähnt, dass sie jetzt

Hunger auf Grüffelogrütze hat, da wird dem Grüffelo ganz bange, und er flieht so schnell er kann.

Thematik ■ Mut und Selbstvertrauen. Vermittlung der Bedeutung und Stärke von Klugheit und List. Förderung des Verständnisses unterschiedlicher Perspektiven.

Praktische Hinweise ■ Mit diesem Buch ist Scheffler und Donaldson ein wahrer Bilderbuchklassiker gelungen. Es macht einfach Spaß, dieses Buch Kindern vorzutragen. Gefördert wird dies auch dadurch, dass die Geschichte in so gelungener Reimform erzählt wird, dass bereits jüngere Kinder Textstellen bald auswendig können und Freude daran haben mitzusprechen. Kinder sind bei diesem Buch insbesondere davon beeindruckt, dass die kleine Maus so unerschrocken, klug und selbstbewusst gegenüber den größeren und gefährlicheren Tieren auftritt. Als dann auf einmal der Grüffelo selbst in Erscheinung tritt, rechnen natürlich fast alle Kinder beim ersten Mal damit, dass die Stunde der Maus geschlagen hat und sie gefressen wird. Umso faszinierter sind sie, dass die kleine Maus den großen schrecklichen Grüffelo mit ihrer List und Schlauheit zum Zittern bringt und in die Flucht schlägt. Damit wird Kindern sehr schön vermittelt, dass man, auch wenn man klein ist, Selbstvertrauen im Umgang mit bedrohlichen Situationen haben kann. Das Buch eignet sich bei älteren Kindern auch sehr schön zur Förderung der Wahrnehmung unterschiedlicher Perspektiven und zur Erläuterung, was es bedeutet, sozial intelligent zu sein. Nur dadurch, dass die Maus weiß, was die Schilderung des schrecklichen Grüffelos bei den Tieren bewirkt, kann sie zu dem Trick greifen. Und klug, wie sie ist, setzt sie noch eins drauf und verweist auf die Lieblingsspeise von Grüffelo, um den Effekt zu verstärken. Doch auch als der erfundene Grüffelo wirklich erscheint, erfasst die Maus blitzschnell die Situation und greift sogleich zum nächsten, noch genialeren Trick, da er die Berücksichtigung zweier unterschiedlicher Perspektiven – die von Grüffelo und der anderen Tiere – erfordert. Durch kluges Nachfragen können somit ältere Kinder angeregt werden nachzudenken, warum die einzelnen Strategien der Maus so gut wirken.

Altersempfehlung ■ Ab 4 Jahre. Thematisierung der unterschiedlichen Perspektiven ab 5–6 Jahre.

Du und ich, wir schaffen das

Terrahe, S., Paulsen, C. & Neuendorf, S. (Illustr.) (2003) © Coppenrath, Münster

Diese Geschichte handelt vom Affenjungen Toni, seiner besten Freundin Billy und von Sokrates, dem Großvater von Billy. Billy und Toni beschließen, den Weg der roten Feder zu gehen. Sokrates erklärt ihnen, dass es diesen Weg schon seit langer Zeit gibt und er von vielen Mädchen bzw. Jungen gegangen wurde, um zu erleben, dass Mut stark macht. Der Weg stellt eine Art Schnitzeljagd dar. Ziel ist es, an verschiedenen Stellen rote Federn zu finden, in deren Nähe auch eine geheime Mutbotschaft vorliegt. Auf dem Weg durch den Urwald sind die beiden Affenkinder immer wieder konfrontiert mit kleinen Unsicherheiten und Ängsten, bis sie schließlich gemeinsam den Weg der roten Feder schaffen und stolz auf sich sind.

Thematik ■ Selbstvertrauen. Unterscheidung von Mut und Übermut.

Praktische Hinweise ■ Aufgrund des vielen Textes ist dieses Bilderbuch eher für ältere Kindergartenkinder geeignet. Über die Mutbotschaften lernen Kinder, dass Mut bedeutet, dass man sich traut, etwas Neues zu entdecken und verschiedene Ängste zu überwinden, und dass Mut nicht bedeutet, dass man übermütig ist und Dinge macht, die gefährlich sind oder bei denen man sich überschätzt. Ebenso lernen sie, dass man in schwierigen Situationen Ruhe bewahren und nachdenken sollte, um Lösungen zu finden. Auch wenn das Buch an manchen Stellen belehrend und etwas gewollt weise wirkt, lässt sich damit sehr gut Sinn und Unsinn von Mut thematisieren.

Altersempfehlung ■ Ab 5 Jahre.

Prinzessin Murks

Glitz, A./Hübner, M./Olten, W./Wolff, T.

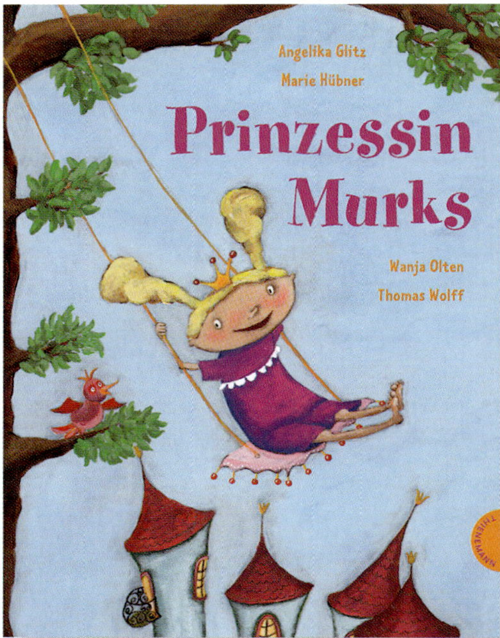

Prinzessin Murks liebt ihr Prinzessinnendasein. Unbekümmert und fröhlich geht sie durchs Leben. Der König und die Königin machen sich jedoch Sorgen, dass ihr etwas fehlt, wo doch auch die Eltern wenig Zeit für sie haben. Den König kann sie überzeugen, dass sie glücklich ist, doch die Königin ist überzeugt, dass Murks eine Gouvernante braucht. Schließlich haben alle Prinzessinnen eine Gouvernante, die ihnen die Pflichten einer Prinzessin beibringt. Zwei Tage später erscheint eine ältere und steife Gouvernante, um mit der Arbeit zu beginnen. So versucht die Gouvernante, Murks die Bedeutung von Sauberkeit, die sorgfältige Arbeit beim Häkeln, die Arbeit im Gemüsebeet und das Musizieren beizubringen. Doch bei allen Versuchen reagiert Prinzessin so unkonventionell und phantasiereich, dass die Gouvernante jedes Mal irritiert und vor dem Kopf gestoßen ist, was entsprechend an den Nerven der guten alten Dame nagt. Kein Kraut scheint gegen dieses Mädchen gewachsen zu sein. Nach und nach kann sich die Gouvernante der Spontaneität und Unkompliziertheit nicht mehr erwehren und so passiert es, dass sie sogar zur wilden Musik der Prinzessin Murks einfach mitwippen muss und ihr das Trommeln auf die Ritterrüstung einfach Spaß macht. Als sie dabei jedoch den Ritterhelm vor lauter Ausgelassenheit in den Mülleimer befördert, erstarrt die Gouvernante, schleicht sich in ihr Zimmer und schämt sich, dass sie sich so hat gehen lassen. Verwundert überlegt sich Murks im Bett, ob Erwachsene auch als Kind schon immer so kompliziert sind und wie man es schafft, länger klein und unkompliziert zu sein. Da hört Murks einen Schrei und entdeckt die Gouvernante im Flur auf dem Kronenleuchter, wo sie aus Angst vor den Spinnen hingeflüchtet ist. Die Gouvernante ist erstaunt, dass Murks nicht wie alle Prinzessinnen wegen der Spinnen in Ohnmacht fallen. Da erkennt Murks, wie schwer es ist, der Gouvernante alles Recht zu machen, und fällt ihr zuliebe einfach in Ohnmacht. Doch die Gouvernante reagiert darauf schockiert, nun ganz allein mit den vielen Spinnen, und bittet Murks inständig, indem sie sie sogar mit ihren abgekürzten Vornamen anspricht, sie doch zu retten. Nach der erfolgten Rettung sitzen die beiden zusammen und die Gouvernante unterhält sich ganz entspannt sowie interessiert mit Murks über ihre harmlosen und eigentlich ganz niedlichen Spinnen. Schließlich schwören sich die beiden ewige Freundschaft und die Gouvernante reist zufrieden ab. Und auch die Königin und der König lernen dadurch, endlich ausgelassen und verspielt mit ihrer Tochter die Zeit zu verbringen.

Thematik ■ Plädoyer für das innere Kind in uns. Selbstvertrauen, sich durch Normen nicht zurechtbiegen zu lassen.

Praktische Hinweise ■ Bei Prinzessin Murks handelt es sich um ein sehr vielschichtiges Bilderbuch, da es sowohl Botschaften an die Kinder als auch an uns Erwachsene enthält. Das Buch plädiert für das Recht auf Unkonventionalität bei Kindern und zeigt Erwachsenen auf, wie sehr sie selbst durch Normen und Vorstellungen, was andere über einen denken können, gefangen sein können und wie es letztendlich gut tut, sich davon auch innerlich befreien zu können. Insofern regt es Erwachsene an, über ihre erzieherischen Maßnahmen und Vorstellungen nachzudenken. Kinder sind begeistert von der unbeschwerten, schwungvollen Art und der starken Persönlichkeit von Murks. Sie werden dadurch ermuntert, auf sich selbst zu vertrauen. Die Vermittlung der heiteren und unkomplizierten Lebens- und Betrachtungsweise von Murks wird auch hervorragend unterstützt durch die Lieder, die sich neben der Erzählung der Geschichte auf der beigefügten CD befinden. Die Musikqualität ist beachtenswert gut und spricht Kinder sofort an. Dieses Buch macht einfach Riesenspaß und lädt ein zum Ausgelassenseindürfen im Kindergarten. Der Suchtfaktor ist bei manchen Kindern damit garantiert.

Altersempfehlung ■ Ab 4–5 Jahre.

Weitere empfehlenswerte Bücher

■ Selbstwert

Sara im Urwald

Urberuaga, E. (2004).
Zürich: bohem press

Ein positives Selbstwertgefühl beinhaltet auch die Zufriedenheit mit sich selbst, so wie man ist. Immer wieder stellen wir uns aber vor, wie toll es wäre, bestimmte Unzulänglichkeiten nicht zu haben sowie Sachen zu können bzw. Eigenschaften zu haben, die man bei anderen Personen sieht. Dies kann zuweilen zu einer mangelnden Selbstakzeptanz führen, da man einem nicht erreichbaren Ideal nachrennt. Diese Thematik wird in diesem Buch sehr einfach und kindgerecht vermittelt, indem Sara verschiedenen Tieren im Urwald aufzeigt, wie zufrieden sie mit dem sein können, wie sie sind. Schließlich träumt Sara von einer Maschine, die ein perfektes Tier produzieren kann, und erkennt, dass dieses Tier letztendlich nicht schön und glücklich wäre.
Altersempfehlung ■ Ab 4 Jahre.

■ Selbstvertrauen

Nicht mit mir!

Bley, A. & Sandmann, P. (2005).
Ravensburg: Ravensburger Buchverlag

Julius wird von einem größeren halbstarken Jungen, den alle Großmaul nennen, gehänselt und verunsichert. Traurig verzieht er sich und zweifelt an sich selbst. Da kommt ein Mädchen vorbei und erklärt ihm, dass alle Ängste haben und traurig sein können, nur Großmäuler dies nicht zugeben. Gemeinsam schaffen sie es schließlich, sich gegen das

Großmaul zur Wehr zu setzen. Ein wichtiges Buch hinsichtlich des Umgangs mit Hänseleien und Bedrohung durch gleichaltrige und ältere Kinder.
Altersempfehlung ▪ Ab 5 Jahre.

Im Kindergarten. Meyer: Die kleine Kinderbibliothek

(2000). Mannheim: Bibliographisches Institut & F.A. Brockhaus AG

Dieses kleine Bilderbuch führt Kinder sehr gut in den Alltag des Kindergartens ein. Beginnend mit der unterschiedlichen Anreise der Kinder erläutert es anschaulich den Tagesablauf im Kindergarten und nimmt somit die Unsicherheit bei Kindergartenanfängern vor der neuen Situation.
Altersempfehlung ▪ Ab 3 Jahre.

Kennst du Pippi Langstrumpf?

Lindgren, A. & Nyman, I. (1961).
Hamburg: Oetinger

Dieser Klassiker von der wunderbaren Pippi darf in keiner Bilderbuchsammlung im Kindergarten fehlen.
Altersempfehlung ▪ Ab 4 Jahre.

Na klar, Lotta kann radfahren

Lindgren, A. & Wikland, I. (1972).
Hamburg: Oetinger

Ein wunderbares Buch über das gesunde Selbstvertrauen von Lotta, die kein Dreirad mehr braucht, sondern sich zu ihrem fünften Geburtstag ein richtiges Fahrrad wünscht. Schließlich ist sie überzeugt davon, dass sie damit fahren kann, auch wenn es ihr keiner so richtig zutraut. Besonders gut gelungen ist dabei die Darstellung, wie wichtig für Kinder die Vorstellung in der Phantasie ist, dass man bereits etwas („im geheimen") kann, was man noch nie probiert hat, um letztendlich auch zu versuchen, das Vorgestellte in die Tat umzusetzen.
Altersempfehlung ▪ Ab 5 Jahre.

Fritz Frosch

Müller, B. (2003).
Gossau: Michael Neugebauer

Oft stellt sich für Kinder die Frage des Selbstvertrauens bei den einfachsten und natürlichsten Dingen des Lebens. So auch bei Fritz Frosch, der ständig pupsen muss. Als seine Mutter ihm schließlich damit droht, dass er im Zimmer bleiben muss und nirgends mehr mitgehen kann, wenn er nicht sofort mit dem Pupsen aufhört, beschließt Fritz Frosch, seinen Pupsdrang zu unterdrücken. Dies führt nur dazu, dass er sich immer mehr aufbläht und schließlich wie ein Luftballon in den Himmel fliegt. Betrübt über diese Situation fordern ihn endlich alle auf, so fest wie nur möglich zu pupsen, um wieder runterzukommen.
Altersempfehlung ▪ Ab 4 Jahre.

Anna fasst Mut!

Quarello, M.A.C. (2006).
Zürich: bohem press

Ein künstlerisch äußerst beeindruckendes Bilderbuch zum Thema Mut. Anna hat vor fast allen Dingen Angst und geht deshalb nie aus dem Haus. Eines Tages nimmt sie all ihren Mut zusammen und stellt sich ihren Ängsten. Das Buch wird jedoch aufgrund der meist dunkel gehaltenen Bildern, die eine gewisse Schwere und Getragenheit vermitteln, nicht jeden in den Bann ziehen.
Altersempfehlung ▪ Ab 5–6 Jahre.

▪ Präventions- und Aufklärungsarbeit

Ich bin doch keine Zuckermaus

Blattmann, S. & Hansen, G. (2003).
Neinsagegeschichten und Lieder.
Köln: mebes & noack

Ein Klassiker im Bereich der Präventionsarbeit bei Kindern. Gerade auch durch die Lieder und die beigefügte CD sehr ansprechend für Kinder.

Altersempfehlung ▪ Ab 4–5 Jahre.

Das kummervolle Kuscheltier

Lauer, K. & Bley, A. (2006).
München: arsEdition

Das beste Bilderbuch bei Verdacht auf sexuellen Missbrauch. Sehr einfühlsam wird die Geschichte von Britt erzählt, die von einem Mann sexuell missbraucht wird und dieses schlimme Geheimnis nur ihrem Kuscheltier Landolin anvertrauen kann, der ihr schließlich hilft, dieses Geheimnis einer Vertrauensperson zu erzählen. Man sollte dieses Buch kennen, jedoch die Arbeit mit diesem Buch auf jeden Fall Fachkräften im Bereich des sexuellen Missbrauchs überlassen.

Altersempfehlung ▪ Ab 5 Jahre.

Lass das, ich hass das!

Schneider, S. & Weber, M. (2005).
Wien–München: Annette Betz Verlag
im Verlag Carl Ueberreuter

Anhand dieses Buches können Kinder gut dazu angeregt werden, über die Gefahr nachzudenken, mit fremden Männern in ihre Wohnung zu gehen oder in ihr Auto zu steigen. Auch in Bezug auf andere Situationen mit scheinbar freundlichen Personen oder Verwandten werden verschiedene Strategien angesprochen, selbstbewusst aufzutreten und sich gegen Übergriffe zu wehren.

Altersempfehlung ▪ Ab 4–5 Jahre.

6.6 Prosoziale Verhaltensweisen

Die ersten Anzeichen für prosoziale Verhaltensweisen zeigen sich bereits bei Kindern während des 2. Lebensjahres. Der Beginn prosozialer Verhaltensweisen ist dabei sehr stark mit der Fähigkeit des Kindes verbunden, zwischen sich und anderen unterscheiden zu können. So zeigte sich bei 1½- bis 2-jährigen Kindern ein Zusammenhang zwischen der Fähigkeit, sich im Spiegel erkennen zu können, und dem Beginn prosozialer Verhaltensweisen (Eisenberg & Fabes, 1998). Ebenso sind bei Kindern gegen Ende des 2. Lebensjahrs vermehrt spontane prosoziale Handlungen zu beobachten. Kinder beginnen, andere bei Verletzungen zu trösten, Spielsachen oder Essen auch ohne Aufforderung anderen zu bringen oder zu teilen und ihren Eltern auch bei einfachen Haushaltstätigkeiten zu helfen. Es besteht jedoch die Annahme, dass diese Verhaltensweisen noch sehr auf selbstbezogenen Motiven (wie z. B. dem anderen etwas zeigen oder bei etwas mitmachen wollen) beruhen und nicht auf Motiven, welche die Situation des anderen bzw. seine Hilfsbedürftigkeit mit einbeziehen. Im weiteren Entwicklungsverlauf werden nun das Verständnis und die Kenntnis prosozialer Verhaltensweisen zunehmend genauer und komplexer. Bar-Tal und Mitarbeiter (1980) gehen davon aus, dass sich bei der Entwicklung von helfendem und altruistischen Verhalten insbesondere die Motive für diese Verhaltensweisen ändern. In Anlehnung an Piaget, Selman und Kohlberg postulieren sie sechs Entwicklungsstufen. Auf den ersten beiden Stufen hilft ein Kind in erster Linie auf eine Bitte oder Anweisung eines Erwachsenen hin, welche gekoppelt sind mit Aussicht auf ein Lob bzw. Belohnung oder auch mit einer Rüge bzw. Bestrafung. Auf der dritten Stufe erfasst ein Kind die Bedürfnisse des anderen, handelt aber noch aus dem Motiv heraus, aufgrund seines Verhaltens gelobt oder belohnt zu werden. Auf der vierten Stufe basiert das Verhalten auf dem Bedürfnis, sozialen Anforderungen bzw. Normen gerecht zu werden und soziale Bestätigung zu erhalten. Die Bedeutung bzw. Notwendigkeit der gegenseitigen Unterstützung in Beziehungen und in Gemeinschaften wird auf der 5. Stufe erkannt. Auf der sechsten Stufe basiert schließlich das Verhalten auf rein altruistischen Motiven, wo Helfen um seiner selbst willen oder als Ideal erfolgt. In ihren eigenen Studien konnten Bar-Tal und seine Mitarbeiter beobachteten, dass sich die Hälfte der 4½- bis 5½-jährigen Kinder auf mögliche Belohnungen oder Vorteile ihres Verhaltens (Teilen von Süßigkeiten) bezog, die andere Hälfte aber schon sehr wohl auf soziale Normen. Kinder zwischen 6½ und 7½ Jahren nahmen vorwiegend Bezug auf soziale Normen. Bei 8½- bis 9½-jährigen Kindern tauchten dann vermehrt auch Hinweise auf altruistische Motive auf (Bar-Tal et al. 1980). Unterschiede zwischen Kibbuz-Kindern und Stadtkindern sowie zwischen Mädchen und Jungen konnten dagegen nicht gefunden werden (Bar-Tal et al. 1981). Die Arbeiten von Bar-Tal verweisen darauf, dass bereits Vorschulkinder nicht mehr nur aus einer egozentrischen Sichtweise heraus prosozial handeln, sondern beginnen, sich auf soziale Aspekte und Normen zu beziehen. Eine bedeutende Rolle bei der Förderung prosozialer Verhaltensweisen kommt insbesondere den Eltern und auch den Erzieherinnen zu. So beeinflussen sie sowohl durch ihre Vorbildwirkung als auch durch ihren Erziehungsstil und die Art und Weise, wie sie prosoziale Verhaltensweisen thematisieren und deren Umsetzung ermöglichen, ob und wie sehr Kinder sich mit den Möglichkeiten bzw. der Bedeutung prosozialen Verhaltens auseinandersetzen. Gerade Bilderbücher, welche gezielt prosoziale Verhaltensweisen verdeutlichen, stellen eine wunderbare Möglichkeit dar, diese Aspekte mit Kindern zu vertiefen und ihre Umsetzung im Alltag anzuregen.

Sag es, tu es – aber freundlich

Aliki & Gräfin Schönfeldt, S. (1993). München: arsEdition

Bei diesem Buch handelt es sich um keine zusammenhängende Geschichte, sondern um gut unterteilte Themenbereiche, die in der Regel auf einer Seite, oft auch in Comic-Form, dargestellt werden. Das Buch beginnt ganz schlicht mit der Feststellung, dass es Menschen gibt, die sich freundlich oder unfreundlich benehmen. Daraufhin wird erklärt, was Benehmen eigentlich heißt, welche Vorteile es hat und dass man es erst erlernen muss, da es Babys noch nicht können. Schließlich werden die verschiedensten Facetten von gutem Benehmen und Umgangsformen auf teils sehr originelle Weise vermittelt wie z. B. die Zauberwörter „bitte" und „danke", höfliches Verhalten, sich entschuldigen oder Essensmanieren. Ebenso werden auch problematische Verhaltensweisen (z. B. Stören von anderen, sich rächen, Klatsch) sowie unappetitliche Anblicke wie Popeln oder in das Hemd schnäuzen so präsentiert, dass auch Kinder zum Nachdenken angeregt werden.

Thematik ■ Gutes Benehmen. Überblick über verschiedene prosoziale Verhaltensweisen.

Praktische Hinweise ■ Dieses Buch ist eines der besten Bücher, um Kindern im Kindergarten Beispiele und Hintergründe für gutes Benehmen und prosoziale Verhaltensweisen zu vermitteln. Es eignet sich ideal als Arbeits- und Nachschlagebuch und kann gut als Anstoß für weitere Diskussionen genutzt werden. Sowohl textlich als auch zeichnerisch besticht es durch seine Liebe zum Detail und durch die Vielfalt der gewählten Themen bzw. Beispiele, die Kinder wie Erwachsene ansprechen. Es ist also nicht nur ein Buch, das aufzeigt, wie man sich in der „Erwachsenenwelt" benehmen soll, sondern auch, wie sich Kinder untereinander besser verstehen können. Hinsichtlich der pädagogischen Arbeit mit diesem Bilderbuch ist zu empfehlen, dass sich die Erzieherin von den insgesamt 24 Themenbereichen zunächst diejenigen raussucht, die sie als relevant für die Gruppe erachtet und auch für sie ansprechend sind. Es sollte dann im Laufe des Vormittags ein fixer Zeitpunkt von 15–20 Minuten gewählt werden, in dem jeweils nur ein Themenbereich vorgelesen bzw. betrachtet und anschließend gemeinsam mit den Kindern besprochen werden sollte. Am nächsten Tag sollte das Besprochene abhängig von der Vertiefungsnotwendigkeit erneut wiederholt oder weiter bearbeitet werden, bis schließlich zu einem neuen Themenbereich übergegangen werden kann.

Altersempfehlung ■ Ab 5 Jahre.

Das Einfachsogeschenk

Rühmann, K./Badstuber, M. © 2005 by Annette Betz Verlag im Verlag Carl Ueberreuter, Wien – München

Das kleine Wildschwein Mirko hat mit seiner Mama zwei Kuchen gebacken. Weil Schenken einfach Spaß macht, kommt es auf die Idee, den kleinen Kuchen der Elster zu schenken, die Kuchen so gerne mag. Die Freude, ohne einen bestimmten Anlass einfach so ein Geschenk zu erhalten, steckt wiederum die Elster an, dem Maulwurf einfach so ein paar schöne Federn vorbeizubringen. Und so geht es weiter, dass jedes Tier, das ein Geschenk erhält, so berührt und erfreut darüber ist, dass es nach weiteren Geschenken sucht, die es einem anderen Tier überreichen kann, bis sich schließlich der Kreis schließt und Mirko unverhofft auch noch zu einem Einfachsogeschenk kommt.

Thematik ▪ Von der Freude, anderen eine Freude zu bereiten.

Praktische Hinweise ▪ Kinder sind es gewohnt, dass man Geschenke zu bestimmten Anlässen wie Geburtstag oder Weihnachten erhält. Nicht selten führt dies dazu, dass die tiefere Bedeutung von Geschenken – gerade in einer konsumorientierten Gesellschaft – nicht mehr bewusst wahrgenommen wird. Vor diesem Hintergrund lösen oft die unerwarteten Geschenke, die einfach so gemacht werden, eine Überraschung aus, die einen auf das Wesentliche von Geschenken viel stärker aufmerksam macht. In diesem Sinne vermittelt das Buch Kindern sehr schön, wie gut es tut, wenn man anderen ohne besonderen Anlass einfach so eine Freude bereitet. Darauf aufbauend kann man mit den Kindern Ideen sammeln, wie man anderen unabhängig von einem Geschenk einfach so Freude bereiten kann.

Altersempfehlung ▪ Ab 4 Jahre.

„Der hat aber mehr!"

Roehe, S. (2005).
Kiel: michael neugebauer edition

Fia und Fabia, zwei Fuchskinder, streiten sich darum, wer von beiden das größere Nusspfötchen hat. Als die beiden Kinder nicht aufhören zu streiten, reicht es der Mutter und isst die Nusspfötchen selber auf. Traurig darüber machen Fia und Fabia ihre Mutter darauf aufmerksam, dass alle Tierkinder um ihr Essen streiten. Mama Fuchs will das gar nicht glauben und verspricht den Kindern, ihnen zwei neue Nusspfötchen zu geben, wenn sie Recht haben. So machen sich alle drei auf den Weg zur Familie Bär und zur Familie Hirsch, wo es in der Tat genau so ist. Zu Hause angekommen, bäckt Mama Fuchs erneut Nusspfötchen für ihre Kinder, welche damit ausgerüstet sofort in den Garten eilen. Da stolpert Fabi und sein Nusspfötchen fliegt über die Hecke. Als er sich wieder aufrappelt, entdeckt er zwei kleine Mäuse, welche sich ein viel kleineres Maiskorn teilen. Fia und Fabia sind erstaunt, dass sich diese zwei Mäuse nicht um das Essen streiten. Da erklären ihnen die Mäuse, dass ohne Teilen eines der Mäuse verhungern müsste und dann niemand mehr da wäre zum Spielen. Berührt von dieser Sichtweise teilen sich schließlich alle vier das Nusspfötchen von Fia und sind sich einig, dass dies der beste Kuchen ihres Lebens ist.

Thematik ■ Teilen. Sich streiten, wer von etwas mehr hat.

Praktische Hinweise ■ Sehr einfühlsam und kindgerecht gelingt es Roehe, bereits jüngeren Kindern die Bedeutung des Teilens näher zu bringen. Der bei Kindern häufige Streit, wer von etwas mehr hat, wird dabei sehr anschaulich dargestellt. Gut gelungen ist dabei, dass aufgezeigt wird, dass diese Streitereien ganz natürlich sind und auch bei anderen Tierkindern vorkommen. Die Ermahnung fehlt also, da Mutter Fuchs selbst erkennen muss, dass dies so ist. Die Erkenntnis über den Wert des Teilens erfolgt schließlich über das Staunen darüber, wie zwei kleine Mäusekinder fürsorglich miteinander umgehen, und über das Verständnis, dass Teilen auch dazu beiträgt, Spielpartner zu haben. Anhand der Geschichte lässt sich mit Kindern gut thematisieren, ob es ihnen selbst oft wichtig ist, dass sie mehr von etwas haben als andere, und welche positiven Auswirkungen das Teilen in diesen Situationen hat.

Altersempfehlung ■ Ab 3 Jahre.

Hilfe!

Langreuter, J. & Hebrock, A. (2004).
Düsseldorf: Sauerländer

Ein Krokodil ist in ein Bauloch gefallen und kommt nicht mehr heraus. Es bittet den Bär, den Panther und den Geier, ihm doch zu helfen. Aber die drei sind sich unschlüssig und überlegen, warum sie dem Krokodil überhaupt helfen sollen, wo es doch so gefährlich ist. Ein Affe kommt vorbei und will eigentlich dem Bären seine Tüte klauen. Da bekommt er Mitleid mit dem Krokodil und fällt selbst in die Grube hinein. Nun versuchen der Panther und der Bär, die beiden aus der Grube zu holen, und fallen ebenso hinein. Alle vier in der Grube nun vereint appellieren an den Geier, ihnen doch zu helfen. Trotz anfänglichen Zweifels hat der Geier die errettende Idee, wie alle wieder rauskommen. Schließlich sitzen alle vereint oben, stolz darüber, dass sie sich gegenseitig geholfen haben und das Krokodil beschließt sogar, seine Meinung über die anderen Tiere zu ändern.

Thematik ■ Einander helfen, auch wenn man sich nicht gleich sympathisch ist. Gleichgültigkeit und Misstrauen.

Praktische Hinweise ■ Einander helfen ist eine Selbstverständlichkeit, wenn man befreundet ist und sich mag. Viel schwieriger ist es aber für Kinder wie Erwachsene, jemandem zu helfen, der ihnen egal oder unsympathisch ist. Genau an diesem Punkt setzt dieses Bilderbuch an. Mit perspektivisch anschaulichen Bildern vermittelt das Buch, wie hilflos das Krokodil in seiner Lage und wie sehr es daher auf die Hilfe anderer angewiesen ist. Gleichzeitig lernen aber Kinder auch anhand der anderen Tiere die Haltung der Gleichgültigkeit und des Misstrauens kennen, welche ja eine wichtige Ursache dafür ist, anderen nicht zu helfen. Für jüngere Kinder ist das Prinzip der Gleichgültigkeit im Unterschied zu Vorsicht und Misstrauen noch nicht verständlich, auch wenn sie im Alltag öfter danach handeln. Anhand des Buches kann somit gut thematisiert werden, was Menschen davon abhält, anderen zu helfen, und wie wichtig es ist, diese Barrieren zu überwinden.

Altersempfehlung ■ Ab 5 Jahre.

Was ist los mit Marie?

Gemmel, S. (2004).
Neureichenau: edition zweihorn

Im Mittelpunkt steht Marie, eine kleine Bärin, die am Spielzeugtag kein eigenes Spielzeug mit in die Bärengruppe genommen hat. Von einem anderen Bärenkind darauf angesprochen versucht sie, zunächst mit Ausreden und Notlügen vom eigentlichen Problem abzulenken. Als dies nicht klappt, gibt sie schließlich zu, dass ihre Familie kein Geld hat. Das andere Bärenkind glaubt dies anfangs nicht, da es Armut nur mit Kindern aus Afrika in Verbindung bringt. Die große Bärin Silvia bekommt dies mit und erklärt allen Bärenkindern, dass es Armut nicht nur in Afrika gibt und warum dies so ist. Da weint auf einmal etwas entfernt das Bärenkind Nina, weil es heute am Spielzeugtag seine Puppe vergessen hat. Als dies Marie mitbekommt, schleicht sie heimlich zu ihrer Kindergartentasche und holte ihren alten Teddy heraus, um sie Nina als Trost zu leihen. Im Gespräch mit den anderen erzählt schließlich Marie, dass sie ihren Teddy bisher immer versteckt hat aus Angst, die anderen könnten sie dafür auslachen.

Thematik ■ Auswirkung von Armut auf Kinder. Aufbau von Verständnis für Kinder, deren Eltern sich weniger leisten können. Trösten und Hilfsbereitschaft.

Praktische Hinweise ■ Die Anzahl der Kinder, die in ärmlichen Verhältnissen aufwachsen, steigt in den letzten Jahren stetig an. Umso dringlicher sind Bilderbücher, welche sich um die Vermittlung dieses Themas bereits für jüngere Kinder annehmen. Textlich ist es Gemmel gut gelungen, die im Zuge der Armut ihrer Familie auftretenden Unsicherheiten und Schamgefühle von Marie kindgerecht zu vermitteln. Gerade durch die Wahl von Maries altem Teddy als Symbol für die Armut können jüngere Kinder gut nachempfinden, wie sich Marie fühlt und reagieren entsprechend betroffen darauf. Gleichzeitig wird der Wert dieses alten Teddys – unabhängig von all dem Glitzer und Schnick-Schnack, die viele Kinder bei Spielsachen so beeindrucken – dadurch hervorgehoben, dass Marie damit Nina trösten kann. Das Buch eignet sich sehr gut, mit Kindern das Thema Armut sowohl allgemein als auch auf einer persönlichen Ebene zu besprechen. Ebenso lässt es sich sehr gut als Vorbereitung für karitative Projekte für arme Menschen wie Altkleidersammlung verwenden.

Altersempfehlung ■ Ab 4–5 Jahre.

Der Maulwurf und der Fernseher

Miller, Z. & Doskocilová, H. (2004). Leipzig: leiv

Der Maulwurf freut sich über den Frühling und auf das Wiedersehen mit den anderen Tieren. Als erstes trifft er die Schnecke, die aus ihrem Häuschen einen Fernsehapparat holt und ihn einschaltet. Der Maulwurf ist fasziniert von den Bildern, die er sieht. Auch der Schmetterling, Häschen und Mäuschen fangen an, mitzugucken. Als die Sonne mittags erscheint, sieht sie die Tiere gebannt vor dem Fernseher sitzen und kann sich dem Zauber mitzuschauen zumindest für diesen Tag nicht erwehren. Am Abend sinkt der Maulwurf ganz erschöpft vom Fernsehen todmüde ins Bett, während die anderen Tiere auch in der Nacht gemeinsam mit dem Mond weiterschauen. Am nächsten Morgen wacht der Maulwurf auf und hat Lust, mit den anderen Tieren zu spielen. Doch die hocken immer noch wie angewurzelt vor der Kiste und reagieren gereizt auf den Maulwurf, der nun ganz alleine spielen muss. Sommer, Herbst und Winter vergehen, doch die Fernsehkrankheit der Tiere bleibt. Als der Maulwurf im Frühling wieder erwacht, hört er die Hilferufe der anderen Tiere, welche aus dem überwucherten Gestrüpp vor dem Fernseher nicht mehr alleine herauskommen. Der Maulwurf befreit sie schließlich und zeigt ihnen, wie lustig andere Tätigkeiten außer Fernsehen eigentlich sein können.

Thematik ■ Fernsehsucht. Abnahme gemeinsamer sozialer Aktivitäten durch zu starken Fernsehkonsum.

Praktische Hinweise ■ Wie oft wird darüber geklagt, dass bereits die jüngsten Kinder zu viel vorm Fernseher sitzen? Dieses Buch veranschaulicht auf sehr kindgerechte Weise, wie faszinierend Fernsehen sein kann. So faszinierend, dass man nicht mehr davon wegkommt und träge wird. Schließlich kann es passieren, dass man anfängt, gemeinsame soziale Aktivitäten zu vernachlässigen oder ganz aufzugeben und zu vergessen, wie gut es eigentlich tut, mit anderen etwas zu erleben und zu unternehmen. Wenn es um die Förderung prosozialer Verhaltensweisen bei Kindern geht, kommt man um die Thematisierung dieser Problematik nicht herum. Um so schöner, dass man mit diesem Buch Kinder sehr gut zum Nachdenken über diese Thematik anregen kann, ohne zu belehrend zu wirken.

Altersempfehlung ■ Ab 4 Jahre.

Swimmy

Lionni, L. (1963).
Weinheim: Beltz & Gelberg

Irgendwo im Meer lebt der kleine Fisch Swimmy glücklich mit seinem Schwarm. Während seine Artgenossen alle rot sind, hat er als Einziger eine schwarze Farbe. Zudem ist er der schnellste Schwimmer. Eines Tages taucht ein hungriger Thunfisch auf und verschlingt alle roten Fische, nur Swimmy entkommt. Traurig und einsam schwimmt er ins große Meer hinaus. Dabei entdeckt er die faszinierende Welt ihm unbekannter Geschöpfe wie die Qualle, den Hummer oder die Meeresalgen, bis er auf einen neuen Schwarm kleiner roter Fische trifft. Beseelt von geschwisterlichen Gefühlen möchte er ihnen sofort die vielen Wunder zeigen, die er auf seiner Reise kennen gelernt hat. Aber die kleinen roten Fische haben Angst, von den großen Fischen gefressen zu werden. Traurig darüber, dass sich der Schwarm nie ins offene Meer trauen würde, überlegt Swimmy, was er nur tun könnte, um dieses Ziel zu erreichen. Schließlich kommt er auf die Idee, dass alle Fische zusammen die Form eines großen Fisches bilden und er selbst das Auge ist. Gewappnet für das große Meer brechen sie auf, die große Welt der Wunder zu entdecken, und sogar die größten Fische nehmen vor ihnen Reißaus.

Thematik ■ Die Bedeutung der Gemeinschaft für das Erreichen von Zielen. Soziales Verantwortungsgefühl. Teamarbeit. Interesse, Neues zu entdecken.

Praktische Hinweise ■ Soziales Verantwortungsgefühl lässt sich definieren als eine Orientierung an den Möglichkeiten, anderen zu helfen, auch wenn kein persönlicher Gewinn daraus entsteht. Ein gutes soziales Verantwortungsgefühlt schlägt sich insbesondere auch in der Fähigkeit nieder, in einer Gruppe mit anderen zusammenzuarbeiten, um ein gemeinsames Ziel zu erreichen (Teamarbeit). In keinem anderen Bilderbuch wird diese Fähigkeit schöner und poetischer dargestellt als in Swimmy von Leo Lionni. Bei der Besprechung dieses Bilderbuches ist es sinnvoll, sowohl auf die persönlichen Qualitäten von Swimmy als auch auf die Macht bzw. Stärke einer Gemeinschaft einzugehen. Ebenso kann herausgearbeitet werden, wie interessant und schön es ist, wenn man sich von anderen Kindern etwas zeigen lässt.

Altersempfehlung ■ Ab 5 Jahre.

Ich bin für mich. Der Wahlkampf der Tiere

Baltscheit, M. & Schwarz, Ch. (2005).
Zürich: Bajazzo

Der Löwe ist es gewohnt, dass er alle vier Jahre beim Wahlkampf der Tiere zum König gewählt wird. Da meint die kleine graue Maus, dass eine Wahl ohne einen richtigen Gegenkandidaten eigentlich keinen Sinn mache, und stellt sich selbst als zweiten Kandidaten auf. Nach und nach treten weitere unterschiedliche Tiere als Kandidaten auf und verkünden in ihren Wahlreden ihre Vorstellungen und Versprechen. Dabei hat jedoch jedes Tier nur seine ureigensten Interessen im Kopf, ohne auf die anderen und den Zusammenhalt zu achten. Bei der Wahlauszählung zeigt sich, dass jedes Tier mit Ausnahme des Löwen nur für sich gestimmt hat. Daraufhin entsteht Chaos und Anarchie. Jeder macht, was er will, und bekämpft den anderen, bis der Löwe endlich Neuwahlen ausruft. Erschöpft und gezeichnet von den Kämpfen untereinander stimmen die Tiere zu und wählen den einzigen noch zur Verfügung stehenden Kandidaten, der schon immer an das Gemeinwohl dachte, auch wenn ihn keiner verstand: den Karpfen.

Thematik ■ Auswirkung von Egoismus auf das Gemeinwohl. Bedeutung von Regeln und Strukturen. Bedeutung von Rücksichtsnahme und Kompromissbereitschaft. Vermittlung des Prinzips der Demokratie.

Praktische Hinweise ■ In erster Linie werden jüngere Kinder von den farbintensiven Bildern und den ausdrucksstarken Tierfiguren begeistert sein. Ebenso ist die Geschichte spritzig und flott aufgebaut, was das Interesse der Kinder an der Geschichte bestärkt. Der in der Geschichte hintergründig verpackte Humor (gerade auch am Schluss des Buches) bleibt jüngeren Kindern sicher verschlossen und ist in dieser Hinsicht eher für Jugendliche und Erwachsene ansprechend. Nichtsdestotrotz kann mit diesem Bilderbuch auch jüngeren Kindern sehr schön vermittelt werden, wozu es führt, wenn jeder nur seine eigenen Wünsche und Interessen im Visier hat, ohne an das Gemeinwohl zu denken. So kann mit den Kindern besprochen werden, warum es zu dem Kampf der Tiere untereinander gekommen und wie wichtig die Rücksichtnahme auf die Meinung jedes einzelnen ist. In diesem Sinne erweist sich dieses Buch als eine erste auch kindgerechte Einführung ohne erhobenen Zeigefinger in das Prinzip Demokratie.

Altersempfehlung ■ Ab 5–6 Jahre.

Weitere empfehlenswerte Bücher

Bist du feige, Willi Wiberg?

Bergström, G. (1987).
Hamburg: Oetinger

Willi bekennt sich dazu, dass er sich nicht traut zu prügeln und erntet dafür Anerkennung gerade von den größten Raufbolden.
Altersempfehlung ▪ Ab 5 Jahre.

Leonie hält zu David Geschichten vom Helfen und Freundlichsein

Bröger, A. & Gotzen-Beek, B. (2005).
Würzburg: Edition Bücherbär

In sieben jeweils vierseitigen Geschichten werden verschiedene Situationen vorgestellt, in denen Kinder sich prosozial verhalten. Insbesondere werden dabei folgende Themen behandelt: Unterstützung von Kindern, die neu zugezogen sind oder aus einem anderen Land stammen; Teilen; Trösten; Zurückgeben von verlorenem Geld; bei Konflikten mit anderen Kindern zusammenhalten.
Altersempfehlung ▪ Ab 5 Jahre.

Hexe Pollonia macht das Rennen oder Manchmal ist Gewinnen nicht das Wichtigste

Diem, A. & Szesny, S. (2003).
Wuppertal: Albarello

Pollonia möchte unbedingt beim Hexenbesenrennen gewinnen. Dabei erlebt sie, dass es wichtiger ist, jemandem zu helfen und eine Freundin zu gewinnen, als zu gewinnen.
Altersempfehlung ▪ Ab 5 Jahre.

Meins ganz allein

Fuchshuber, A. (1999).
Wien: Gabriel

Eine wunderschöne Geschichte über den Wert und die Tragweite des Teilens. Leider vergriffen!
Altersempfehlung ▪ Ab 4 Jahre.

Die kleinen Streithammel oder Wie man Streit vermeiden kann

Spathelf, B. & Szesny, S. (2002).
Wuppertal: Albarello

Gute Möglichkeit, Streitregeln im Kindergarten einzuführen. Leider sind die abgebildeten Streitregeln nur negativ formuliert (was man nicht tun soll). Kinder brauchen jedoch auch die Alternativen und daher die entsprechend positiven Formulieren (was man stattdessen tun soll).
Altersempfehlung ▪ Ab 5 Jahre.

6.7 Problemsituationen im Kindergarten

Neben themenbezogenen Gruppenarbeiten können Bilderbücher auch gut eingesetzt werden, wenn spezifische Problemsituationen im Kindergarten auftauchen, die einer tieferen Besprechung und Erläuterung bedürfen. Gerade durch Bilderbücher erhalten Kinder einen anschaulichen und ansprechenden Zugang zur Betrachtung von Problemen und Lösungsmöglichkeiten. Der Fokus besteht dabei nicht darauf, auf Kinder einzureden oder sie zu ermahnen, sondern ihnen über Bilder und Geschichten Perspektiven mitzugeben, die nachhaltiger und tiefer wirken. Gleichzeitig wird ihnen dadurch auch ein notwendiger gedanklicher Freiraum gegeben, aus dem Gesehenen und Gehörten das aufzunehmen, was sie am meisten anspricht und was sie am stärksten mit ihren eigenen Erlebnissen verknüpfen können.

Prinzipiell kann bei Problemsituationen im Kindergarten unterschieden werden zwischen Problemen, die die ganze Gruppe betreffen wie Konflikte oder Ausschluss bzw. Ablehnung anderer Kinder, und Problemen, welche nur bei einzelnen Kindern zu beobachten sind. Bei Problemen, die für die gesamte Kindergartengruppe von Bedeutung sind, sollte ein diesbezügliches Bilderbuch auch der gesamten Gruppe vorgelesen werden, um die Bedeutung des Themas für alle hervorzuheben und einfache Lösungsmöglichkeiten im Alltag zu thematisieren. Bilderbücher zu Problemen, die nur einzelne Kinder oder ein bestimmtes Kind betreffen, sollten dagegen entweder in einer kleinen Gruppe mit betroffenen Kindern oder mit einem Kind allein gelesen werden, um die notwendige Intimität und entsprechend einen schützenden Rahmen zu gewährleisten. Bei Problemen, die einzelne Kinder zeigen, ist es wichtig zu differenzieren, ob es sich um Probleme handelt, welche ein Kind im Kindergarten erlebt (wie z. B. Schüchternheit oder nicht in den Kindergarten gehen wollen), oder die sich vorwiegend außerhalb des Kindergartens ereignen (wie z. B. Scheidung der Eltern). Im Umgang mit Problemen, welche ein Kind primär im familiären Umfeld erlebt, sollte sich die Erzieherin zunächst für sich mit folgenden Fragestellungen auseinandersetzen: Verfügen Eltern oder wichtige Bezugspersonen über die notwendigen Ressourcen, das Kind bei der Bewältigung eines Problems selbst zu unterstützen? Wenn dies der Fall ist, ist es sinnvoll, das Gespräch mit den Eltern zu suchen, ihnen die eigenen Beobachtungen von problembezogenen Verhaltensweisen des Kindes zu schildern und Anregungen zum Umgang mit dem Problem (wie z. B. auch die Empfehlung diverser Bilderbücher) zu geben. Ist dies jedoch nicht der Fall, sollten folgende Aspekte reflektiert werden: Habe ich eine tragfähige und vertrauensvolle Beziehung zum Kind, was auch dazu führt, dass das Kind direkt oder indirekt von sich aus Unterstützung bei mir sucht? Habe ich genügend Kenntnisse und Vorerfahrungen im Umgang mit spezifischen Problemstellungen, so dass ich nicht nur Probleme anreiße, sondern in der Lage bin, das Kind auch über einen längeren Zeitraum bei der Bewältigung eines Problems zu begleiten? Trifft dies nicht zu, sollte man in einem gemeinsamen Gespräch mit den Eltern die Möglichkeiten einer gezielten professionellen oder therapeutischen Unterstützung (wie z. B. Erziehungsberatung, Kinderpsychiater bzw. -psychologe) thematisieren. Dies sollte auch erfolgen, wenn klar ist bzw. wird, dass die Probleme des Kindes länger andauern und auf tiefergehende bzw. komplexere Ursachen zurückzuführen sind, welche die Ressourcen und Kompetenzen einer Erzieherin überschreiten. Bilderbücher, welche spezifische Problematiken im familiären Bereich, darstellen, werden kurz unter der Rubrik „Weitere empfehlenswerte Bücher“ vorgestellt.

Leo Lausemaus will nicht in den Kindergarten

Campanella, M. (2005).
Köln: Lingoli

Leo Lausemaus will nicht in den Kindergarten gehen, weil er dort niemanden kennt und deshalb ängstlich ist. Da sich die Mama mit ihm nicht streiten will, darf Leo zu Hause bleiben und ist anfangs sichtlich zufrieden. Aber die Mama geht ihrem gewohnten Alltag mehr denn je nach und hat keine Zeit zum Spielen. Sie putzt, telefoniert und geht einkaufen mit Leo, ohne auf sein Schmollen und Trotzen einzugehen. Wie gut es sich trifft, dass der Kindergarten gleich gegenüber dem Einkaufsmarkt liegt. Leo beschließt, hinzugehen und einmal durchs Fenster nachzuschauen, was dort alles so geschieht. Und er sieht genau das, was ihm fehlt: die Kinder malen, spielen und haben einfach viel Spaß. Abends im Bett ist er deswegen fest entschlossen, mit seinem Teddy am nächsten Morgen in den Kindergarten zu gehen. Schließlich erlebt er im Kindergarten, wie ihn die anderen Kinder alle herzlich begrüßen und wie viel Spaß es macht, im Kindergarten zu spielen. Als die Eltern ihn abholen, ist er fast etwas enttäuscht und erzählt ihnen, wie schön es im Kindergarten war.

Thematik ■ Unsicherheit und Angst vor dem Kindergartenbesuch.

Praktische Hinweise ■ Ein gerade für die jüngsten Kinder sehr ansprechendes und liebevoll aufgemachtes Bilderbuch über die Schwierigkeiten, zum ersten Mal in den Kindergarten zu gehen. Kindern wird dadurch vermittelt, dass sie nicht allein mit ihrer Unsicherheit sind und es anderen ähnlich ergeht. Gleichzeitig wird sehr anschaulich die Aufmerksamkeit weg von der Unsicherheit und Angst auf die Neugier und das Staunen, was man alles im Kindergarten machen kann, gelenkt.

Altersempfehlung ■ Bei Beginn des Kindergartenbesuchs.

Das Mädchen, das nicht in den Kindergarten wollte

Widerberg, S. & Torudd, C. (1987).
Hamburg: Oetinger

In herrlichen Szenen wird die liebe Not von Stines Eltern geschildert, den Trotz ihrer Tochter in Griff zu kriegen und sie dazu zu bewegen, in den Kindergarten zu gehen. Genussvoll ist auch die Darstellung, wie beleidigt Stine reagiert, als sie endlich im Kindergarten abgeliefert wird. Nach und nach taut sie auf und fängt an, mit den anderen Kindern zu spielen. Als die Mutter sie schließlich abholen will, geht der ganze Zirkus andersherum los. Stine versteht gar nicht, warum sie jetzt schon nach Hause gehen muss, wo es doch gerade so lustig war. Wie gewohnt trotzt Stine, was sich bis zum Schlafengehen hinzieht. Aber endlich schläft sie voll erschöpft ein.

Thematik ▪ Unlust und Weigerung, in den Kindergarten zu gehen. Trotzverhalten.

Praktische Hinweise ▪ Wenn Kinder gar nicht in den Kindergarten wollen und sich morgens mit den Eltern Kämpfe liefern, dann kann auf dieses Buch getrost zurückgegriffen werden. Das Buch vermittelt insgesamt einen sehr humorvollen Blick darauf, wenn Kinder sich gegen den Kindergartenbesuch sträuben. Es trägt somit dazu bei, dass man das Problem nicht allzu schwer nimmt und gelassen bleibt, sofern nicht stärkere Trennungsängste die Ursache für das Verhalten des Kindes sind. Gleichzeitig hält es den betroffenen Kindern selbst einen Spiegel vor, wie trotzig sie sich in solchen Situationen verhalten und wie bemüht die Eltern sind, das Beste für ihr Kind zu erreichen.

Altersempfehlung ▪ Ab 4 Jahre.

Du hast angefangen! Nein, Du!

McKee, D. (1986).
Düsseldorf: Sauerländer

An der Westseite eines Berges lebt ein blauer Kerl, an der Ostseite ein roter Kerl. Durch ein Loch können sie sich verständigen. Es entsteht nun am Abend ein Streit darüber, ob der Tag geht oder die Nacht kommt. Am Morgen beginnt das gleiche Spiel wieder und sie streiten darüber, ob die Nacht geht oder der Tag kommt. Sie fangen an, sich mehr und mehr zu beschimpfen. Der Streit eskaliert und sie gehen dazu über, Steine über den Berg auf den anderen zu werfen, bis schließlich der ganze Berg in Stücke geschlagen ist. Auf einmal stehen sich die beiden gegenüber und die Sonne geht gerade unter. Da erkennt jeder, dass der andere ja Recht gehabt hatte und versöhnen sich.

Thematik ■ Entstehung von Konflikten. Verständnis von Missverständnissen. Versöhnung.

Praktische Hinweise ■ Immer wieder kommt es aufgrund von Missverständnissen zu Konflikten zwischen Kindern. Anhand des Bilderbuches von McKee kann Kindern sehr gut veranschaulicht werden, was überhaupt Missverständnisse sind und wie sie zu Streit führen können, wenn man nicht die Sichtweise des anderen klärt, sondern auf seinem Standpunkt beharrt. Die Bilder sind für Kinder sehr ansprechend und verdeutlichen sehr gut, wie schnell Konflikte auch in Wut und Gewalt umschlagen können. Um auf das Prinzip des Missverständnisses zu kommen, ist es empfehlenswert, die Kinder einfach danach zu fragen, wer von den beiden nun eigentlich Recht hat. Um das Missverständnis der beiden auch plastisch zu verdeutlichen und besser verstehbar zu machen, ist es sinnvoll, eine Sonne aus Papier und ein dunkles Papier als Symbol für die Nacht zu verwenden und die Situation der beiden nachzustellen. Über die Frage, ob die beiden denn den Streit verhindern hätten können, lassen sich die Kinder weiterhin anregen, darüber nachzudenken, wie mögliche Missverständnisse bzw. unterschiedliche Sichtweisen bereits im Vorfeld geklärt werden können.

Altersempfehlung ■ Ab 5 Jahre.

Hurra, gewonnen! – Mist, verloren!

Abedi, I. & Neuendorf, S. (2005).
München: arsEdition

Die kleine Ziege und die kleine Gans sind die allerbesten Freundinnen. Beide sind auch eingeladen zur Geburtsfeier vom kleinen Dachs. Dabei werden verschiedene Wettspiele wie Sackhüpfen, Reise nach Jerusalem und Schatzsuche gespielt. Bei all diesen Spielen gewinnt nun immer die kleine Ziege, während die kleine Gans immer verliert. Voller Zorn reißt nun die kleine Gans der Ziege die Siegerkrone vom Kopf und geht damit nach Hause. Dies ist eigentlich die Vorgeschichte, die im Bilderbuch rückblickend erzählt wird. Geschickt gestalten nämlich Abedi und Neuendorf aus dieser Situation zwei Geschichten in Form eines Wendebuchs, jeweils geschildert aus der Perspektive der Siegerin und der Verliererin. In diesem Sinne lässt sich dieses Bilderbuch auch von außen umdrehen und man beginnt entweder mit der Geschichte der Siegerin oder mit der der Verliererin, wobei der Ausgangspunkt derselbe ist: Beide gehen wutentbrannt bzw. enttäuscht vom Geburtstagsfest nach Hause. In der Siegerversion erzählt die kleine Ziege ihrem Vater, wie stolz sie war, dass sie immer gewonnen hat. Umso stärker musste sie sich über die kleine Gans ärgern, die nicht verlieren kann und ihr die Krone vom Kopf riss. Als sie alleine im Zimmer sitzt, wird ihr klar, dass das ständige Verlieren die Gans traurig machte und sie die Gans gar nicht getröstet hatte. Da bricht sie mit einer Glitzerbrosche auf in den Garten. Auch die kleine Gans erzählt ihrem Vater, was auf dem Geburtstagsfest passiert ist, dass sie Letzter wurde und kein Glück bei den Wettkämpfen hatte. Und dann musste sie sich auch noch über die kleine Ziege ärgern, die sich sofort den tollsten Schatz geschnappt hatte und tierisch angegeben hat. Als auch die kleine Gans in ihrem Zimmer ist, muss sie daran denken, wie glücklich eigentlich die Ziege beim Fest war und dass sie sich eigentlich gar nicht mit ihr gefreut habe. Schließlich nimmt die kleine Gans die Siegerkrone und läuft ebenfalls in den Garten. In der Mitte des Buches treffen sich nun beide wieder und versöhnen sich.

Thematik ■ Wenn Verlieren ein Problem ist. Förderung der Perspektivenübernahme. Verständnis für die Situation des anderen und Versöhnung.

Praktische Hinweise ■ Durch die raffinierte Gestaltung des Buches als Wendebuch und der getrennten Darstellung der Perspektive der kleinen Ziege und der kleinen Gans wird Kindern plastisch sehr gut verdeutlicht, wie eine Situation zu unterschiedlichen Erlebnissen und Gefühlen führen kann. Dies erleichtert die Perspektivenübernahme deutlich. Bevor die Mitte des Buches erreicht und klar wird, dass die Ziege bzw. die Gans aufeinander zulaufen, ist es günstig, die Kinder zu fragen, was die kleine Ziege bzw. Gans vorhaben könnte und wie es wohl dem anderen geht. Dann sollte das Buch umgedreht werden, um die Version des anderen Tieres zu beginnen.

Dadurch wird beim ersten Vorlesen besser gewährleistet, dass die Kinder die zweite Geschichte ebenso mit Spannung betrachten, da sie ja noch nicht wissen, wie die Geschichte endet. Erneut ist es sinnvoll, die Kinder zu fragen, was wohl die kleine Gans vorhat, und die Gründe für ihre Vermutungen zu besprechen.

Altersempfehlung ■ Ab 4–5 Jahre.

Wettkampf mit Ente

van Straaten, H. (2005).
Stuttgart: Verlag Freies Geistesleben

Ente, Frosch und Otter beschließen, einen Wettkampf zu veranstalten, wer am weitesten tauchen und am längsten unter Wasser bleiben kann. Der Igel, der nicht schwimmen kann, darf die Punkte verteilen. Der Igel ist so begeistert über die Leistungen jedes Einzelnen und gibt allen immer zehn Punkte, weil jeder etwas Besonderes schafft. Nach dem Wettkampf ist jedoch der Igel bekümmert, weil er nirgends Sieger war und sich wertlos fühlt. Nur gut, dass die anderen beschließen, dem Igel zehn Punkte zu geben, weil er so toll die Punkte verteilt hat.

Thematik ■ Freud und Leid bei Wettkämpfen. Wertschätzung aller Leistungen unabhängig vom Gewinnen.

Praktische Hinweise ■ Wettkämpfe haben, besonders auf Jungen, einen ganz eigenen Reiz. Sich messen mit den anderen Kindern, gespannt darauf sein, ob man gewinnt, und gebannt schauen, was die anderen schaffen, das versetzt viele in angespannte Aufgeregtheit und spornt manche an, alles aus sich herauszuholen. Es ist toll mit anzusehen, welche Leidenschaft Wettkämpfe bei Kindern auslösen können. Eine Leidenschaft, die früh beginnt und viele Erwachsene auch nicht loslässt. Wehe jedoch, wenn die Frustration und die Enttäuschung über das nicht Geschaffte siegt und man dann beschäftigt ist, die verzweifelten Seelen oder beleidigten Gemüter zu trösten oder zu beruhigen. Wie gut nur, dass es da dieses schöne Bilderbuch gibt, das aufzeigt, dass alle Wettkämpfer nur ihr Bestes versuchen und daher auf ihre Weise gewinnen. Dieses Buch lässt sich sehr gut als Vorbereitung auf geplante Wettkämpfe im Kindergarten verwenden. So kann man thematisieren, dass Wettkämpfe in erster Linie Spaß machen sollen und jeder ein Sieger ist, weil er sein Bestes versucht und an seinen Möglichkeiten verglichen werden sollte.

Altersempfehlung ■ Ab 4 Jahre.

Achtung! Bissiges Wort!

Schreiber-Wicke, E./Holland, C. © 2004 by Thienemann (Thienemann Verlag), Stuttgart–Wien

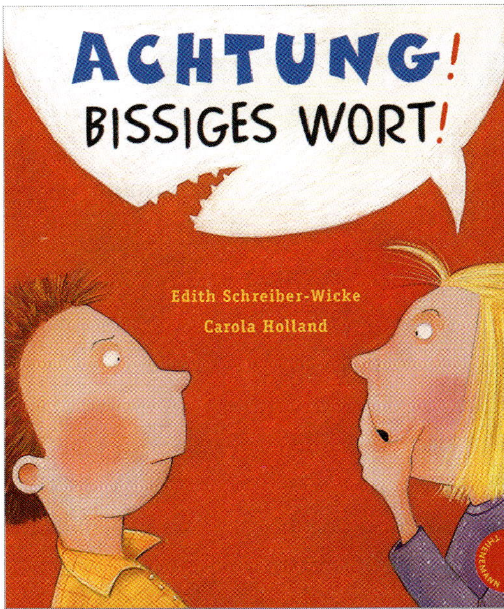

Laura und Leo sind die besten Freunde. Als an einem Tag bei Laura alles schief geht und Leo auch noch fünfmal hintereinander beim Memory-Spielen gewinnt, rutscht Laura ein Schimpfwort heraus – und dies bildlich in Form einer bissigen Wortblase. Diese Wortblase heftet sich nun an Leo und lässt ihn nicht mehr los, sondern begleitet ihn auf Tritt und Schritt. Leos Mutter rät ihm, an dieses Schimpfwort einfach nicht mehr zu denken. Leo versucht dies, aber die grimmige Wortblase sitzt sogar auf seinem Bett, grinst ihn an und taucht sogar in seinen Träumen auf. Auch am nächsten Tag in der Schule und bei den Hausaufgaben erinnert ihn die lästige Wortblase immer wieder daran, was seine beste Freundin zu ihm gesagt hat. Als Leo die schönen Geschenke betrachtet, die er einmal von Laura bekommen hat, beschließt er, zu Laura zu gehen, auch wenn sich die aufgebrachte Wortblase kurzfristig vor ihm aufbäumt. Leo und Laura vertragen sich wieder und die Wortblase ist verschwunden.

Thematik ▪ Auswirkungen von Hänseleien und Beschimpfungen. Förderung von Perspektivenübernahme und Mitgefühl. Versöhnung.

Praktische Hinweise ▪ Jüngeren Kindern zu vermitteln, dass Schimpfwörter bzw. Hänseleien auch wehtun und verletzen, ist aus mehreren Gründen nicht einfach. Einerseits sind Kinder, wenn sie Schimpfwörter gebrauchen, so sehr mit sich und ihren Gefühlen beschäftigt, dass sie in diesen Situationen nur schwer umschalten und sich in andere Kinder einfühlen können. Andererseits fällt ihnen das Verständnis, dass schnell einmal ausgesprochene Schimpfwörter andere verletzen und zu längeren Reaktionen führen, nicht leicht, außer sie sind selbst oft Opfer von Schimpfwörtern. Um so besser ist es, dass man mit „Achtung! Bissiges Wort!“ einen idealen Begleiter für solche Vorfälle zur Verfügung hat. Mit diesem Bilderbuch wird Kindern auf sehr eindringliche und plastische Weise verdeutlicht, wie sehr Schimpfwörter nachwirken und einen nicht mehr loslassen können. Kindern wird dadurch klar, dass Schimpfwörter nicht harmlos sind, sondern bei allen Betroffenen sehr viel auslösen können. Sehr gut durchdacht wurde dabei auch von den Autorinnen, dass kein bestimmtes Schimpfwort im Buch genannt wird, sondern nur das Symbol der bissigen Wortblase im Text verwendet wird. So ist es auch möglich, dass man bei spezifischen Vorfällen im Kindergarten die jeweils gebrauchten Schimpfwörter verwendet, um die Botschaft noch realitätsnäher zu vermitteln.

Altersempfehlung ▪ Ab 5 Jahre.

Der schüchterne Drache

Strnad, J. & Sacré, M.-J. (1983).
Zürich: bohem press

Diese märchenhafte Bilderbuch handelt von einem kleinen Drachen, der schrecklich schüchtern ist, rot wird, wenn er angesehen wird, und verlegen mit den Füßen scharrt, anstatt Feuer zu speien. Die anderen Drachen lachen über ihn, weil er bisher nicht einmal eine Prinzessin entführt hat. Schließlich beschließt er, genau dies zu tun, und macht sich nachts auf den Weg in die weit entfernte Stadt. Aber die Entführung der Prinzessin gelingt nicht so einfach, da er wieder schüchtern wird, wenn die Prinzessin nur in seine Richtung schaut. Endlich nimmt er seinen Mut zusammen, entführt die Prinzessin und flüchtet mit ihr in eine Höhle in den Wald. Als die Stadtbewohner feststellen, dass die Prinzessin entführt wurde, bricht ein tapferer Prinz auf, um die Prinzessin zu befreien und den Drachen zum Kampf herauszufordern. Aber erneut hat der Drache mit seiner Schüchternheit zu kämpfen, errötet und spuckt lediglich ein paar klägliche Fünkchen. Er beichtet dem Prinzen seine Schüchternheit und wird traurig aus Angst davor, dass ihn die anderen Drachen wieder auslachen. Da bekommt der Prinz Mitleid mit ihm und bietet ihm an, dass er im Austausch für die Prinzessin ihre Krone und sein Schwert bekommt, um bei den anderen Drachen gut dazu stehen. Als der Drache sich Sorgen macht, dass die anderen Drachen bemerken, dass er gelogen hat, beruhigt ihn der Prinz, indem er darauf hinweist, dass es großen Mutes bedarf, bei solcher Schüchternheit so weit aufzubrechen und eine Prinzessin zu entführen. Daheim angekommen wird er schließlich für seine Taten bewundert und nur mehr der mutige Drache genannt.

Thematik ■ Schüchternheit.

Praktische Hinweise ■ Psychologisch geschickt an dieser Geschichte ist, dass nicht erzählt wird, wie der Drache nicht mehr schüchtern wird, wie dies in manch anderen Bilderbüchern zu diesem Thema der Fall ist. Vielmehr bleibt er schüchtern, lernt aber, seine Schüchternheit anders zu betrachten und kleine Erfolge als mutig anzusehen. Dies entspricht auch der Realität mit schüchternen Kindern, die nicht einfach durch Überwindung ihre Schüchternheit ablegen, sondern lernen, mit diesem Charakterzug anders umzugehen.

Altersempfehlung ■ Ab 4–5 Jahre.

Echte Kerle

Olten, M. (2004).
Zürich: Bajazzo

Zwei Brüder liegen im Bett und machen sich gehörig über die Mädchen lustig. So sind Mädchen voll langweilig, spielen nur mit Puppen, nehmen ihre Teddies mit ins Bett, weil sie Angst haben und machen sich leicht ins Nachthemd. Und als sie auf die Angst der Mädchen vor Gespenster zu sprechen kommen, wird ihnen doch ganz mulmig. Sie geben vor, nur kurz einmal nach draußen zu gehen, um Pipi zu machen, und landen schließlich gemeinsam im Bett der Schwester mit vielen Kuscheltieren im Arm zur Sicherheit.

Thematik ■ Abbau geschlechtsspezifischer Vorurteile

Praktische Hinweise ■ Greifen Sie ruhig zu diesem Buch, wenn Sie wieder einmal mitbekommen, dass sich die Jungen im Kindergarten in irgendeiner Weise klischeehaft über die Mädchen lustig machen. Es vermittelt auf sehr humorvolle und spritzige Weise geschlechtsspezifische Vorurteile gegenüber Mädchen und relativiert sie gleichzeitig auf so einfache Art. Im Anschluss daran kann sehr schön thematisiert werden, was Jungen über Mädchen bzw. Mädchen über Jungen denken und oft voneinander zu hören bekommen.

Altersempfehlung ■ Ab 5 Jahre.

Der wunderbarste Platz auf der Welt

Rassmus, J. (2005).
St. Pölten/Wien/Linz: NP Buchverlag

Boris, der Frosch, lebt zusammen mit den anderen Fröschen in einem Teich und zwar auf einem Seerosenblatt, dem wunderbarsten Platz der Welt. Da kommt eines Tages der Storch und aus Angst flieht Boris zu einem anderen Teich. In diesem Teich aber tauchen drei Karpfen auf und verweisen ihn des Weges. Im nächsten Teich trifft er auf fünf Kröten, die darauf beharren, dass dies ein Krötenteich ist, und ihn erneut vertreiben. Als er auch im nächsten Teich von einer Ente verjagt wird, weil er keinen Schnabel hat und es sich ja hier klarerweise um einen Ententeich handelt, kommt Boris auf eine glorreiche Idee. Er macht sich aus einer Erbsenschote einen Schnabel und steckt sich eine Feder in den Po. Anfangs klappt der Trick und die Enten sind bezaubert von dem zarten, jungen Mann. Als ihm jedoch eine verliebte Ente einen Kuss geben will, fliegt der Schwindel auf und Boris flüchtet erneut durch ein Rohr am Grund des Teichs. Schließlich landet er bei einer Pfütze und trifft auf einen freundlichen Molch, der zum ersten Mal nichts gegen ihn hat und ihn zum Bad in seinem Swimming-Pool einlädt. Doch der Storch stört den Frieden und will den Molch verschlingen. Aber dieses Mal will sich Boris nicht mehr vertreiben lassen. Gemeinsam mit dem Molch trickst er den Storch aus, so dass sie es schaffen, ihm den Schnabel zuzubinden. Endlich kann Boris wieder zu seinem alten Teich zurück und nimmt seinen neuen Freund mit. Dort treffen sie auf die anderen Frösche, die ebenfalls zurückgekehrt sind, doch die haben Schwierigkeiten mit dem neuen Freund, weil der Molch nicht grün ist und dies ja ein Froschteich sei. Boris greift sich fassungslos an den Kopf und setzt sich auf ein Seerosenblatt, um ihnen eine Geschichte zu erzählen.

Thematik ■ Ausgeschlossen werden. Sich wehren gegenüber Ausgrenzung. Freundschaft.

Praktische Hinweise ■ In sehr malerischen und beeindruckenden Bildern thematisiert Rassmus, wie Boris von allen möglichen Tieren ausgeschlossen wird, weil er nicht ihren Vorstellungen entspricht. Lediglich der kleine Molch, der am wenigsten Platz hat in seiner Pfütze, dafür umso stolzer auf seinen „Swimming-Pool" ist, nimmt ihn freundlich auf. Anhand dieser Geschichte kann das Buch insbesondere in zwei Situationen gut eingesetzt werden: Zum einen, wenn ein Kind oder eine Kindergruppe ein anderes Kind nicht in seiner/ihrer Nähe haben will und es entsprechend verscheucht. Zum anderen, wenn Kinder von anderen beim Spiel oder anderen Tätigkeiten aktiv ausgeschlossen werden. Da es am Schluss des Buches für Kinder offen bleibt, welche Geschichte Boris erzählt, lassen sich ältere Kinder zusätzlich gut dazu anregen, selbst zu überlegen, welche Geschichte er vermutlich erzählen wird.

Altersempfehlung ■ Ab 4–5 Jahre.

Weitere empfehlenswerte Bücher bei allgemeinen Problemsituationen

Karni und Nickel oder Der große Krach

Boujon, C. & Michels, T. (2005).
Weinheim: Beltz & Gelberg

Um Freunden, die sich streiten, zu vermitteln, wie wichtig es ist, dass sie zusammenhalten.
Altersempfehlung ▪ Ab 4 Jahre.

„Nein!", sagt Julius

d'Allancé, M. (2002).
Frankfurt am Main: Moritz

Ein sehr schönes Bilderbuch für Kinder, welche sich in den ersten Tagen gar nicht auf den Kindergarten einlassen wollen und sich im Zuge dessen auf das Wort „Nein" spezialisieren.
Altersempfehlung ▪ Ab 3 Jahre.

Du warst es! sagte Berberitz

Lachner, D. & Dusíková, M. (1997).
Gossau: Nord-Süd

Gut geeignet, wenn einem Kind etwas verloren geht im Kindergarten, und damit verbunden Anschuldigungen auftreten, dass andere es vielleicht gestohlen haben.
Altersempfehlung ▪ Ab 4 Jahre.

Das gehört mir!

Lionni, L. (2006).
Weinheim: Beltz & Gelberg

Sehr gut einsetzbar, wenn Kinder darum streiten, wer mit welchem Spielzeug spielen darf und wem was gerade gehört.
Altersempfehlung ▪ Ab 4 Jahre.

Lea Wirbelwind und der Streit im Kindergarten

Merz, C. & Gotzen-Beek, B. (2003).
Freiburg: Kerle

Immer wieder kommt es vor, dass Kinder im Kindergarten eifersüchtig sind und das Gefühl haben, dass ein anderes Mädchen bzw. Junge einem die Freundin bzw. den Freund wegschnappt. Dieses Buch zeigt anschaulich die damit verbundenen Situationen und die Möglichkeiten, sich doch zu verstehen, auf.
Altersempfehlung ▪ Ab 4–5 Jahre.

Warum?

Popov, N. (1995).
Gossau: Michael Neugebauer

Das vermutlich beste Buch darüber, wie ausgehend von Kleinigkeiten sowie unnötigen Besitzansprüchen Krieg und Zerstörung entsteht. Das Buch kommt ganz ohne Text aus und besticht durch seine klare Bildersprache. Eignet sich auch sehr gut, wenn sich im Kindergarten Gruppen bilden, die sich einander beschimpfen oder bekämpfen. Leider vergriffen!
Altersempfehlung ▪ Ab 4–5 Jahre.

Weitere empfehlenswerte Bücher bei spezifischen Problemsituationen

▪ Arbeitslosigkeit eines Elternteils

Mein Papa hat was verloren

Harranth, W. & Oppermann-Dimow, C. (1991).
Wien: Jungbrunnen

Leider gibt es zum Thema Arbeitslosigkeit der Eltern kaum Bilderbücher. Umso bedauerlicher, dass dieses Bilderbuch auch noch vergriffen ist. Erzählt wird die Geschichte eines kleinen Jungen, der sich zunächst freut, dass sein Papa aufgrund seiner Arbeitslosigkeit mehr Zeit für ihn hat. Bald merkt er aber, wie sich diese Situation nachteilig auf die ganze Familie auswirkt. Das Buch endet mit einem Happyend, da Papa wieder Arbeit findet.
Altersempfehlung ▪ Ab 5 Jahre.

Papa bleibt zu Hause

Vellguth, K. & Neuendorf, S. (1996).
Aachen: Bergmoser & Höller

Auch dieses Buch über die Arbeitslosigkeit des Vaters, die damit verbundenen Auswirkungen auf die Familie und über die Suche nach einer neuen Arbeit ist leider vergriffen.
Altersempfehlung ▪ Ab 4–5 Jahre.

▪ Scheidung

Auf Wieder-Wiedersehen

Enders, U., Sodermanns, I. & Wolters, D. (2004).
Weinheim: Beltz & Gelberg

Erzählt wird die Geschichte von fünf Freunden. Während Felix gerade die Trennung seiner Eltern miterlebt, hat Niki dies ein paar Monate zuvor bereits durchgemacht und kann somit Felix in seinen Reaktionen gut verstehen. Dargestellt wird nun ein negativer und positiver Trennungs- bzw. Scheidungsverlauf. Bei Niki verlief die Scheidung dramatisch, da sie Angst vor ihrem Vater bekam und beim Familiengericht gemeinsam mit einer Therapeutin geregelt wird, dass sie ihren Vater vorerst nicht besuchen muss. Demgegenüber trennen sich die Eltern von Felix in gutem Einvernehmen.
Altersempfehlung ▪ Ab 5 Jahre.

Papa Bär zieht aus

Spelman, C.M. & Parkinson, K. (1999).
München: arsEdition

Eines der wenigen Bilderbücher über Scheidung, welches gerade auch wegen der Tierfiguren bereits für jüngere Kinder geeignet ist. Derzeit aber vergriffen.
Altersempfehlung ▪ Ab 3 Jahre.

▪ Neue Beziehungsformen nach der Scheidung

Moritz heißt noch immer Meier. Die Geschichte von Mamas neuem Freund

Gieseler, C. & Scharnberg, S. (2002).
Hamburg: Ellermann

Moritz versucht mit der Trennung seiner Eltern klarzukommen. Zunehmend gelingt es ihm, damit zurechtzukommen, dass er bei Mama lebt und bei seinem Papa am Wochenende ist. Als jedoch Mamas neuer Freund Stefan auftaucht, wird er stinksauer und kann sich damit gar nicht anfreunden, bis er Stefans Toch-

ter Nele kennenlernt und sich mehr und mehr mit der neuen Situation arrangiert.
Altersempfehlung ▪ Ab 4–5 Jahre.

Zusammengehören

Pah, S. & Schat, J. (2001).
Köln: mebes & noack

Die Familie von Lilly und Ferdinand zerbricht. Nach der Trennung verliebt sich die Mutter in Sophia. Eine neue ungewohnte Familienform entsteht. Ein wichtiges Buch für Kinder, deren Eltern sich trennen und die dann bei einem homosexuellen Paar aufwachsen.
Altersempfehlung ▪ Ab 5 Jahre.

Alles Familie

Schössow, B. & Hamann, K. (1997).
Stuttgart – Wien: Thienemann

Aufgrund ihrer Unzufriedenheit mit ihrem alleinerziehenden Papa gibt Elsa eine Anzeige auf, dass sie eine richtige Familie besuchen möchte. Nach Erhalt vieler Zusendungen besucht sie elf verschiedene Familienformen und erkennt, dass das Wichtigste ist, wenn man eine Gemeinschaft ist und sich wohl fühlt. Leider vergriffen.
Altersempfehlung ▪ Ab 4–5 Jahre.

▪ Streit zwischen Eltern

Streiten gehört dazu, auch wenn man sich lieb hat

Geisler, D. & Frey, J. (2003).
Ravensburg: Ravensburger Buchverlag

Kinder können oftmals Streitsituationen zwischen Eltern schwer einordnen und machen sich schnell Sorgen, dass sich die Eltern nicht mehr lieb haben, oder fühlen sich dafür verantwortlich. All dies passiert auch Tom, als sich seine Eltern eines Tages streiten und Mama voller Wut die Wohnung verlässt. Als Papa die Sorgen von Tom bemerkt, erklärt er Tom, dass es manchmal zu Streit kommen kann, weil man sich über den anderen ärgert, aber dass man deswegen nicht gleich aufhört, einander lieb zu haben. Das Gespräch mit Papa und die Rückkehr der Mutter beruhigt Tom schließlich, so dass er zufrieden einschlafen kann. Insgesamt eine sehr einfühlsame Geschichte, aber aufgrund des langen Textes für jüngere Kinder noch zu anstrengend.
Altersempfehlung ▪ Ab 5–6 Jahre.

Tobi und der Zankapfel

Weninger, B. & Ballhaus, V. (2002).
Zürich: Atlantis, verlag pro juventute

Ein künstlerisch sehr anspruchsvoll aufgemachtes Bilderbuch über Tobi, dessen Eltern immer wieder streiten. Frau Puntigam, welche im gleichen Haus wohnt, erklärt ihm anhand eines rotgelben Apfels, wie es aufgrund unterschiedlicher Ansichten zum Streiten kommt. Schließlich versucht er, dies auch seinen Eltern zu vermitteln. Das Buch endet mit einer sehr offenen Gestaltung, bei der die betrachtenden Kinder dazu eingeladen werden nachzudenken, was Tobis Eltern und sie selbst denken. Gerade die Symbolik des Apfels und der offene Schluss ist für jüngere Kinder noch schwer verständlich. Ein Begleitheft zum Bilderbuch erläutert Hintergründe zu Konflikten und gibt insbesondere spielerische Anregungen zur Arbeit mit Kindern.
Altersempfehlung ▪ Ab 5–6 Jahre.

▪ Gewalt in der Familie

Weil der Papa die Mama haut. Kinder aus dem Frauenhaus zeichnen und erzählen

Lercher, L., Haberl, M., Voggeneder, K. & Geisler, M. (1997) (Hrsg.).
Ruhnmark: Donna Vita

Dieses Buch ist kein klassisches Bilderbuch. Zum einen sind großflächig nur Zeichnungen von Kindern abgebildet, welche Gewalt in der Familie erlebt haben und im Frauenhaus Zuflucht fanden. Zum anderen handelt es sich um keine zusammenhängende Geschichte, sondern um verschiedene Aussagen von vorwiegend älteren Kindern zwischen 5 und 13 Jahren. In erster Linie richtet sich dieses Buch an ältere Kinder ab dem Grundschulalter. Teile daraus können jedoch auch im Einzelfall für Vorschulkinder verwendet werden, wenn eine Mutter überlegt, ins Frauenhaus zu gehen. Kinder kann in diesem Fall anhand dieses Buches sehr gut vermittelt werden, was ein Frauenhaus ist und wie sehr anderen Kinder dadurch geholfen wurde.
Altersempfehlung ▪ Ab 5–6 Jahre.

6.8 Von Charakterstärken und Tugenden

Wie in Kapitel 3.3. erläutert wurde, beginnen Kinder bereits ab ca. 5 Jahren zu verstehen, dass sich Handlungen von Personen nicht nur aufgrund eines spezifischen situativen Kontextes und bestehender Wünsche bzw. Überzeugungen nachvollziehen lassen, sondern dass es auch Persönlichkeitsmerkmale gibt, die relativ stabil sind und Verhaltensweisen erklären können. Es ist anzunehmen, dass ein intuitives Verständnis von Persönlichkeitseigenschaften schon etwas früher vorhanden ist, da auch jüngere Kinder bestimmte Spielpartner insbesondere wegen ihrer Aktivität/Wildheit oder ihrer Ruhe bevorzugen. Das zunehmende Verständnis von Charaktermerkmalen und Persönlichkeitseigenschaften wird im weiteren Entwicklungsverlauf ein wesentlicher Einflussfaktor auf die Gestaltung von Beziehungen. So beziehen Kinder diese Aspekte bewusster bei der Wahl von Freunden und Spielgefährten mit ein.

In Bilderbüchern werden gerne auch Figuren dargestellt, welche spezifische Charakterstärken und Tugenden wie Hilfsbereitschaft, Tapferkeit, Großzügigkeit, Bescheidenheit oder Ehrlichkeit verkörpern. Diese Figuren üben oftmals aufgrund ihrer außerordentlichen und überzeichneten Darstellung in Bild und Text eine besondere Faszination auf Kinder aus. Nicht selten äußern Kinder dann, dass sie genau so werden möchten wie diese Figur. Dies bedeutet auch, dass Kinder ein sehr gutes Gespür für spezifische Qualitäten einer Persönlichkeitseigenschaft mitbringen, ohne dies jedoch unbedingt benennen zu können. Entsprechend ist es anhand überlegt ausgewählter Bilderbücher sehr gut möglich, Kinder einerseits mit der Bedeutung von Persönlichkeitseigenschaften vertraut zu machen und andererseits positive Charaktermerkmale als erstrebenswert hervorzuheben. Gelingt es, bei Kindern eine Faszination für spezifische Charakterstärken und Tugenden von Figuren zu wecken, kann dies einen nachhaltigen Einfluss auf die Entwicklung ähnlicher Verhaltensweisen bewirken.

Riese Rick macht sich schick

Scheffler, A. & Donaldson, J. (2002).
Weinheim: Beltz & Gelberg

Da es Riese Rick satt hat, der schäbigste Riese der Stadt zu sein, kauft er neue Kleidungsstücke (Schlips, Hemd, Schuhe, Socken, Gürtel, Hose). Nacheinander trifft nun Riese Rick auf eine Giraffe, eine Ziege, eine Mäusefamilie, einen Fuchs und einen Hund. Jedes dieser Tiere befindet sich in einer Notlage und klagt gegenüber Riese Rick sein Leid. Riese Rick hat Mitleid mit den einzelnen Tieren, muntert sie auf („Lass den Kopf nicht hängen") und gibt ihnen eines der neuen Kleidungsstücke, die jeweils die Not der Tiere beheben. Als ihm schließlich die Hose runterrutscht (ein sehr vergnüglicher Moment für Kinder), weil er keinen Gürtel mehr hat, fühlt sich Riese Rick nicht mehr schick und beschließt, sich neue Kleider im Laden zu kaufen. Der Laden hat jedoch geschlossen und Riese Rick zieht sich erneut seine bequemen alten Sachen an, die er wiederfindet. Als er zu Hause ankommt, erwarten ihn bereits alle Tiere, denen er geholfen hat, und bedanken sich bei ihm für seine Hilfsbereitschaft mit einem sehr rührenden Dankesbrief.

Thematik ■ Hilfsbereitschaft und Dankbarkeit.

Praktische Hinweise ■ Die Geschichte von Riese Rick lehnt sich stark an die Geschichte des Hl. Martins an. Das Buch spricht Kinder sehr gut an, weil es einerseits sehr liebevoll sowie nett gemalt ist und andererseits durch seine wiederholenden Reime sehr eingängig für Kinder ist.

Altersempfehlung ■ Ab 4 Jahre.

Die drei Räuber

Ungerer, T. © 1967
Diogenes, Zürich

Man lernt die drei grimmigen Räuber mit ihren Waffen kennen, welche Reisende in ihren Kutschen überfallen und ihre Beute hoch in den Bergen in ihrer Höhle verstecken. Von diesen schrecklichen Kerlen ist nichts Gutes zu erwarten! Doch eines Tages treffen sie auf Tiffany, ein trauriges und armes Waisenkind. Da sie nichts bei sich hat, nehmen die Räuber sie kurzerhand mit in ihre Höhle. Mit ihrer Einfachheit und Unverblümtheit entwaffnet Tiffany sprichwörtlich die Räuber und sie erliegen ihrem Charme. Von da an geben die drei Räuber ihre Räubereien auf und kümmern sich nur noch um unglückliche und verlassene Waisenkinder, für die sie ein Schloss kaufen und rote Mäntel sowie Hüte besorgen. Als die Nachkommen immer mehr werden, entsteht schließlich eine ganze Stadt mit Stadtmauern und vor allem mit drei mächtigen Türmen als Zeichen der Dankbarkeit für die drei Räuber.

Thematik ■ Hilfsbereitschaft und Dankbarkeit.

Praktische Hinweise ■ Mit „Die drei Räuber" hat Tomi Ungerer eine äußerst berührende Geschichte über Hilfsbereitschaft und Dankbarkeit geschaffen. Durch seine einfache und bildlich beeindruckende Gestaltung zieht es Kinder von Anfang an in Bann. Das Besondere an diesem Bilderbuch ist der Umstand, dass zunächst eine furchterregende Sichtweise der drei Räuber aufgebaut wird, welche Kinder immer wieder fasziniert und zur Betrachtung der Bilder verleitet. Durch diesen Effekt erfährt die Verwandlung der drei Räuber durch Tiffany eine umso größere Wirkung. Man ist berührt und kann es eigentlich gar nicht glauben. Und diese Berührung ist letztendlich auch die Quelle, aus der Hilfsbereitschaft und Dankbarkeit entsteht.

Altersempfehlung ■ Ab 5 Jahre.

Das sehr unfreundliche Krokodil

Charles, F. & Terry, M. (2003).
Berlin: Bloomsbury

Alle Tiere im Dschungel haben Angst vor dem sehr unfreundlichen und gefährlichen Krokodil. Eines Morgens aber stöhnt das Krokodil so vor Schmerzen, dass alle Tiere aufhorchen und sich fragen, was los ist. Einige Tiere haben Mitleid, andere wiederum hoffen, dass es stirbt, damit es am Fluss wieder sicherer wird. Die Not des Krokodils wird immer deutlicher, aber kein Tier traut sich, ihm zu helfen. Bis schließlich eine Maus auftaucht, um mutig in das offene Maul des Krokodils zu klettern und einen Zahn zu ziehen. Das Krokodil ist ganz verdutzt, sowohl über die Maus als auch darüber, keine Schmerzen zu haben. Voller Dankbarkeit schenkt es der Maus eine Nuss und schließt Freundschaft mit allen Tieren.

Thematik ■ Mitgefühl und Mitleid. Hilfsbereitschaft. Freundschaft.

Praktische Hinweise ■ Eng verbunden mit Hilfsbereitschaft ist Mitgefühl. Mitgefühl zu haben bei denen, die einem nahe stehen und die man gern hat, ist für die meisten Menschen keine Schwierigkeit. Anders ist dies schon bei Personen, die man nicht kennt. Hier haben einerseits persönliche Aspekte (wie Einfühlungsvermögen, emotionale Ansprechbarkeit, soziale Orientierung) und andererseits äußere Faktoren (wie sympathische Ausstrahlung oder Schwere der Bedrängnis bzw. Notlage des Anderen) einen noch stärkeren Einfluss darauf, ob man Mitgefühl empfindet oder nicht. Die schwerste Hürde, Mitgefühl zu empfinden und entsprechend zu handeln, ist sicherlich bei Personen vorhanden, welche man ablehnt, fürchtet oder meidet. Und genau um ein solches Tier, das diese Reaktionen bei anderen hervorruft, geht es in dem Bilderbuch von Charles und Terry. Zeichnerisch sehr schön aufgemacht und bereits für die Kleinsten gut einsetzbar, vermittelt dieses Buch sehr gut das Prinzip von Mitgefühl, gerade auch, weil das Krokodil so unbeliebt ist.

Altersempfehlung ■ Ab 3–4 Jahre.

„Ich war's, Mama!"

Weninger, B. & Roehe, S. (2003).
Kiel: Michael Neugebauer Edition

Miko spielt mit seinem kleinen Freund Mimiki, einem Kuscheltier, in der Wohnung mit seinem neuen Gummiball, obwohl er weiß, dass er dies nicht darf. Und da passiert es schon! Der Ball macht die Lieblingsvase der Mama (gelb mit roten Pünktchen) kaputt. Schnell putzt er mit schlechtem Gewissen alles auf und schiebt die Scherben samt der Kehrichtschaufel unters Bett, um sämtliche Spuren zu entfernen. Betrübt denkt er darüber nach, wie böse seine Mama reagieren wird und schlägt Mimiki vor, am besten gar nichts zu erzählen. Als Mimiki darauf hinweist, dass trotzdem der Mama die fehlende Vase auffallen wird, überlegt er die Ausrede, dass die Vase von einem wilden Räuber gestohlen wurde. Doch das macht allen miteinander Angst. Schließlich taucht Mama auf und Miko steckt sein Kuscheltier Mimiki durch den kleinen Türspalt, damit dieser der Mama erzählt, was passiert ist. Erleichtert, dass Mama gar nicht schimpft und verständnisvoll reagiert, bringt Miko die Scherben herbei. Gemeinsam machen Miko und Mama das Beste aus den Scherben, ein Lieblingsbonbonglas für die Trostbonbons, und Miko schenkt der Mama sein Lieblingsbonbon, das gelbe mit den roten Punkten.

Thematik ■ Ehrlichkeit. Schlechtes Gewissen. Wiedergutmachung.

Praktische Hinweise ■ Sehr kindgerecht beschreiben Weninger und Roehe die Nöte und Sorgen kleiner Kinder, wenn sie etwas angestellt haben, was sie nicht hätten tun sollen. Versuche, sich Ausreden und Schwindeleien zu überlegen, werden als natürlicher Prozess dargestellt. Geschickt ist auch die Darstellung, dass Miko seiner Mutter die schwierige Wahrheit über sein Kuscheltier Mimiki beibringt. Diese indirekte Art kommt Kindern sehr entgegen und regt sie somit an, ähnliche Situationen auch mit dieser Methode zu bewältigen.

Altersempfehlung ■ Ab 3 Jahre.

Ein neues Haus für Charlie

Lecher, D. (1999).
Zürich: Bajazzo

Micha, ein Junge, steigt versehentlich auf das Haus der Schnecke Charlie. Alle Tiere, die er trifft, helfen dem verzweifelten Charlie, ein neues Haus zu bauen oder zu finden. So strickt Charlie mit den Wollresten der Frau Igel ein kuscheliges Haus, das leider nicht wasserdicht ist. Das Haus, das ihm die Ameisen bauen, ist leider viel zu schwer, und so überlässt Charlie das Haus einer frierenden Käferfamilie. Auch der Versuch, in verschiedenen Müllresten ein angenehmes Haus zu finden, klappt nicht. Ebenso ist das Haus im löchrigen Käse bald aufgefressen. Traurig darüber, kein geeignetes Haus zu finden, erhält Charlie schließlich von Micha, dem es Leid tat, dass er auf Charlie getreten war und es wiedergutmachen wollte, das beste Haus.

Thematik ▪ Hilfsbereitschaft. Liebe und Achtung vor der Natur. Freundschaft.

Praktische Hinweise ▪ Mit wunderbaren und für Kinder beeindruckenden Bildern gelingt es Doris Lecher sowohl das Prinzip der Hilfsbereitschaft als auch die Liebe und Achtung vor der Natur zu vermitteln. Im Anschluss an dieses Buch lässt sich mit Kindern gut thematisieren, wie sie selbst mit verwundeten oder hilflosen Tieren umgehen würden.

Altersempfehlung ▪ Ab 3–4 Jahre.

Ich bin der Stärkste im ganzen Land!

Ramos, M. (2003).
Frankfurt: Moritz

Ein Wolf beschließt, einen Spaziergang durch den Wald zu machen, um sich seiner Größe und Stärke zu vergewissern. Er trifft dabei auf den kleinen Hasen, auf Rotkäppchen, auf die drei kleinen Schweinchen und auf die sieben Zwerge. Alle erstarren vor ihm und bestätigen auf seine Frage hin, dass nur er der Stärkste im ganzen Land sein kann. Mit jeder Bestätigung schwillt sein Stolz an und der Wolf suhlt sich förmlich in seiner vermeintlichen Größe, indem er sich als der Schrecken des Waldes beweihräuchert. Bis er schließlich auf einen komischen kleinen Kröterich trifft, der lapidar behauptet, dass natürlich seine Mama die Stärkste im ganzen Land ist. Der Wolf kann dies sogar nicht fassen, beschimpft den Kröterich und schreit förmlich – wunderbar gezeichnet – seine klare Frage heraus „Wer ist der Stärkste im ganzen Land?". Da steht die Mama, ein riesengroßer Drache, vor ihm und der Wolf kommt ins Stammeln und macht sich aus dem Staub.

Thematik ■ Bescheidenheit. Prahlerei und Angeberei.

Praktische Hinweise ■ Ein Weg, Kindern die Bedeutung von Bescheidenheit zu vermitteln, besteht darin, ihnen die Kleinheit von Angeberei und Hochmut vor Augen zu führen. Dieses Kunststück gelingt Ramos auf sehr witzige und amüsante Weise. Entsprechend vorgetragen ist es ein Genuss, dieses Buch Kindern vorzulesen.

Altersempfehlung ■ Ab 5 Jahre.

Prahlgänschen

Dölling, B./Kunert, A. © 2005
by Thienemann (Thienemann Verlag),
Stuttgart–Wien

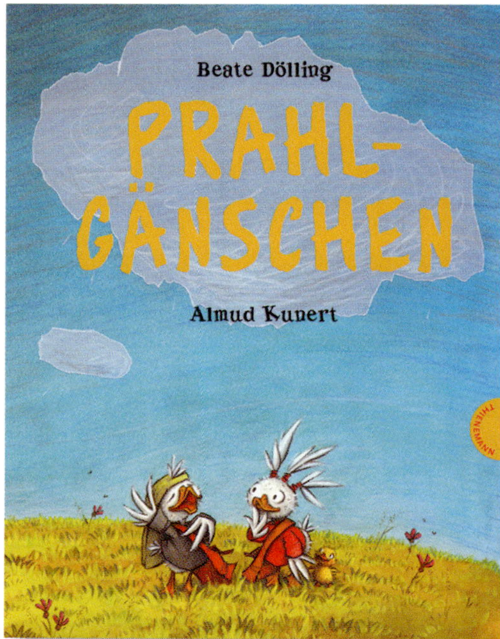

Lulu darf nach dem Kindergarten mit ihrem allerbesten Freund Max zum ersten Mal zu ihm nach Hause gehen. Auf dem Weg dorthin beginnt nun Max vom tollen Geschenk zu erzählen, dass ihm seine Großeltern sicher mitbringen werden. Doch Lulu lässt sich nicht lumpen und verweist auf die tausend Schachteln Gänsesmarties, die ihre Großeltern immer mitbringen. Und mit einem kurzen Ätsch-Bätsch beendet sie ihre Retourkutsche. Dies ist der Auftakt für ein im wahrsten Sinne des Wortes phantastisches Prahlspiel, um dem jeweils anderen zu zeigen, dass man die viel tollere Mutter, den viel bewundernswerteren Vater, den viel beeindruckenderen Bruder und natürlich die allertollsten Spielsachen hat. Schließlich erreichen die beiden das gemütliche sowie einfache Zuhause von Max und Lulu stellt mit einem zufriedenen Seufzer fest, dass alles so toll wie bei ihr selbst daheim aussieht.

Thematik ▪ Die spielerische und phantasievolle Seite von Angeben.

Praktische Hinweise ▪ Während uns Ramos die überhebliche Seite der Angeberei vor Augen führt, lehrt uns dieses Buch auf der anderen Seite, wie genussvoll und wichtig spielerisches Angeben für Kinder ist. In anregenden Texten und mit beeindruckenden Bildern gelingt es Dölling und Kunert die phantasieanregende Seite kindlichen Angebens zu verdeutlichen. Hier hat Prahlerei nichts Trennendes oder Abgehobenes an sich, sondern ist zutiefst verbindend und hingebungsvoll. Entsprechend lädt dieses Buch Kinder dazu ein, sich selbst die allertollsten Sachen vorzustellen, die man besitzen könnte, um ihrem Bedürfnis nach Größe und Außergewöhnlichkeit gerecht zu werden. Dieses gedankliche Austoben macht einfach Spaß, solange auch die Einsicht da ist, dass die Sachen des Anderen genauso toll sind wie die eigenen.

Altersempfehlung ▪ Ab 4–5 Jahre.

Nicolas, wo warst du?

In: Frederick und seine Mäusefreunde.
Sieben Mäusegeschichten in einem Band.
Lionni, L. (1987).
Weinheim: Beltz & Gelberg

Am Rand einer großen Wiese suchen vier kleine Feldmäuse nach den besten Beeren. Aber die wurden bereits von den Vögeln gepflückt, so die alte Maus Raymond, die den jüngeren Mäusen zusieht. Sofort verteufeln alle kleinen Mäuse die Vögel, die so gemein sind. Schließlich bricht Nicolas auf, um an anderen Stellen nach den süßesten und reifsten Beeren zu suchen. Da packt ihn ein großer, hässlicher Vogel, aber Nicolas strampelt so wild, dass er wieder hinabstürzt, geradewegs in ein Nest mit drei Vogelkindern. Auf deren Einladung, doch bei ihnen zu bleiben, sitzt nun Nicolas als Vierter mit im Nest. Als die Vogelmutter mitbekommt, dass Nicolas am liebsten reife, rote Beeren frisst, bringt sie ihm die süßeste Beere vorbei, die Nicolas je gegessen hat. Nicolas verlebt nun eine wunderbare Zeit mit den Vogelkindern, der Mutter und natürlich mit den besten Beeren. Doch eines Tages wacht Nicolas alleine mit einem Haufen Beeren auf und vermisst die fort geflogenen Vögel. Er klettert nach unten und trifft die drei anderen kleinen Mäuse, welchen er sogleich seine Erlebnisse erzählen will. Aber kaum haben die Mäuse die Geschichte mit dem großen, hässlichen Vogel vernommen, werden sie zornig und malen sich in ihrer Phantasie aus, wie sie alle Vögel bekämpfen und töten. Nicolas ersucht sie inständig, doch weiter zuzuhören, und als die Mäuse die Geschichte mit den anderen Vögeln hören, verfliegt ihr Zorn. In dem Augenblick taucht die Vogelmutter mit ihren drei Kindern auf, um den Mäusen rote Beeren zu bringen, und der alte Raymond fügt wissend hinzu, dass wegen einem bösen Vogel nicht gleich alle böse sind.

Thematik ■ Offenheit und kritisches Denken. Vorurteile.

Praktische Hinweise ■ „Frederick“ ist natürlich die bekannteste und am meisten gekaufte Mäusegeschichte von Lionni. Eine ebenso herrliche und ausdrucksstarke Geschichte zum Thema Offenheit und Vorurteile ist „Nicolas, wo warst du?“

Altersempfehlung ■ Ab 5 Jahre.

Weitere empfehlenswerte Bücher

Tomte Tummetott
Lindgren, A. & Wiberg, H. (1960).
Hamburg: Oetinger

Eines der schönsten Bücher über die Warmherzigkeit und Fürsorge für andere. Der alte Wichtel Tomte Tummetott macht jede Nacht im Winter seine Runde, um nach den Tieren und Menschen zu schauen und sie oft unbemerkt zu trösten, dass der Sommer bald kommt.

Altersempfehlung ▪ Ab 3 Jahre.

Die Allertollsten
Douzou, O. & Corazza, L. (2001).
Wien: Picus

Eine sehr schöne und amüsante Darstellung, wie einerseits Angeben ansteckend sein kann und ihre Bedeutung andererseits verblasst angesichts der wichtigen Dinge des Lebens wie Liebe und Verliebtsein.

Altersempfehlung ▪ Ab 5 Jahre.

6.9 Phantasie und Kreativität

Die Betrachtung von Bilderbüchern kann an sich schon als ein Akt der Phantasie und Kreativität bezeichnet werden. So setzt bereits das Eintauchen in eine Bilderwelt zutiefst individuelle Phantasien und Vorstellungen beim Kind frei, welche auch oft genug ihre eigenen Wege gehen unabhängig von so mancher Intention des Erwachsenen. Insbesondere das Medium des Bildes eröffnet dabei vielfältige Interpretationsmöglichkeiten, während der Text meistens viel eindimensionaler gestaltet ist. Insofern kommt dem Verhältnis zwischen Bild und Text eine besondere Bedeutung zu. Dominiert der Text zu stark und dient das Bild sozusagen nur als illustrative Beigabe, geht viel von der Fähigkeit des Bilderbuches, Phantasie zu wecken und zu fördern, verloren. Während der Erwachsene schnell Bezüge zwischen den Bildern bzw. zwischen dem Text und dem Bild herstellt, stellt die Erarbeitung dieser Bezüge beim Kind selbst einen kreativen Prozess dar, indem es versucht, sich anhand der Bilder einen Überblick zu verschaffen und das Gesehene bzw. Gehörte einzuordnen.

Neben dieser allgemeinen eigenständigen Kraft von Bilderbüchern, in unterschiedlicher Intensität Phantasie und Kreativität bei Kindern anzuregen, finden sich besondere Bilderbücher zu dieser Thematik. Diese Bücher zeichnen sich dadurch aus, dass sie Kinder entweder explizit auf phantasievolle und kreative Prozesse aufmerksam machen oder von ihrer Gestaltung her Kinder gezielt auf eine vielschichtige „Phantasiereise“ einladen.

Der blaue Stuhl

Boujon, C.
© Carlsen, Hamburg 1999

Herr Klops und Herr Schwärzlich gehen in der Wüste spazieren und entdecken mitten in der Wüste einen blauen Stuhl. Die beiden mögen Stühle und beginnen nun auf phantasievolle Weise, mit dem Stuhl alles Mögliche zu machen – mit einer Ausnahme, nämlich darauf zu sitzen. Da kommt auf einmal ein kamelartiges Tier vorbei und zeigt ihnen, dass ein Stuhl nur dazu da ist, um sich darauf zu setzen. Als das Tier auf dem Stuhl sitzen bleibt, gehen die beiden von dannen, ganz empört darüber, dass das Kamel, das ja in Wirklichkeit ein Dromedar ist, nicht die geringste Ahnung hat.

Thematik ■ Kreativer Umgang mit Alltagsgegenständen. Spaß an der Kreativität.

Praktische Hinweise ■ Mit diesem Buch gelingt es Boujon aufzuzeigen, dass es Spaß macht, Nutzgegenstände unabhängig von ihrem Gebrauchskontext zu betrachten und sich andere kreative Möglichkeiten der Verwendung vorzustellen oder auszuprobieren. Diese Fähigkeit wird gerade auch bei der Erfassung des kreativen Potentials von Kindern und Erwachsenen gezielt erhoben. Kinder praktizieren diese Fähigkeiten in ihren symbolischen Spielen, bei denen sie Gegenstände nicht primär in ihrer funktionalen Bedeutung wahrnehmen, sondern nach dem „So-als-ob-Prinzip" verwenden. Anhand des Buches können Kinder sehr schön aufgefordert werden, in ihrer Phantasie zu überlegen, was man ebenso mit anderen Gebrauchsgegenständen alles machen könnte.

Altersempfehlung ■ Ab 4 Jahre.

Jasper schafft Platz

Bertelsen, M. & Kozok, H. (2005).
Oldenburg: Lappan

Jasper hat zwar viel Spielzeug, aber noch viel mehr Klopapierrollen, die er sammelt. Der Grund hierfür ist, dass er viele Ideen im Kopf hat, was man mit Klopapierrollen basteln kann. Er besucht seine Freunde und zeigt ihnen, dass man mit diesen Rollen Ferngläser, Murmelbahnen mit Sprungschanzen, Indianerschmuck, Raketen, Schneeraupen mit Schaufelheber, Kanonen und sogar eine Ritterburg bauen kann.

Thematik ■ Phantasie und Kreativität beim Basteln mit Alltagsgegenständen.

Praktische Hinweise ■ Dieses Vorlese-Bastelbuch ist ein Plädoyer für den kreativen Umgang mit scheinbar so banalen Gegenständen wie Klopapierrollen. Die bildliche Darstellung, wie diese Dinge und noch viel mehr nachgebaut werden können, wird gleich mitgeliefert. Es sollten also genügend Klopapierrollen gesammelt werden, bevor dieses Buch vorgelesen wird, denn das lustvolle Nachbauen im Kindergarten ist garantiert.

Altersempfehlung ■ Ab 5 Jahre.

Was ist das?

Damm, A. © 2006
Gerstenberg, Hildesheim

In diesem einfallsreichen Spiel- und Ratebuch präsentiert Antje Damm zunächst 22 verschiedene Gebrauchsgegenstände, Nahrungsmittel und Objekte in einer bestimmten Anordnung. Jeweils unterschiedliche Aspekte dieser Dinge wie Form, Farbe oder Eigenschaft sollen nun Kinder zum Überlegen und Assoziieren anregen, was sich daraus für Tiere bilden lassen. So wird z. B. eine einfache grüne Wäscheklammer auf der nächsten Seite zu einem Krokodil oder ein Wollknäuel zum Schaf.

Thematik ■ Anregung der Phantasie.

Praktische Hinweise ■ Die Kinder werden durch dieses Buch auf sehr clevere Weise angeregt, ihre Phantasie spielen zu lassen und das jeweilige Tier zu erraten. Schade ist es natürlich, wenn man bei den schwierigeren Rätseln gleich aufgibt und umblättert. Vielmehr sollte man den Kindern je nach den bestehenden Bezugspunkten verschiedene Hinweisreize geben, um die Phantasie und Ideen noch mehr anzuregen. Nach der Lektüre ist es empfehlenswert, die Kinder im Gruppenraum nach verschiedenen Objekten suchen zu lassen, aus denen man ebenso Tiere machen könnte. Mögliche Hinweisreize nach längerem erfolglosen Raten der Kinder: Wer frisst so etwas? An was erinnert euch die Form? Welches Tier ist auch grün? Von wem kommt die Wolle oder der Käse? Welcher Körperteil könnte das denn sein? Sind das mehrere Tiere oder ist das ein Tier? Welche Tiere leben denn dort?

Altersempfehlung ▪ Ab 4–5 Jahre.

Wo die wilden Kerle wohnen

Sendak, M. © 1967
Diogenes, Zürich

Max liebt es, seinen Wolfspelz anzuziehen und Unfug zu machen. Getadelt von seiner Mutter mit den Worten „Wilder Kerl!“, entgegnet er: „Ich fress dich auf“ und muss schließlich ohne Essen ins Bett. Da verwandelt sich sein Zimmer in einen Wald und er segelt mit einem Schiff zu dem Ort, wo die wilden Kerle wohnen. Trotz des fürchterlichen Gehabes der wilden Kerle zähmt er sie, indem er sich ihnen furchtlos gegenüberstellt und mit seinem starren Blick Respekt verschafft. Als König aller wilden Kerle gibt er den Ton an und macht ausgelassen Krach mit den wilden Kerlen. Am Schluss schickt er selbst die wilden Kerle ohne Essen ins Bett und sehnt sich in seiner Einsamkeit nur noch nach der mütterlichen Wärme. Als er von weitem den Geruch guten Essens riecht, beschließt er, die wilden Kerle zu verlassen. Nach langer Fahrt erreicht er endlich sein Zimmer, in dem bereits das warme Essen auf ihn wartet.

Thematik ▪ Bedeutung der Phantasie bei der Regulation von Ärger bzw. Aggressionen und bei der Entwicklung der Selbstregulation.

Praktische Hinweise ▪ Beim Thema Phantasie kommt man nicht herum um das bekannteste Bilderbuch von Maurice Sendak. Zum einen wird die Unabhängigkeit der Phantasie von Zeit und Raum grandios dadurch verdeutlicht, dass die Phantasiereise in der Empfindung von Max ein ganzes Jahr und mehr dauert. Ebenso übersegelt Max ein riesiges Meer, bis er zu den wilden Kerlen gelangt.

Trotzdem ist sein Essen noch warm, als er nach dieser subjektiv empfundenen Zeit und der großen Entfernung wieder in sein Zimmer zurückkehrt. Zum anderen veranschaulicht das Buch auf faszinierende Weise, welche Bedeutung der Phantasie zukommt, wenn es darum geht, die eigenen unbedachten und wilden Impulse kontrollieren zu lernen. Nicht der Erwachsene lenkt dabei primär das Kind, wie dies in vielen erzieherischen Maßnahmen erfolgt, sondern das Kind selbst lernt im Ausleben seiner Phantasie die Fähigkeit zur Selbstregulation. Erst dadurch gelangt das Kind zu einer wirklichen internalen Regulation von Triebimpulsen bzw. Aggressionen im Unterschied zu einer förmlichen Anpassung an die Normen der Erwachsenen. Sehr schön wird dies dadurch versinnbildlicht, dass Max in seiner Phantasie einerseits viel Spaß mit den wilden Kerlen hat, andererseits aber er selbst die wilden Kerle bändigt und sogar ohne Essen zu Bett schickt wie die Mutter ihn selbst. Diese innerpsychische Erfahrung ermöglicht es schließlich, dass sich Max vom Drang seiner Impulse befreien kann und wieder offen ist für die tiefe Verbundenheit mit anderen Menschen. Bei der Betrachtung des Bilderbuches ist es sehr sinnvoll, sich von den Kindern die Veränderungen im Gesichtsausdruck beschreiben zu lassen und diese zur Geschichte in Bezug zu setzen. Die Geschichte eignet sich auch wunderbar zum Nachspielen.

Altersempfehlung ■ Ab 5 Jahre.

Ein Buch für Bruno

Heidelbach, N. (1997).
Weinheim: Beltz & Gelberg

Ulla Herz liebt Bücher und sie mag Bruno Würfel. Leider hat dieser nicht viel übrig für Ulla und schaut immer nur kurz vorbei, wenn er etwas Neues zu präsentieren hat. Wie könnte sie es nur schaffen, dass Bruno länger bleibt? Natürlich, indem sie ihn für Bücher begeistert. Aber Bruno hat kein Interesse an Büchern, nicht einmal für die gefährlichen, bei denen sich Ulla fürchtet. Schließlich probiert sie es mit dem blauen Zauberbuch, in dem alles lebendig werden kann. Bruno kann dies nicht glauben und lässt sich darauf ein. Da Bruno die fremde Schrift nicht lesen kann, fängt Ulla an, leise vorzulesen. Und als sie die erste Seite umblättert, taucht auf einmal eine geheimnisvolle Treppe nach unten auf und Ulla ergreift das herabhängende Lesebändchen. Bruno hängt sich an Ulla dran und beide schwingen sich damit hinein in eine im wahrsten Sinne des Wortes phantastische Reise zu einer unbekannten Welt. Ulla wird von einem großen fliegenden Drachen auf einen Berg einer kleinen Insel entführt. Gemeinsam mit einem Vogel fährt Bruno auf die Insel, auf der es sonderbare Tiere gibt. Mit einem Schwert bewaffnet klettert er zu Ulla und dem Drachen hinauf, tötet den Drachen und rettet Ulla. Mit dem Boot fahren sie vorbei an den riesigen Fischen, bis sie an einem Wasserfall in die Tiefe stürzen. Dieses Mal ist es Bruno, der das rettende Lesebändchen ergreift und sich gemeinsam mit Ulla aus dieser phantastischen Reise hinaus schwingt in die Realität. Verwundert und fasziniert fragt Bruno, wo sie gewesen waren. Im Buch, antwortet Ulla, und Bruno möchte nichts sehnlicher, als eine solche Reise noch einmal zu machen und zu wissen, wie Ulla das macht.

Thematik ▪ Bücher und Phantasie. Freundschaft.

Praktische Hinweise ▪ Dieses Buch ist ein wunderbares Plädoyer für die Lebendigkeit der Phantasie, die in Büchern steckt. Mit den äußerst malerischen und tief beeindruckenden Bildern gelingt es Heidelbach, dass Kinder allein beim Betrachten in die abenteuerliche Reise mit eintauchen und somit Ähnliches erleben wie Ulla und Bruno: dass man in einem Buch Welten vorfindet, die einen faszinieren und die Phantasie beflügeln. Umso klarer ist es, dass Heidelbach bei der Darstellung der Reise von Ulla und Bruno auf jeglichen Text verzichtet, um sämtliche Ideen und Vorstellungen der betrachtenden Kinder der Phantasie zu überlassen.

Altersempfehlung ▪ Ab 5–6 Jahre.

Warum wir vor der Stadt wohnen

Stamm, P. & Bauer, J. (2005).
Weinheim: Beltz & Gelberg

Mit dem Buch von Peter Stamm und Jutta Bauer begibt sich eine Familie auf eine phantastische Reise in die Welt von insgesamt 18 Wohnmöglichkeiten. Die Familie wohnt zunächst im Haus mit der blauen Lampe und zieht dann weiter in die unterschiedlichsten, untypischen, oft auch surrealen Wohnungen wie z. B. in die Geige der Tante, auf den Mond, ins Kino oder auf den Hut des Onkels, welche jeweils auf der rechten Seite abgebildet sind. Wundervoll beschrieben werden die Besonderheiten und die Atmosphäre der jeweiligen Wohnungen, ebenso wie die Erlebnisse, die die ganze Familie bzw. einzelne Familienmitglieder machen.

Thematik ▪ Anregung der Phantasie,

Praktische Hinweise ▪ Da die Beschreibungen relativ komplex sind, ist das Buch eher für ältere Kindergartenkinder geeignet. Sehr sinnvoll ist es, nach den ersten Seiten die Kinder selbst anhand der Bilder beschreiben zu lassen, wo sie glauben, dass die Familie nun hingezogen ist. Mit Hilfe des Buches lässt sich die Phantasie von Kindern sehr gut anregen. Ebenso werden Kinder sehr gut darin gefördert, unterschiedliche Perspektiven einzunehmen. Empfehlenswert ist es auch, nach der Lektüre des Buches die Kinder selbst aufzufordern, nach weiteren möglichen bzw. unmöglichen Wohnplätzen zu suchen und sich Erlebnisse, die man dabei machen kann, vorzustellen und zu beschreiben.

Altersempfehlung ■ Ab 5–6 Jahre.

Weitere empfehlenswerte Bücher

Tanzen können auch die Steine

Heyduck-Huth, H. (2006).
Zürich: Atlantis/Orell Füssli

Anhand von angenehm gemalten unterschiedlichen Steingruppierungen wird anschaulich vermittelt, was man alles mit Steinen darstellen kann. Ein wunderbares Buch zum Nachmachen und zum kreativen Gestalten eigener phantasievoller Steinkonstellationen in der Gruppe.

Altersempfehlung ■ Ab 4 Jahre.

Changes, changes

Hutchins, P. (1987).
New York: Aladdin Paperbacks/
Simon & Schuster

In diesem textlosen Bilderbuch wird die Geschichte von zwei Holzfiguren in ihrem Haus aus kleinen Holzblöcken erzählt. Auf einmal beginnt das Haus zu brennen und die beiden Figuren basteln sich aus Spielblauklötzen ein Wasserlöschfahrzeug. Da aber auf einmal zu viel Wasser da ist, sind sie gezwungen, ein Boot zu bauen. Als sie am Land ankommen, bauen sie erneut aus den Bauklötzen einen Wagen und eine Dampflokomotive, um schließlich endlich wieder auf sicherem Boden ihr Haus aufzubauen. Ein einfaches und phantasieanregendes Buch über das Bauen mit Bauklötzen, was dazu anregt, die Objekte selbst nachzubauen und eigene Geschichten mit Bauklötzen zu erfinden.

Altersempfehlung ■ Ab 3 Jahre.

Es gibt so Tage …

Janisch, H. & Bansch, H. (2001).
Wien: Jungbrunnen

Ein Plädoyer in wunderbaren Bildern für die Schönheit, sich einfach phantastische Geschichten auszudenken.

Altersempfehlung ■ Ab 4–5 Jahre.

6.10 Entdeckung des Körpers und der Sinne

Körperempfindungen und die Sinne bestimmen von Geburt an die Entwicklung grundlegender Fertigkeiten und können als das Fundament der weiteren kognitiven und psychischen Entwicklung angesehen werden. Der Säugling nimmt seine Welt zunächst nur durch seine Körperempfindungen und seine teils noch nicht ausgereiften Sinne wahr. Durch die Koordination von sensorischen Wahrnehmungen und von motorischen Verhaltensweisen erlernt das Kind im sensumotorischen Stadium (Geburt bis zum 2. Lebensjahr) nach Piaget die ersten basalen Kenntnisse von sich und seiner Umwelt. Im Verlauf der weiteren Entwicklung nimmt das explizite Wissen über den Körper an sich und seine Funktionen kontinuierlich zu. Ebenso entwickelt sich auch das Gefühl und Bewusstsein für den eigenen Körper, sowohl durch die Erfahrungen, was man alles kann oder nicht kann, als auch durch die Kommentare von Erwachsenen sowie Kindern über die eigenen körperlichen Aktivitäten bzw. über den eigenen Körper.

In Bezug auf das allgemeine Körperwissen (Wissen über Position, Struktur und Funktion von Körperbestandteilen) richtet sich die Aufmerksamkeit bei jungen Kindern zunächst auf die äußeren sichtbaren Körperteile wie Gesicht, Gestalt, die äußeren Geschlechtsmerkmale und auch die Haut. In Bezug auf Bestandteile des Körperinneren kennen Vorschulkinder in der Regel nur zwei bis sechs Körperteile, insbesondere das Herz, die Knochen, Blut, Gehirn und Muskeln (Lohaus & Ball, 2006). Ein besonderes Interesse zeigen jüngere Kinder bereits sehr früh an der Frage, woher die Babys kommen, insbesondere wenn sie eine Schwangerschaft und die Geburt eines Kindes mitbekommen. Während Kinder in diesem Zusammenhang früh erfassen, dass ein Baby im Bauch der Mutter heranwächst, bleiben die Vorstellungen über die Entstehung eines Babys noch sehr im Nebulösen und Magischen. So zeigte sich in einer Untersuchung von Brilleslijper und Baartman (2000), dass ca. 10 % der fünf- bis sechsjährigen Kinder eine Ahnung davon hatten, dass die Samenzelle die Eizelle befruchtet. Kenntnisse über die Bedeutung des Geschlechtsaktes hatten lediglich 6 % der Kinder. Dies macht deutlich, dass wir Erwachsene trotz des zu beobachtenden Interesses von jüngeren Kindern für die Entstehung von Kindern und für Sexualität sehr vorsichtig bei der Aufklärung sind, sei es, dass wir den Zeitpunkt für Aufklärung bei Kindern im Vorschulalter als verfrüht ansehen oder dass wir aus verschiedensten Gründen Scheu davor haben. In Anbetracht der zu beobachtenden verstärkten Sexualisierung im Alltag – sowohl durch die Medien als auch durch den zunehmend früheren Gebrauch von sexuellen Wörtern bei Kindern, die diese zumeist von den älteren Kindern aufschnappen – erweist sich aber eine frühzeitige kindgerechte Aufklärung als wichtig, um Kindern eine adäquate Orientierung zu geben.

Gerade bei der Vermittlung von Grundkenntnissen über den Körper, über Schwangerschaft und Sexualität erweisen sich Bilderbücher als sehr hilfreich. Ebenso finden sich einige ausgezeichnete Bilderbücher, anhand derer das Bewusstsein und das Gespür für die Bedeutung verschiedenster Sinne geschult werden kann.

Groß, klein, dick, dünn – Ich mag mich, wie ich bin!

Damon, E. © 2003 by Gabriel (Thienemann Verlag), Stuttgart–Wien

Anhand vieler phantasievoller Aufklappbilder wird gezeigt, dass es dünne und dicke Menschen sowie Menschen mit einem schlaksigen und einem stämmigen Körper gibt. Ebenso lernen Kinder, dass sich Menschen in Bezug auf ihre Finger, Füße, Gesichtsformen, Augen, Münder, Lippen und Nasen unterscheiden. Manche Menschen gehen an Krücken, andere sitzen im Rollstuhl oder benutzen einen Stock. Auch die unterschiedlichen Lebensphasen von Menschen (Babys, Kleinkinder, Kindergartenkinder, Schulkinder, Jugendliche, Erwachsene und Senioren) werden kurz vorgestellt. Auf der letzten Seite ist schließlich ein kleines aufklappbares Skelett angebracht, mit dem die einzelnen Knochen und Organen veranschaulicht werden können.

Thematik ■ Unterschiedliches Aussehen bei Menschen. Kennenlernen des Körpers.

Praktische Hinweise ■ Dieses Buch ist bereits für die Kleinsten im Kindergarten geeignet und vermittelt, wie unterschiedlich Menschen hinsichtlich ihres Körpers aussehen können und wie sich die körperliche Erscheinung in den verschiedenen Lebensphasen ändert. Der Untertitel „Ich mag mich, wie ich bin!" verweist darauf, dass mit dem Buch auch die Akzeptanz des Aussehens sowie Körperbaus von einem selbst als auch von anderen Menschen vermittelt werden soll. Gerade auch die knappen Erläuterungen, dass Menschen einmal so und einmal anders ausschauen, bestärken die Natürlichkeit dieser Aspekte und betonen, dass kein Mensch wegen diesbezüglicher Eigenheiten gehänselt werden sollte.

Altersempfehlung ■ Ab 3–4 Jahre.

Mami hat ein Ei gelegt!

Cole, B. (1993).
Aarau/Frankfurt/Salzburg: Sauerländer

Mami und Papi kommen zu dem Entschluss, dass es endlich an der Zeit ist, ihren Kindern zu erklären, woher die Babys kommen. Was jetzt aber kommt, sind die abstrusesten Gedanken über Kinderkriegen, die man vermutlich in Bilderbüchern finden kann. Es ist neben dem Betrachten der witzigen Bilder ein schierer Genuss für Kinder zu hören, dass Mädchen aus Zucker und Gewürzen gemacht werden, während die Jungen aus Schnecken und Würmern entstehen. Die Bemühungen der Eltern um eine spannende und zufrieden stellende Aufklärung sind aber noch nicht vorbei. So werden manche Kinder von Dinosaurier gebracht, andere unter Steinen gefunden und Mami hat sogar ein Ei gelegt, bei dessen Explosion die Kinder rausgeschleudert wurden. Als die Kinder den Erzählungen ihrer Eltern so lauschen, können sie nicht umhin, laut loszuprusten und das Ganze als Quatsch abzutun. Voller Eifer erklären sie schließlich ihren Eltern, die sie für unwissend halten, wie das Kinderkriegen wirklich funktioniert. Auf vielen Plakaten malen sie ihren Eltern auf einfache und witzige Weise auf, wie sich Männer und Frauen unterscheiden, wie der Geschlechtsakt funktioniert, die Befruchtung stattfindet, das Baby im Bauch immer größer wird und schließlich geboren wird. Die fassungslosen Eltern erröten angesichts dieser Darstellung vor Scham und die Kinder sind vollends zufrieden, dass sie endlich ihre Eltern aufgeklärt haben.

Thematik ▪ Aufklärung.

Praktische Hinweise ▪ Dieses Bilderbuch besticht durch seine kindgerechte und äußerst humorvolle Art aufzuklären. Durch die verlegene, aber trotzdem engagierte Art der Eltern, ihre Kinder aufzuklären, werden die Unsicherheiten und die Vorsicht der Erwachsenen bei der Aufklärung so amüsant vorgeführt, dass sowohl Erwachsene wie Kinder schmunzeln müssen und gerade dadurch die Lockerheit bzw. Entspanntheit entsteht, die für die Aufklärung jüngerer Kinder so wichtig ist. Genial ist nun, dass die Kinder selbst die Aufklärung übernehmen und durch ihr selbstverständliches Auftreten demonstrieren, wie natürlich und unverkrampft sie selbst mit diesem Thema umgehen. Dabei sind Babette Cole wunderbar einfache und phantasievolle Bilder gelungen, denen einerseits die notwendige Deutlichkeit nicht fehlt, die aber auch andererseits für jüngere Kinder nicht zu massiv sind.

Altersempfehlung ▪ Ab 5 Jahre.

Pschscht!

Willis, J./Ross, T. © 2005 by Gabriel (Thienemann Verlag), Stuttgart–Wien

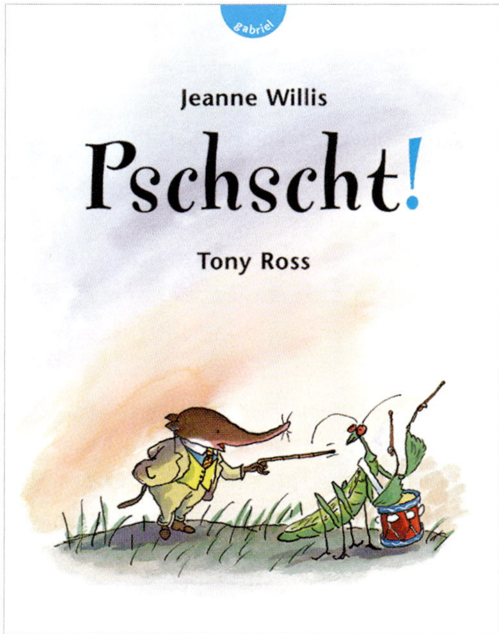

Eine kleine Spitzmaus möchte der Welt etwas ganz Wichtiges erzählen, aber die Welt ist viel zu laut und ihre Stimme zu leise. Sie bemüht sich redlich, wartet auf die Nacht, klettert auf ein Dach und auf einen hohen Berg, aber die Welt bleibt einfach laut. Schließlich erfolgt ein Aufruf an die Betrachter des Bilderbuches selbst, bis drei zu zählen und einfach ganz leise zu sein. Bildlich wird diese Stille umgesetzt durch eine leere Seite mit leichten und warmen weiß-blau-rötlichen Farbtönen. Und genau dies ist die wichtige Botschaft der kleinen Spitzmaus: wenn alle Menschen leise wären und zuhören würden, wäre auf der ganzen Welt Ruhe und Frieden.

Thematik ■ Kontrastierung von laut und leise. Bedeutung des Zuhörens für ein friedliches Miteinander.

Praktische Hinweise ■ Neben der poetischen Vermittlung der Bedeutung des Zuhörens für den Frieden lassen sich die Kinder mit „Pschscht!“ auch aktiv mit einbeziehen in die Entdeckung von verschiedenen Geräuschen. Auf insgesamt sechs großflächigen Seiten werden die von den unterschiedlichsten Tieren verursachten Geräusche lautmalerisch ausgedrückt (z. B. „Rumpel, pumpel, boff“ oder „Bla, Bla, Blök“). In einer kleinen Kindergruppe ist es natürlich ein Heidenspaß, diese Geräusche laut und rhythmisch nachzumachen. Gerade durch dieses spielerische Getöse bewirkt die Aufforderung, auf „drei“ einmal ganz leise zu sein, ein noch beeindruckenderes und sinnlich spürbares Erlebnis von Stille.

Altersempfehlung ■ Ab 4–5 Jahre.

Sei doch mal still

Johansen, H./Gleich, J. (Illustr.) © 2001
Carl Hanser, München – Wien

Einen anderen anregenden Zugang zum Entdecken des Hörens bietet dieses Buch. Ein Mädchen und ein Junge führen uns dabei durch diese kleine Reise. Der Junge tobt im Bett herum, da fordert ihn das Mädchen auf, doch mal still zu sein, weil es etwas hören möchte. Es möchte die Fliege am Fenster oder den Regen dahinter hören. Ebenso möchte es Dinge hören, die man vielleicht gar nicht hören kann, wie die Eier im Vogelnest oder den Regenbogen.

Thematik ■ Bewusstmachen, was man in der Stille alles hören kann. Anregung, sich auch in der Phantasie Geräusche von lautlosen Dingen vorzustellen.

Praktische Hinweise ■ Das Buch vermittelt sowohl textlich als auch bildlich einen sehr guten Anreiz zum phantasievollen Hören in der Stille. Es ist zu empfehlen, nach dem gemeinsamen Betrachten des Bilderbuches die Kinder aufzufordern, nach weiteren Dingen in der Umgebung Ausschau zu halten, die man in der Stille besser hören kann. Ebenso können sie angeregt werden, ihre Phantasie spielen zu lassen und nach Dingen zu suchen, die man eigentlich nicht hören kann, aber bei denen es interessant und spannend wäre, wie sie klingen könnten oder würden.

Altersempfehlung ■ Ab 5 Jahre.

7 Blinde Mäuse

Young, E. (1995).
Berlin/München: Altberliner Verlag

Sieben blinde und unterschiedlich farbige Mäuse entdecken etwas Seltsames in der Nähe ihres Teiches. An jedem Wochentag nun zieht eine andere Maus hinaus, um jeweils einen Teil dieser seltsamen Erscheinung zu befühlen und zu betasten. Natürlich kommt jede der blinden Mäuse zu einer ganz anderen Einschätzung, um was es sich da handeln könnte. Sie fangen zu streiten an, bis schließlich die siebte Maus am Sonntag zum Teich geht, die ganze Erscheinung von vorne bis hinten abläuft, um endlich festzustellen, dass jede Maus irgendwie Recht gehabt hat, es sich jedoch alles in allem ganz einfach um einen Elefanten handelt.

Thematik ■ Eine Perspektive allein erschließt noch nicht die ganze Wahrheit. Entstehung von Streit. Einstieg in Tasten und Fühlen.

Praktische Hinweise ■ Ziel des Buches ist es, primär die lebensphilosophische Sichtweise zu vermitteln, dass ein Wissen in Teilen zwar eine schöne Geschichte macht, letztendlich aber nur das Sehen des Ganzen zur Weisheit führt. Ebenso zeigt das Buch auf, wie Streit entsteht, weil man die ganzen Zusammenhänge nicht sieht. Neben diesen wichtigen Botschaften eignet sich dieses Buch aber auch sehr gut als Einstieg in die Welt des Tastens und Fühlens. Die Geschichte lässt sich sehr schön nachspielen, indem den Kindern die Augen verbunden werden, jedes Kind nur einen bestimmten Körperteil einer größeren Elefantenfigur abtastet und schildert, was es spürt bzw. ob es Ähnliches spürt, wie die blinden Mäuse. Danach sollten andere Tierfiguren oder Objekte (z. B. Gießkanne) in die Mitte gestellt werden, welche verschiedene Assoziationen wecken können. Zunächst befühlt jedes Kind unter Führung der Erzieherin nur einen Teil des Objekts und gibt seine Einschätzung, was es sein könnte, ab. Danach sollte jedes Kind die Figur als Ganzes befühlen.

Altersempfehlung ■ Ab 4–5 Jahre.

Maler Moll

Junge, N. & Rönneper, J. (2003).
Berlin: Kindermann

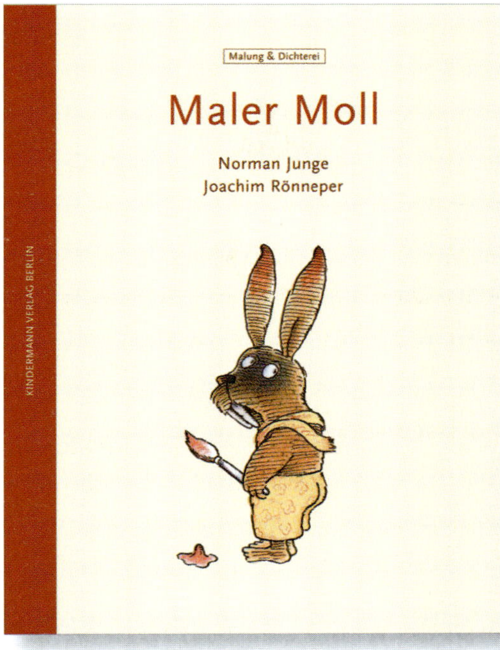

Maler Moll ist ein ganz besonderer Hase, denn er liebt die Kunst und gestaltet daher Bilder bzw. Kunstwerke mit Bezug auf die verschiedensten Kunststile. Auf jeder Seite ist rechts entweder Maler Moll in Aktion oder sein geschaffenes Kunstwerk zu betrachten, während auf der linken Seite zwei- oder vierzeilige Reimsätze in prägnanter Kürze das Bild kommentieren. Im Anhang ist eine kleine Kunstgeschichte des Maler Molls angefügt, in dem der Bezug der Bilder zu folgenden Kunststilen (bzw. Künstlern) erläutert wird: Tachismus/Action Painting (Georges Mathieu), Tachismus/Drip Painting (Jackson Pollock), Kinetische Kunst/Clouages (Günther Uecker), Dadaismus/Ready-mades (Marcel Duchamp), Pop-Art (Andy Warhol), Surrealismus, Stilleben, Kunstfälschung/Abstrakte Malerei, Expressionismus (Vincent van Gogh), Conceptual Art, Fotokunst/Aktionskunst (Man Ray, Joseph Beuys), Impressionismus/Freilichtmalerei (Claude Monet), Picassos „Blaue Periode", Kubismus (Pablo Picasso, Georges Braque) und Suprematismus (Kasimir Malewitsch).

Thematik ■ Vertrautwerden mit Kunst und Malerei. Betrachten von Kunstwerken.

Praktische Hinweise ■ Soll man jüngere Kinder bereits mit Kunstwerken der Geschichte und der Moderne vertraut machen? Dies ist sicherlich sehr abhängig von dem Kunstverständnis und dem Zugang zu künstlerischen Werken der jeweiligen Erzieherin. Gerade aber weil jüngere Kinder sich sehr stark von Bildern und phantasievollen Objekten ansprechen lassen, spricht eigentlich nichts dagegen, Kinder bereits früh mit ausgewählten Kunstwerken vertraut zu machen und auf sie ohne überfrachtete Erklärungen von Erwachsenen einfach wirken zu lassen. Ebenso werden bereits jüngere Kinder in unserem Medienzeitalter so sehr mit kitschigen und rasanten Bildern konfrontiert, dass es um so wichtiger erscheint, anhand der Betrachtung von Kunstwerken auch Kontrapunkte in den Sehgewohnheiten der Kinder zu schaffen.

Altersempfehlung ■ Ab 5–6 Jahre.

Weitere empfehlenswerte Bücher

Wir entdecken unsere Sinne (2005).

Aus der Reihe Wieso? Weshalb? Warum?
Ravensburg: Ravensburger Buchverlag

Bereichert mit vielen aufklappbaren Bildern lernen die Kinder die fünf Sinne kennen.
Altersempfehlung ▪ Ab 5 Jahre.

Kennst du deinen Körper (2005).

Aus der Reihe Der Kinder Brockhaus.
Mein erstes Wissen.
Mannheim: Bibliographisches Institut & F.A. Brockhaus AG

Sehr anschaulich aufgemachtes Sachbilderbuch zur Vermittlung folgender Themen: grundlegende Funktionen des Körpers und spezifischer Organe, Krankheit und Gesundheit, Essen und Trinken, Veränderungen des Körpers mit der Entwicklung, Unterschiede zwischen den Menschen.
Altersempfehlung ▪ Ab 5–6 Jahre.

Du kommst auch aus Mamas Bauch. Ein erstes Aufklärungsbuch für Kinder

Schneider, S. & Gotzen-Beek, B. (2005).
München: cbj Verlag

Verschiedenste Aspekte zum Thema Aufklärung (Bedeutung des Geschlechtsakts, Entwicklung des Babys im Bauch, Geburt, Doktorspiele und worauf man dabei aufpassen muss) und zum Umgang mit Babys werden erläutert. Da es sich um viele zweiseitige Einzelkapitel handelt, ist es sehr gut möglich, einzelne Themen zur Besprechung herauszugreifen.
Altersempfehlung ▪ Ab 5–6 Jahre.

6.11 Gesundheit, Behinderung, Krankheit und Tod

Studien über Gesundheitsvorstellungen bei Kindern unter 6 Jahren zeigen, dass diese noch kein klares Konzept über Gesundheit entwickelt haben. So zeigte sich, dass der Großteil der 3- bis 6-jährige Kinder die Frage, was Gesundheit sei, nicht beantworten konnten, während ein Drittel der Kinder sich auf konkrete Verhaltensweisen oder auf Gesundheitspraktiken (wie z. B. etwas Gesundes essen oder trinken) beziehen, welche ihnen von Erwachsenen vermittelt wurden (Lohaus & Ball, 2006). 6-jährige Kinder verstehen Gesundheit vorwiegend positiv als einen Zustand des Wohlbefindens, der es ermöglicht, ausgelassen zu spielen und Sport zu betreiben. Lediglich 22 % der 6-Jährigen geben an, dass Gesundheit bedeutet, nicht krank zu sein. Krankheit wird dementsprechend von Vorschulkindern als Einschränkung in diesem Wohlbefinden verstanden, indem bestimmte Tätigkeiten nicht durchgeführt werden können. Die Kenntnis spezifischer Krankheitssymptome ist sehr eingeschränkt und stark davon abhängig, wie sehr bestimmte Krankheiten bei sich oder bei anderen miterlebt und mit Erwachsenen besprochen wurden.

Hinsichtlich des Verständnisses von Krankheitsursachen verweisen Lohaus und Ball (2006) insbesondere auf drei spezifische Erklärungsmuster im Vorschulalter, die auf das präoperationale Denken in dieser Entwicklungsphase zurückzuführen sind:

- Bestimmte Phänomene, die Kinder vor oder während des Auftretens von Krankheitssymptomen beobachten, werden als Ursache für die Krankheit gesehen.
- Kinder beziehen sich auf sehr allgemeine Weise auf das Prinzip der Ansteckung.
- Die Krankheit wird als Bestrafung für ein problematisches oder unangemessenes Verhalten angesehen (Prinzip der immanenten Gerechtigkeit).

Gerade in früheren Konzeptionen wie bei Piaget wurde angenommen, dass Kinder bis zum 8. Lebensjahr die Entstehung von Krankheiten oft in Verbindung mit moralischen Aspekten wie Fehlverhalten bringen und das biologische Verständnis von Krankheitsursachen eher gering ausgeprägt ist. In neueren Studien zeigt sich jedoch, dass bereits jüngere Kinder sich mehr auf biologische Konzepte beziehen als vermutet und in diesem Rahmen eine Theorie der „naiven Biologie“ entwickeln (Wellman & Gelman, 1998). Werden Vorschulkindern z. B. zwei Erklärungsmöglichkeiten für eine Krankheit angeboten, das Prinzip der Ansteckung versus das Prinzip der immanenten Gerechtigkeit, wählen sie eher die Ansteckung als Ursache (Springer & Ruckel, 1992). Solomon und Cassimatis (1999) betonen, dass bereits Vorschulkinder in der Lage sind nachzuvollziehen, dass (nicht sichtbare) Krankheitskeime Krankheiten verursachen können, dass verschmutzte Nahrungsmittel krank machen können und sich Krankheiten von einer Person auf die andere übertragen können.

Ein weiterer Aspekt im Umgang mit Gesundheit und Krankheit betrifft das Verständnis präventiver Gesundheitsmaßnahmen. In bisherigen Studien zeigte sich, dass Vorschulkinder bereits grundlegende Zusammenhänge zwischen spezifischen Präventionsmaßnahmen und damit verbundenen Wirkungen verstehen können. Dies konnte insbesondere bei Themenbereichen beobachtet werden, welche bereits frühzeitig zu Hause oder im Kindergarten behandelt wurden (wie z. B. die Bedeutung der Zahnpflege oder von gesunden Nahrungsmitteln). Diesen präventiven Maßnahmen kommt im Rahmen der frühen Gesundheitserziehung eine wichtige Rolle zu, da eine frühzeitige Kenntnis davon zu einer höheren Wahrscheinlichkeit führt, auch später auf ein gesundheitsförderndes Verhalten zu achten.

In Bezug auf das Verständnis des Todes lassen sich verschiedene Entwicklungsphasen beobachten. Kinder unter drei bis vier Jahren haben in der Regel noch keine Vorstellung vom Tod. So sprechen sie von Toten, als würden sie noch leben und wären nur kurz weg. Der Tod selbst wird als eine Art Schlaf oder Reise verstanden. Zwischen vier und sechs Jahren beginnen Kinder zu verstehen, dass der Tod damit einhergeht, dass man nicht mehr wiederkommen wird (Irreversibilität des Todes) und Körperfunktionen nicht mehr vorhanden sind. Dabei zeigt sich, dass Kinder dieses Verständnis erst nach und nach auf alle Lebewesen anwenden. So können sie die Irreversibilität des Todes ab vier Jahren bereits relativ gut auf Tiere anwenden, die von anderen Tieren getötet werden (Bering & Bjorklund, 2004). Bezogen auf Personen gehen sie aber noch davon aus, dass bestimmte Personengruppen wie Eltern, Verwandte, wichtige Bezugspersonen und die eigene Person davon ausgenommen sind oder den Tod vermeiden können (Lohaus & Ball, 2006). Die Ausweitung auf alle Personen gelingt erst um das siebte Lebensjahr herum. Von Bedeutung bei den Todesvorstellungen von jüngeren Kindern ist auch, dass sie physische und psychische Funktionen eines Menschen unterschiedlich gewichten. So nehmen sie noch länger an, dass im Unterschied zu physischen Funktionen Emotionen und kognitive Prozesse wie Denken oder Wahrnehmen nach dem Tod fortbestehen. Das kindliche Verständnis des Todes wird natürlich sehr beeinflusst durch frühzeitige Erfahrungen mit dem Tod von Angehörigen und durch die Einstellungen bzw. Umgangsweisen von Erwachsenen selbst mit diesem Thema, welche sich ja darauf auswirken, ob und wie ausführlich mit Kindern über den Tod gesprochen wird.

Neben der Thematisierung spezifischer Aspekte von Gesundheit, Krankheit und Behinderung sind Bilderbücher auch eine unschätzbare Hilfestellung, Kindern das Phänomen Tod nahe zu bringen. Die obigen Ausführungen verweisen darauf, dass es bei jüngeren Kindern bis zum vierten bis fünften Lebensjahr günstig ist, anhand von Tierfiguren das Prinzip des Todes zu erklären, da dies einerseits leichter verständlich ist und andererseits als weniger bedrohlich erlebt wird. Bei Todesfällen von Familienmitgliedern oder bekannten Personen ist jedoch bei älteren Kindern zu empfehlen, auf Bilderbücher mit menschlichen Figuren zurückzugreifen, da diese eine konkretere und stimmigere Orientierung geben.

Neues aus dem Bahnhof Bauch

Russelmann, A. (1995).
Gossau: Neugebauer

Julia verhält sich, was das Essen betrifft, sehr ungesund. Sie kaut zu wenig, isst zu schnell, zu viel durcheinander und hat auch noch eine Vorliebe für die ungesunden Sachen. Das nett aufgemachte Buch von Russelmann versucht nun, Kindern zu verdeutlichen, wie die Verdauung funktioniert und was das Essverhalten von Julia im Bauch so alles auslöst. Wir lernen die Bäuchlinge kennen, deren Aufgabe es ist, das Essen zu zerkleinern und zum Enddarm zu transportieren. Anfangs haben die Bäuchlinge gar nichts zu tun im Bahnhof Bauch. So kann es vorkommen, dass manche einschlafen und laut zu schnarchen anfangen, was zu Bauchknurren bei Julia führt. Mit einem Heißhunger beginnt nun Julia Spaghetti mit Salat zu essen. Die Bäuchlinge machen sich natürlich sofort an die Arbeit, aber leider sind die Brocken viel zu groß, weil Julia wieder einmal nicht richtig kaut. Als wenn dies nicht schon genügen würde, kommt zu guter Letzt auch noch Vanilleeisschaum mit Schokoladesoße dazu und führt entsprechend zu Vereisungen in bestimmten Bereichen des Bahnhofs Bauch. Das ist zu viel an Arbeit und Stress, so dass die Bäuchlinge schimpfen und streiken. Sie trommeln vor lauter Wut an die Wände und stampfen auf den Boden. Davon bekommt Julia Bauchzwicken und es wird ihr schlecht. Aber Gott sei Dank wird es wärmer und das Eis im Bahnhof Bauch taut auf, denn Julia liegt nun im Bett bei heißem Tee und Wärmeflasche. Schließlich schaffen die Bäuchlinge den Rest der notwendigen Arbeit und Julia ist wieder putzmunter.

Thematik ■ Erläuterung des Ablaufs der Verdauung. Bedeutung von gesundem Essverhalten für die Verdauung.

Praktische Hinweise ■ Anhand dieses Buches erhalten die Kinder eine plastische und kindgerechte Vorstellung davon, wie die Verdauung prinzipiell funktioniert und wie sich ungesundes Essverhalten darauf auswirkt. Dadurch lässt sich auch ein bewussteres Essverhalten im Kindergarten sehr schön fördern, indem die Kinder vor dem Essen an die Arbeit der Bäuchlinge erinnert und gefragt werden, was für die Bäuchlinge wichtig ist und was jeder selbst tun kann, damit es den Bäuchlingen gut geht.

Altersempfehlung ■ Ab 5 Jahre.

Nein! Tomaten ess ich nicht!

Child, L. ©
Carlsen, Hamburg 2002

Charlie steht vor einer schwierigen Aufgabe, wenn er auf seine jüngere Schwester Pia aufpassen und ihr auch das Essen machen muss. Denn Pia ist ziemlich heikel. Schließlich denkt sie, dass Möhren für Kaninchen und Erbsen zu klein und zu grün sind. Auch andere Lebensmittel wie Kartoffeln, Pilze, Würstchen, Blumenkohl, Bananen, Äpfel, Fischstäbchen, Reis oder Käse wird sie nie essen, geschweige denn Tomaten, die sie hasst. Charlie beruhigt seine Schwester, dass es diese Dinge sicher nicht zu essen geben wird. Als aber Charlie Möhren auf den Tisch legt und Pia erneut beteuert, dass sie keine Möhren isst, reagiert er ganz verblüfft und meint, dass es sich hierbei ja um orangefarbene Lakritzstangen vom Jupiter handelt. Das macht Pia dann doch neugierig. Sie beißt ab und findet es gar nicht einmal schlecht. Als nächstes präsentiert Charlie Erbsen als grüne Drops aus Grünstadt, welche vom Himmel fallen und die es so selten gibt. Die findet Pia sogar richtig lecker. In ähnlicher Manier tischt Charlie noch Wolkenflaum von der spitzesten Spitze des Fudschijamas (Kartoffelbrei) und Ocean-O-Twicks vom Unterwasser-Supermarkt (Fischstäbchen) auf. Als Pia als letztes auf die Tomaten zeigt, um sie zu probieren, kann es Charlie gar nicht glauben. Natürlich möchte Pia ihr Lieblingsessen Mondflutscher essen und fragt erstaunt, ob Charlie sie etwa für Tomaten gehalten hat.

Thematik ▪ Abneigung gegenüber gesundem Essen. Bedeutung der Phantasie, wenn Kinder beim Essen heikel sind.

Praktische Hinweise ▪ Bei der Entscheidung, ob man etwas essen soll, was man bisher noch nie probiert hat, lassen sich Kinder wie Erwachsene sehr stark von dem Aussehen und ihrer Vorstellung leiten, wie die verschiedensten Dinge schmecken könnten. Stärker als Erwachsene aber bleiben Kinder an ihrem ersten Eindruck haften und können sich vehement weigern, auch nur einen Bissen zu probieren. Zu stark dominiert dann die Vorstellung, dass eine bestimmte Speise ja nur fürchterlich schmecken kann. Während Kinder diese Schwierigkeiten bei den verschiedensten Süßigkeiten kaum haben, tritt dieses Phänomen gerade bei gesünderen Lebensmitteln verstärkt auf. Nicht selten helfen auch die besten Überredungskünste nichts, um ein Kind zu bewegen, zumindest einmal kurz zu probieren. Im Anschluss an dieses Buch ist es möglich, verschiedene Obst- und Gemüsesorten entweder real oder bildlich vorzustellen und die Kinder anzuregen, sich in ihrer Phantasie verschiedene Bezeichnungen vorzustellen.

Altersempfehlung ▪ Ab 5 Jahre.

Die kranke Ameise

Miller, Z. (2005).
Leipzig: leiv

Die Ameise hat Rückenweh. Der Doktor wird herbeigeholt und verordnet drei Stück Zucker jeden Tag. Die anderen Ameisen bringen sogleich die Medizin herbei. Doch um richtig gesund zu werden, braucht die kranke Ameise noch die Freunde, die sich rührend um die kranke Ameise kümmern, sie trösten und all die Schmerzen wegpusten.

Thematik ▪ Krankheit und die Bedeutung von Medizin und Fürsorge.

Praktische Hinweise ▪ Dieses schlichte und kleine Bilderbüchlein zeigt bereits den kleinsten Kindern auf, wie wichtig es ist, einerseits die verordnete Medizin einzunehmen und andererseits Freunde zu haben, die die Genesung durch ihre rührende Fürsorge beschleunigen.

Altersempfehlung ▪ Ab 3 Jahre.

Ich mach dich gesund, sagte der Bär

Janosch (2003).
Weinheim: Beltz & Gelberg

Als der kleine Tiger krank wird, verspricht ihm der Bär, dass er ihn gesund macht und trägt ihn selbstverständlich nach Hause. Der Bär kümmert sich rührend um den Tiger und tut alles, damit es ihm gut geht. Er arrangiert den Besuch der Tante Gans und als der Hase eine Untersuchung im Krankenhaus der Tiere vorschlägt, sorgt er natürlich auch für den sicheren Transport und alle kommen mit. Im Krankenhaus weicht der Bär ebenfalls nicht von der Seite, sei es bei den Untersuchungen oder bei der Operation selbst. Alle Tiere holen den kleinen Tiger wieder ab und begleiten ihn in einer feierlichen Prozession nach Hause, wo er vom Bär auch noch eine seiner Leibspeisen serviert bekommt. Schließlich hat der Bär nur noch einen Wunsch an den Tiger, nämlich dass *er* nächstes Jahr einmal krank sein darf und der Tiger ihn gesund macht.

Thematik ■ Krankheit und die Bedeutung der Fürsorge durch Freunde.

Praktische Hinweise ■ Die Geschichten vom kleinen Bär und vom kleinen Tiger gehören zu den Klassikern der deutschen Bilderbuch-Literatur. Keinem anderen Bilderbuch gelingt es so wie diesem Buch zu vermitteln, wie schwach und verletzlich man sich fühlt, wenn man krank ist, und wie sehr die liebevolle Zuwendung eines anderen gut tut, so gut, dass man sich auch einmal gerne etwas länger als notwendig krank fühlt.

Altersempfehlung ■ Ab 4–5 Jahre.

fünfter sein

Jandl, E. & Junge, N. (1997).
Weinheim: Beltz & Gelberg

Fünf Spiel- und Plüschfiguren sitzen mit ihren Wehwehchen im kargen Warteraum eines Doktors, jede auf andere Weise etwas ramponiert, vermutlich durch zu heftiges Spielen ihrer Besitzer. Gespannt beobachtet man, wie jeder Einzelne reingeht und geheilt bzw. funktionstüchtig wieder rauskommt. Schließlich sitzt die kleine an Pinocchio erinnernde Figur ganz alleine im schwach beleuchteten Warteraum und eine große Träne löst sich, bis er endlich selber reingeht und artig „tagherrdoktor" zum freundlichen Spielzeugdoktor sagt.

Thematik ■ Sorge und Angst im Warteraum beim Arzt. Erstes Zählen.

Praktische Hinweise ■ Wer kennt die Wartesituation beim Arzt nicht? Das Platznehmen im Warteraum, das Ab- und Mitzählen, wie viele noch vor einem sind, und schließlich die Sorge, was einen bei der Untersuchung erwartet. Diese Situation wird von Jandl mit seiner Minimallyrik und Junge mit seinen einfühlsamen Bildern so schlicht und wunderbar auf den Punkt gebracht, dass man nicht umhin kann, die wenigen Seiten des kleinen Bilderbuches immer wieder durchzublättern und auf sich wirken zu lassen.

Altersempfehlung ■ Ab 3 Jahre.

Wir verstehen uns blind

Huainigg, F.-J./Ballhaus, V. © 2005
by Annette Betz Verlag im Verlag
Carl Ueberreuter, Wien – München

Katharina verliert ihre Eltern beim Einkaufen. Ein blinder Mann namens Matthias mit seinem Blindenhund bemerkt sie und hilft ihr, die Eltern wieder zu finden. Dabei kommen sie ins Gespräch über Blindheit und Katharina erfährt, wie die Unterstützung durch Blindenhunde funktioniert und dass sich Menschen mit Blindheit über andere Sinne wie Hören, Riechen bzw. Tasten gut orientieren und manches sogar besser wahrnehmen können. Ebenso wird ihr erklärt, wie Matthias Tag und Nacht unterscheiden und mit der Braillezeile lesen kann. Als sie endlich über die Polizei zu Katharinas Eltern finden, ist Katharina ganz stolz auf ihren neuen Freund und hat viel zu erzählen.

Wir sprechen mit den Händen

Huainigg, F.-J./Ballhaus, V. © 2005
by Annette Betz Verlag im Verlag
Carl Ueberreuter, Wien – München

Lisa ist gehörlos. Als sie am Spielplatz nicht mitbekommt, dass sie einen Ball zurückschießen soll, wird sie von einem Mädchen als dumm bezeichnet, weil sie nichts versteht und nur komisch herumdeutet. Nur gut, dass auch Thomas in der Gruppe ist, der die Gebärdensprache beherrscht, weil seine Eltern gehörlos sind. Er fängt an, mit Lisa zu sprechen, und alle anderen Kinder werden neugierig auf die Gebärdensprache. Zwischen den Kindern entwickelt sich schließlich ein Austausch darüber, wie die Gebärdensprache funktioniert, und sie erfahren viel darüber, wie Menschen mit Gehörlosigkeit im Alltag leben.

Meine Füße sind der Rollstuhl

Huainigg, F.-J./Ballhaus, V. © 2005
by Annette Betz Verlag im Verlag
Carl Ueberreuter, Wien–München

Es wird die Geschichte von Margit, die im Rollstuhl sitzt, erzählt. Dabei werden typische Reaktionen der anderen Menschen auf ihre Behinderung geschildert. Alle schauen nach ihr und viele grüßen sie auch, obwohl sie keinen kennt. Da ist das Mädchen, das Margit in Bezug auf den Rollstuhl fragt, was sie da Komisches hat. Das Mädchen wird aber von ihrer Mutter zurechtgewiesen, dass sie so etwas nicht fragen darf. Dann wird Margit von einer älteren Frau wegen ihrer Behinderung bedauert und im Supermarkt kommt sie nicht einmal dazu, sich selbst die Sachen zu nehmen, weil ihr immer alles schon vorher gereicht wird. Als Margit daraufhin traurig zwischen den Regalen sitzt und weint, taucht erneut der dicke Sigi auf, der ihr vorher über die Gehsteigkante geholfen hat. Margit erzählt von ihrem Gefühl, dass sie von anderen als ungeschickt, blöd und hilflos hingestellt wird, und sie sprechen über ihre Behinderung. Beide brechen gemeinsam zum Heimweg auf und Margit traut sich zu, der älteren Frau von vorher die Meinung zu sagen, andere um Unterstützung zu bitten, den Polizisten auf Missstände hinzuweisen und dem Mädchen zu Beginn einfach zu sagen, dass sie behindert ist. Schließlich sausen Margit und Sigi voller Zufriedenheit die Straße hinunter und es macht Margit nichts mehr aus, dass alle schauen.

Thematik ■ Erläuterung unterschiedlicher Behinderungen bzw. Handicaps.

Praktische Hinweise ■ In allen drei Büchern von Huainigg und Ballhaus erfahren Kinder sehr viel über das Leben mit Behinderungen. Der Fokus liegt dabei – insbesondere bei den ersten beiden Büchern – sehr auf Wissensvermittlung über Hintergründe der Behinderung und Alltagsgestaltung von betroffenen Kindern bzw. Erwachsenen. Die Geschichten von Matthias und Lisa sind sehr getragen von der Faszination von Katharina bzw. den anderen Kindern über das, was Menschen mit Blindheit und Gehörlosigkeit trotz ihres Handicaps können. Die emotionale Bewältigung der Krankheit selbst steht daher nicht so im Vordergrund wie in der Geschichte von Margit, die durch ihre anfänglichen Erfahrungen deprimiert wird, dann aber mit Hilfe von Sigi lernt, damit umzugehen. Insofern ist diese Geschichte auch sehr gut geeignet für die Arbeit mit betroffenen Kindern.

Altersempfehlung ■ Ab 5 Jahre.

„Was ist das?" fragt der Frosch

Velthuijs, M. (1992).
Düsseldorf: Sauerländer

Der Frosch entdeckt eine tote Amsel und zeigt diese dem Schweinchen, um es zu fragen, was mit der Amsel los ist. Das Schweinchen meint, dass die Amsel schläft. Die Ente taucht auf und meint, dass die Amsel krank ausschaut, bis schließlich der Hase kommt und darauf verweist, dass die Amsel tot ist. Auf die Frage des Frosches, was tot eigentlich bedeutet, erzählt ihm der Hase, dass alles einmal stirbt, auch sie selbst, wenn sie alt sind. Schließlich fertigen die Tiere eine Tragbahre an und suchen einen schönen Platz, um die Amsel zu beerdigen. Zusammen graben sie ein Loch, legen die Amsel hinein und legen oben auf das Grab einen schönen Stein. Zurückgekehrt auf die Wiese, fangen die Tiere wieder zu spielen an und freuen sich darüber, dass das Leben wunderschön ist, bis schließlich erneut eine Amsel ihr schönes Abendlied singt.

Thematik ■ Natürlicher Kreislauf von Leben und Tod.

Praktische Hinweise ■ Das Buch beschreibt in sehr einfacher Sprache und schlichten Bildern den Tod eines Tieres. Erwachsenenorientierte Erklärungen, was der Tod ist, fehlen gänzlich. Stattdessen wird nur knapp erwähnt, dass jeder einmal stirbt. Gerade aber wegen dieser Knappheit und Nichtüberfrachtung mit Erläuterungen stellt dieses Buch einen guten Einstieg dar, mit Kindern über ihre eigenen Vorstellungen über Tod und Leben in der Natur zu sprechen.

Altersempfehlung ■ Ab 4 Jahre.

Gehört das so??!
Die Geschichte von Elvis

Schössow, P. © 2005
Carl Hanser, München – Wien

Ein kleines Mädchen zieht ihre knallrote Lackleder-Omahandtasche durch einen Park hinter sich her. Auf einmal schreit sie in die Runde: „Gehört das so??!" Keiner weiß, was los ist, und eine Gruppe interessierter Personen und Tiere folgt dem Mädchen weiter, bis es am Steg beim See steht und erneut ganz empört diesen Satz schreit. Erneut zieht das kleine Mädchen weiter und schreit eine Grillrunde wieder mit dem gleichen Satz an. Schließlich wird die Kleine gefragt, was eigentlich los ist und sie brüllt: „Elvis ist tot!" Zunächst denken die Personen an Elvis Presley, aber dann macht die Kleine ihre Handtasche auf und zeigt ganz verzweifelt ihren toten gelben Vogel her. Die Personengruppe ist berührt und schlägt eine Erdbestattung mit Prozession vor. Es wird Abschied genommen und die Kleine erzählt, welche Freude sie mit ihrem Vogel hatte. Alle sind gerührt, weinen, nehmen sich in die Arme und stellen sich eine Begegnung zwischen dem kleinen und dem großen Elvis vor, was sie trotz der Traurigkeit zum Lachen bringt.

Thematik ■ Tod eines Haustiers. Aufzeigen der damit verbundenen Gefühle. Umgang und Bewältigung von Trauer.

Praktische Hinweise ■ Eines der schönsten Bücher über das Erleben des Todes eines Haustiers ist Peter Schössow gelungen. In sehr eindringlichen Bildern wird die Liebe des kleinen Mädchens zu ihrem Vogel, die Empörung über dessen Tod und die Anteilnahme der anderen dargestellt. Kinder, die bereits ein Haustier verloren haben, fühlen sich durch dieses Bilderbuch sehr gut angesprochen und verstanden.

Altersempfehlung ■ Ab 4–5 Jahre.

Und was kommt nach tausend?

Bley, A. © 2005
by Ravensburger Buchverlag, Ravensburg

Otto, ein älterer Mann, und Lisa, ein junges Mädchen, pflegen eine innige Freundschaft. Sie verbringen viel Zeit im Garten und mit Zählen. Am Abend schauen sie in den Himmel und auf die Frage, wie viele Sterne am Himmel glitzern, antwortet Otto: „Tausend oder mehr". Und Lisa ist erstaunt darüber, dass die Zahlen, so wie Otto sagt, immer weitergehen und niemals aufhören. Als Lisa mit der von Otto gebastelten Schleuder endlich den Blechbüffel trifft, fragt sie Otto, wie sie den toten Büffel in die Baumkronen bekommt, schließlich hat ihr ja Otto einmal erzählt, dass die Toten bei den Indianern in den Baumkronen festgebunden werden, um von den Vögeln in den Himmel hinaufgetragen zu werden. Otto erklärt ihr daraufhin, dass die Indianer dies nur mit den toten Menschen und nicht mit den Büffeln machen. Eines Tages liegt Otto krank im Bett und Lisa spürt, dass Otto bald sterben wird. Auf ihre Frage, ob sie ihn dann auch in einen Baum hängen müssen, erwidert Otto, dass er in der Erde begraben werden möchte, er sei ja schließlich kein Indianer, sondern ein Gärtner. Schließlich stirbt Otto und gemeinsam mit Olga sitzt Lisa am Totenbett. Als sie direkt nach der Beerdigung zur Schleuder greift und für Otto einen Blechbüffel mit ihrer Schleuder erwischt, freut sie sich, was aber all die fremden Menschen nicht verstehen. Sie fühlt sich von Otto, der ihre Freude sicherlich verstanden hätte, alleingelassen. Sie wird von Olga getröstet, die ihr feinfühlig erklärt, dass man Otto jetzt nur nicht mehr sehen kann. Dies ist so, wie wenn man sich eine Torte vorstellt. In der Vorstellung ist sie da, obwohl man sie nicht sehen kann. Lisa fühlt die Nähe von Otto und erwidert schließlich, dass es bei Otto so wie mit den Zahlen sei: „Er ist einfach in uns drin und hört niemals auf."

Thematik ■ Tod eines geliebten Menschen. Umgang mit dem Tod. Verbundenheit mit einem Menschen über seinen Tod hinaus.

Praktische Hinweise ■ Anette Bley ist ein sehr einfühlsames Buch über den Tod eines Menschen geglückt. Der Status von Otto (Opa, Onkel, Nachbar?) wird im ganzen Buch nie eindeutig geklärt, so dass bei jüngeren Kindern eine konkrete Bezugnahme zu einer Person nicht so stark erfolgt wie bei anderen Bilderbüchern, bei denen es in der Regel um den Tod eines spezifischen nahen Verwandten geht. Viele Kinder assoziieren jedoch mit Otto die Figur des Großvaters. Sehr gelungen ist, dass das Buch nicht sofort mit dem Tod eines Menschen beginnt wie in vielen anderen Bilderbüchern über den Tod, sondern die Kinder zunächst die warmherzige und innige Freundschaft zwischen Otto und Lisa kennen lernen. Sehr positiv ist auch, dass das Buch auf erwachsenenorientierte Erklärungen über den Tod und was danach sein könnte großteils verzichtet. Stattdessen wird sehr stark auf das Erleben der scheinbar verloren gegangenen Verbundenheit eingegangen, das sich bei Kindern konkret im Gefühl manifestiert, alleine gelassen worden zu sein. Anhand des Beispiels mit der Torte lernt Lisa jedoch, dass die Vorstellung von einem geliebten Menschen in ihr selber lebendig bleiben kann und dadurch die Verbundenheit aufrecht bleibt. Da es sich dabei um einen grundsätzlichen Aspekt in der Auseinandersetzung mit dem Tod handelt, kann dies bei entsprechendem Interesse sehr gut im Kindergarten thematisiert werden. Wenn Kinder jedoch konkret von Todesfällen innerhalb der Familie betroffen sind, sollte die Trauerarbeit in erster Linie den Familien selbst überlassen werden, was unter anderem auch durch die Empfehlung geeigneter Bilderbücher (siehe Weitere empfehlenswerte Bücher) unterstützt werden kann

Altersempfehlung ▪ Ab 4 Jahre.

Weitere empfehlenswerte Bücher

▪ Gesundheit und Krankheit

Bald bist du wieder gesund

Bydlinski, G. & Antoni, B. (1999).
Wien/München: Annette Betz Verlag
im Verlag Carl Ueberreuter

Anna muss ins Krankenhaus, da sie am Blinddarm operiert werden muss. Insgesamt eine gute Einführung in die Abläufe im Krankenhaus und über Operationen.

Altersempfehlung ▪ Ab 4–5 Jahre.

Manchmal, wenn ich mir weh tue

Erickson, K. & Roffey, M. (1989).
Reinbek: Carlsen

In schlichten Bildern und wunderbar einfachen Texten wird dargestellt, wie ein Kind über sein Spielzeugauto fällt und sich weh tut. Gott sei Dank ist Papa in der Nähe, der das Kind liebevoll tröstet, aber es auch dazu anregt, tapfer zu sein und die Medizin anzunehmen. Das Kind beißt schließlich die Zähne zusammen, kneift die Augen zu und atmet ganz tief und siehe da, es geht. Sehr anschaulich begleitet werden die Bilder auf der rechten Seite von einem Kuschelbären auf der linken Seite, welcher die Handlung des Kindes nachahmt. Ein gelungenes, aber leider vergriffenes Buch bereits für die Allerkleinsten.

Altersempfehlung ▪ Ab 2½ Jahre.

Mama, was ist AIDS?

Merrifield, M. & Collins, H. (2002).
Köln: mebes & noack

Von einer Ärztin geschriebenes Bilderbuch über Nikolas, der an AIDS erkrankt ist und aufgrund dessen Verunsicherung bei Kindern und Eltern im Kindergarten verursacht. Wichtiges kindgerechtes Buch zur Aufklärung über AIDS und zur Thematisierung eines positiven Umgangs damit.

Altersempfehlung ▪ Ab 4–5 Jahre.

▪ Behinderung

Ich bin Laura. Ein Mädchen mit Down-Syndrom erzählt

Cadier, F. & Girel, S. (2002).
Hamburg: Oetinger

Laura hat Down-Syndrom und erzählt aus ihrem Alltag mit ihrer Familie und von ihren Erlebnissen im Förderzentrum. Ein aufmunterndes Buch, das sowohl betroffenen Kindern als auch anderen Kindern aufzeigt, wie wichtig ein natürlicher Umgang mit diesem Syndrom ist.
Altersempfehlung ▪ Ab 5–6 Jahre.

Schwarze Augen

Tibo, G. & Zaü (2005).
Gossau: Nord-Süd

Mathieu ist von Geburt an blind. Er kann zwar mit seinen Augen nichts sehen, aber dafür hat er Ohrenaugen, Fingeraugen, Augen an den Zehen, Nasenaugen und Mundaugen, insgesamt also 26 Sinnesaugen, mit denen er sich die Vorgänge in der Welt vorstellen kann. Sehr einfühlsam wird der Alltag des Jungen beschrieben und wie er am Ende der Woche sich das schönste Hundebaby aussucht, obwohl er es nicht sehen kann. Das Bilderbuch zeigt auf sehr emotionale Weise auf, wie ein Kind trotz seiner Blindheit glücklich ist und über seine intensiver ausgeprägten anderen Sinneswahrnehmungen einen bewundernswerten Zugang zur Welt findet.
Altersempfehlung ▪ Ab 5 Jahre.

▪ Tod

Wenn ich an meine Oma denk …

Doray, M. (2003).
Wien: Picus

Das Bilderbuch wird zunächst manche Betrachter durch die Art der zeichnerischen Gestaltung (einfache, grobe Strichführungen, insbesondere die Mundpartien der hasenähnlichen Figuren) irritieren. Sehr gelungen ist der kurz gehaltene Text. Aus der Ich-Perspektive heraus erzählt ein Hasenkind anfangs seine schönen Erlebnisse mit seiner Oma. Als seine Oma stirbt, erklärt ihm seine Mutter auf schlichte Weise, dass es unterschiedliche Annahmen darüber gibt, was nach dem Tod passiert. Das Wichtigste aber bleibt, dass die Oma „immer noch ein wenig da“ ist, „weil sie eine große Erinnerung ist“. Beeindruckend wird dies damit symbolisiert, dass ein Bild der Oma im Zimmer des Kindes aufgestellt wird und das Kind beginnt, es als zunehmend schön zu empfinden, wenn es an seine Superoma denkt.
Altersempfehlung ▪ Ab 4 Jahre.

Du wirst immer bei mir sein

Hermann, I. & Solé-Vendrell, C. (1999).
Düsseldorf: Patmos

Auf der Fahrt in den Urlaub verunglückt eine Familie mit dem Auto. Während der fünfjährige Peter sowie seine Schwester und Mutter nur verletzt sind, stirbt der Vater bei diesem Autounfall. Als die Mutter Peter erzählt, dass sein Vater tot ist, kann er dies zunächst nicht begreifen, da er seinen Vater immer noch vor sich sieht und seine Stimme hört. Mit der Zeit lernt er, den Tod seines Vaters anzunehmen, indem er die innere Verbindung zu ihm nicht verliert. Eines der wenigen Bilderbücher, mit dem auch mit Kindern der Tod eines Eltern-

teils thematisiert werden kann. Aufgrund der starken Dominanz des Textes im Verhältnis zu den Bildern ist das Buch aber eher für ältere Kinder geeignet.
Altersempfehlung ▪ Ab 5–6 Jahre.

Abschied von Rune

Oeyen, W. & Kaldhol, M. (2000).
Hamburg: Ellermann

Saras bester Freund Rune ertrinkt beim gemeinsamen Spiel. Erzählt wird, wie Saras Mutter ihr das Unbegreifliche versucht verständlich zu machen. Ebenso werden einfühlsam die Beerdigung und der Umgang von Sara mit dem Tod ihres Freundes dargestellt. Das Buch kann gerade auch durch seine Bildgestaltung sehr nahe gehen, wirkt jedoch stellenweise auch etwas zu düster und schwermütig für jüngere Kinder.
Altersempfehlung ▪ Ab 5–6 Jahre.

Seinen Opa wird Jan nie vergessen

Westera, B. & van Straaten, H. (2001).
Oldenburg: Lappan

Das Buch beginnt ohne eigentliche Vorgeschichte sofort damit, dass Jan im Zimmer sitzt und zum Sarg seines Opas schaut. In diesem Kontext beginnt sich Jan an die gemeinsamen Erlebnisse mit seinem Opa zu erinnern. Dies gelingt auf sehr beeindruckende und warmherzige Weise. Insgesamt besticht das Buch durch die gelungene Darstellung von positiven Erinnerungen und Abschied nehmen können.
Altersempfehlung ▪ Ab 4–5 Jahre.

6.12 Entdeckung der Welt und der Natur

Natürlich kann ein Bilderbuch nie die aktive Auseinandersetzung mit der Welt und der Natur ersetzen, wie dies durch den Besuch spezifischer Schauplätze (Arbeitsstellen von Menschen, Museen etc.) oder durch Aktivitäten in der Natur selbst erfolgt. Anhand von Bilderbüchern lassen sich jedoch verschiedenste Aspekte vertiefen und veranschaulichen. In diesem Sinne können sie auch sehr gut als Vorbereitung für spezifische Aktivitäten und Projekte dienen. Ebenso können Kinder anhand von Bilderbüchern, welche unterschiedliche Kulturen und Lebensformen darstellen, einen Einblick in die Vielfalt des Lebens gewinnen. In diesem Sinne fördern diese Bücher auch die Entwicklung von Offenheit und Toleranz, mit der Kinder auf Unbekanntes und Fremdes zugehen.

Menschen

Spier, P. © 1981 by Thienemann (Thienemann Verlag), Stuttgart–Wien

Das Buch ist großflächig gestaltet und versteht es, auf einer Bildseite viele Informationen, aber doch überschaubar und für Kinder anregend zu vermitteln. Die „Welt-Reise" beginnt beim Aussehen und veranschaulicht Kindern, wie unterschiedlich z.B. die Augen, Nasen, Gesichter, Ohren, Haare und Bekleidung von Menschen bzw. Völkern sein können. Es wird erläutert, dass Personen unterschiedliche Vorlieben und Charaktermerkmale haben. Ebenso wird dargestellt, dass Völker sich unterscheiden anhand der Spiele, die sie gerne machen, der Häuser, die sie bauen, der Feste, die sie feiern, und dem Essen, das sie bevorzugen. Es wird eingegangen auf die unterschiedlichen Religionen und Sprachen ebenso wie auf Unterschiede zwischen Menschen in Bezug auf Reichtum bzw. Armut, Macht und Berühmtheit.

Thematik ■ Verdeutlichung der Unterschiede von Menschen in Bezug auf Aussehen, Kultur und Religion. Plädoyer für Toleranz.

Praktische Hinweise ■ Es zeigt auf sehr anschauliche und kindgerechte Weise auf, wie unterschiedlich Menschen in der Welt sind und leben. Besonders hervorzuheben sind die letzten sechs Seiten des Buches, welche ein Plädoyer für Toleranz darstellen, indem auf die Bedeutung der Vielfalt und Einzigartigkeit zwischen Menschen hingewiesen wird. Gerade in Zeiten, wo das multikulturelle Zusammenleben erschwert wird durch Abgrenzung, Vorurteile, Unverständnis und Intoleranz auf allen Seiten, ist dieses Buch Gold wert!

Altersempfehlung ■ Ab 5 Jahre.

Die Berufe von A bis Zebra

Eduar, G. © 2004
Gerstenberg, Hildesheim

An insgesamt 16 unterschiedlichen Orten und Situationen (Schule, Buchverlag, Autowerkstatt, Ferienhaus, Hotel, Strand, Einkaufsläden, Krankenhaus, Supermarkt, Picknick, Weltraumbahnhof, Unfall, Restaurant, Filmstudio, Theaterbühne, Bahnhof) werden verschiedene Berufe anhand ihrer Tätigkeiten dargestellt. In der unteren Leiste sind die jeweiligen Berufe und dazugehörige Gegenstände, die es zu finden gilt, abgedruckt.

Thematik ▪ Darstellung verschiedener Berufe.

Praktische Hinweise ▪ Mit diesem großformatigen Buch lässt sich mit älteren Kindergartenkindern ein schöner Ausflug in die Welt der Berufe machen. Beim ersten Betrachten ist es sinnvoll, die Berufe und Gegenstände zu erwähnen, und die Kinder danach suchen zu lassen. Angesichts einiger nicht geläufiger Berufe und Gegenstände ist es wichtig, dass die Erzieherin erklärt, was darunter jeweils zu verstehen ist. Sind die Kinder dann einmal mit allen Berufen vertraut, ist es sinnvoll, sich die Dinge einfach zeigen und benennen zu lassen.

Altersempfehlung ▪ Ab 5–6 Jahre.

Sam pflanzt Sonnenblumen. Ein Klapp-Bilderbuch

Scheffler, A. & Petty, K. (1998).
Weinheim: Beltz & Gelberg

Sam, ein Kater/Tiger, beschließt, Sonnenblumen im Garten zu pflanzen. Er kauft auf Empfehlung eines Marienkäfers Sonnenblumen-Samen und legt in seinem Garten Löcher mit Samenkörnern an. Was nun unter der Erde passiert, kann von den Kindern selbst aufgeklappt werden. Ein Wurm unter der Erde erklärt dabei gemeinsam mit dem Marienkäfer, was passiert und gemacht werden muss. Der Wurm verweist auch auf die notwendige Haltung der Geduld beim Beobachten des Wachstumsprozesses. Sozusagen als Höhepunkt kann in der Mitte des Buches eine große Sonnenblume aufgeklappt werden. Sam und seine Freunde haben großen Spaß mit den Sonnenblumen, bis schließlich die Blumen am Ende des Sommers zu welken beginnen. Sam, der dies nicht versteht und somit traurig reagiert, hat aber den Marienkäfer als Beistand, der ihm erklärt, dass die Blüte voller Samen ist und dadurch auch nächstes Jahr wieder neue Sonnenblumen wachsen können.

Thematik ▪ Wachstum von Pflanzen.

Praktische Hinweise ▪ Dieses kleine Bilderbuch eignet sich vortrefflich dafür, Kindern das Geheimnis des Wachstums von Pflanzen zu veranschaulichen. Das Buch ist gerade auch durch seine einfache und anschauliche Darstellungsweise bereits für jüngere Kinder ansprechend. Die Konzeption als Klappbilderbuch ermöglicht zugleich einen spielerischen Zugang und bezieht die Kinder aktiv in das Betrachten mit ein. Es kann sehr gut verwendet werden als Vorbereitung für ein gemeinsames Experiment im Kindergarten (Pflanzen von Blumen in Blumenkästen oder im Garten). Die Beobachtung der verschiedenen Wachstumsphasen kann dabei sehr gut in Verknüpfung mit den Buchinhalten erfolgen. Dadurch wird auch den Kindern klarer, was Geduld wirklich bedeutet.

Altersempfehlung ▪ Ab 3 Jahre.

Warum?

Prap, L. (2004).
Zürich: Bajazzo

Auf zwei Seiten werden insgesamt 14 Tiere großflächig und für Kinder zeichnerisch ansprechend dargestellt. Bei jedem Tier wird nun eine zentrale Frage gestellt (z. B. „Warum lachen die Hyänen?“). Rund um das Tierbild sind nun vier unterhaltsame Antworten aufgelistet, die natürlich nicht stimmen. Rechts neben dem Tierbild ist schließlich die richtige Antwort mit zusätzlichen kurzen Informationen notiert.

Thematik ▪ Humorvolle Wissensvermittlung über Tiere. Förderung der Sensibilität für witzige Antworten.

Praktische Hinweise ▪ Bilderbücher von diesem Format könnten wir eindeutig mehr brauchen! Lila Prap gelingt es sehr gut, Wissenswertes über Tiere so zu vermitteln, dass automatisch ein Dialog mit den Kindern entsteht, bei dem auch gehörig geschmunzelt und gelacht werden darf. Es ist klar, dass die Kinder sehr bald bemerken, dass die ersten Antworten spaßig formuliert sind und nicht stimmen, während die richtigen Antworten sehr nüchtern und informativ formuliert sind. Die Auflockerung durch die witzigen Antworten hat jedoch den Effekt, dass man umso mehr wissen möchte, warum etwas so und nicht anders ist. Das Buch bietet somit eine schöne Gelegenheit, ein lustiges Frage-Antwort-Spiel durchzuführen, bei dem spielerisch neues Wissen über Tiere vermittelt wird. Gleichzeitig bietet es auch die Möglichkeit, die Kreativität von Kindern anzuregen, indem sie sich zunächst selbst Antworten überlegen. Wichtig dabei ist, die Kinder darauf hinzuweisen, dass sich die Antwort schon irgendwie auf die Frage beziehen und nicht nur einfach „Blödsinn" darstellen soll, wie dies auch im Buch vermittelt wird. Entsprechend werden die Kinder sensibilisiert für die Unterschiede zwischen witzigen und „blödsinnigen" Antworten. Ist dieses Spiel anhand des Bilderbuchs einmal etabliert und beliebt bei den Kindern, wäre zu empfehlen, nach weiteren interessanten Fragen bei Tieren zu suchen und nach dem gleichen Prinzip vorzugehen.

Altersempfehlung ■ Ab 4 Jahre.

Nester bauen, Höhlen knabbern. Wie Insekten für ihre Kinder sorgen

Möller, A. (2004).
Zürich: atlantis thema

In sehr eindrucksvollen Bildern zeigt Anne Möller auf, wie verschiedene Insekten (Zigarrenwickler, Pillendreher, Pillenwespe, Blattschneidebienen, Mauerbiene) ein Nest für ihren zukünftigen Nachwuchs bauen. Durch die detailreiche und behutsame Darstellung der einzelnen Schritte des Nestbaus werden den Kindern verschiedenste Aspekte vermittelt. So bekommen sie einen Eindruck davon, welche differenzierten Prozesse bereits bei kleinsten Tieren ablaufen. Der Großteil des Buches ist zweigeteilt aufgebaut. Zunächst wird mit einer großflächigen Zeichnung das jeweilige Insekt und sein Nestprinzip vorgestellt. Im zweiten Teil werden die einzelnen Schritte beim Nestbau sehr anschaulich vorgestellt

Thematik ■ Vermittlung der Ästhetik von Natur. Verdeutlichung der Wichtigkeit von Elternliebe für den Nachwuchs.

Praktische Hinweise ■ In ästhetischer Hinsicht ist das Buch sehr gut gelungen. Die einzelnen Insekten werden als Lebewesen gezeichnet, die sehr sorgfältig und liebevoll den besten Unterschlupf für ihren Nachwuchs vorbereiten. Dadurch werden das Phänomen der Elternliebe und das damit einhergehende Bedürfnis, die eigenen Kinder so gut wie möglich zu schützen, allein durch das Betrachten der Bilder spürbar. Schließlich trägt das Buch dazu bei, Kindern die Ästhetik der Natur näher zu bringen. Die großflächigen Zeichnungen gehen mit relativ viel Text einher und sind, was das Vorlesen betrifft, für jüngere Kinder zu schwierig, da auch viel beschrieben wird, was nicht sichtbar ist. Die Darstellung der einzelnen Schritte beim Nestbau eignen sich dagegen sehr gut als bildliche Betrachtung für jüngere Kinder.

Altersempfehlung ■ Bildliche Betrachtung ab 3 Jahre. Bildliche Betrachtung in Kombination mit dem Text ab 5 Jahre.

Filipp Frosch und das Geheimnis des Wassers

Simsa, M./Döring, H.-G. © 2005 by Annette Betz Verlag im Verlag Carl Ueberreuter, Wien–München

Filipp Frosch beschäftigt die Frage, woher eigentlich das Wasser kommt. Er macht sich auf die Suche und trifft nun verschiedene Tiere (die Ente Erwin Quak, das Fischballett Rudi und Rosi Forelle, Roberta Fuchs), welche ihn immer höher zur Bergspitze schicken. Dort trifft er Alfred Adler, der ihm erklärt, wie das Regenwasser den Berg hinunter rinnt und zu einem Bächlein wird. Aber das genügt Filipp Frosch noch nicht. Er will natürlich auch wissen, wie das Wasser in die Wolken kommt. Um ihm das zu zeigen, fliegt Alfred Adler mit ihm ans Meer und erzählt ihm, wie das Wasser vom Meer in den Himmel aufsteigt und daraus Wolken entstehen. Doch wie kommt das viele Wasser in das Meer, denkt sich Filipp Frosch. Eine Seemöwe nimmt ihn mit und zeigt ihm, wie der große Fluss das Wasser ins Meer bringt. Schließlich hüpft Filipp Frosch den immer kleiner werdenden Fluss entlang und trifft wieder auf seinen Teich, wo die Reise begann und der Kreislauf sich schließt.

Thematik ■ Vermittlung des Wasserkreislaufs.

Praktische Hinweise ■ Anhand dieses Bilderbuchs kann Kindern sehr schön vermittelt werden, wie der Wasserkreislauf abläuft. Sehr positiv ist, dass dem Buch auch eine CD beigelegt ist, die mit ansprechender Musik die Geschichte erzählt und somit zur Vertiefung des Inhalts beiträgt. Nach dem Betrachten des Bilderbuches können die Kinder dazu angeregt werden, die unterschiedlichen Landschaften (Teich, Bächlein, Bergspitze, Wolken, Meer, großer Fluss) zu malen. Die verschiedenen Blätter können schließlich zusammengeklebt und an der Wand aufgehängt werden.

Altersempfehlung ■ Ab 5 Jahre.

Der Maulwurf Grabowski

Murschetz, L. © 1972
Diogenes, Zürich

Der Maulwurf Grabowski lebt unter einer großen bunten Wiese am Stadtrand. Emsig schaufelt er sich mit seinen Grabekrallen seine Gänge unter der Wiese. Am Abend genießt er im Freien auf seinem Hügel den Frieden auf seiner Wiese, auch wenn der Bauer sich tagsüber über die vielen Maulwurfhügeln ärgert. Eines Tages kommen jedoch fremde Männer auf die Wiese, um das Land zu vermessen. Grabowski verdrückt sich ängstlich in einer Ecke. Schließlich kommen Baumaschinen auf die Wiese, um das Erdreich aufzugraben und Hochhäuser mit Tiefgaragen zu bauen. Die Ausgänge sind versperrt. Endlich findet Grabowski einen Ausgang, wird aber dabei von einer riesigen Schaufel gepackt und auf einen großen Erdhaufen geworfen. Er rettet sich unter einen Stapel Bauholz. Traurig darüber, dass es seine Wiese nicht mehr gibt, beschließt Grabowski wegzuziehen und findet weit weg eine Wiese, in der er wieder übermütig Gänge graben und Hügel aufwerfen kann.

Thematik ■ Bewusstsein über den Lebensraum von Tieren. Umweltschutz.

Praktische Hinweise ■ Es gibt wenige Bilderbücher, die das Thema Umweltschutz kindgerecht aufbereiten. Ein Klassiker in diesem Bereich ist dieses Bilderbuch von Murschetz. Baumaßnahmen gehören zu unserer Realität und sind auch oft notwendig, doch selten macht man sich Gedanken darüber, was eine solche Veränderung für die Tiere und Umwelt bedeutet. Mit dieser Geschichte kann diese oft vernachlässigte Sichtweise sehr schön mit Kindern thematisiert werden. Gleichzeit wird ihnen ein Gefühl für die Schönheit der Unversehrtheit von Natur vermittelt.

Altersempfehlung ■ Ab 4 Jahre.

Weitere empfehlenswerte Bücher

Willi Werkel der Bastler

Johannsson, G. & Ahlbom, J. (2005).
Hamburg: Carlsen

In diesem Sonderband mit drei Geschichten bekommen Kinder einen vergnüglichen Eindruck, wie Willi Werkel ein Auto, ein Schiff sowie ein Flugzeug baut und wie diese funktionieren.

Altersempfehlung ▪ Ab 4–5 Jahre.

Kinder dieser Welt

(2003). Starnberg: Dorling Kindersley

Dieses in Zusammenarbeit mit Unicef gestaltete Foto-Bilderbuch vermittelt einen wunderbaren Einblick, wie Kinder in unterschiedlichen Ländern und Kontinenten leben und was sie sich wünschen. Ebenso wird erläutert, was Kinder allgemein für eine positive und gesunde Entwicklung brauchen.

Altersempfehlung ▪ Ab 5–6 Jahre.

Der Apfelbaum

Lobe, M. & Kaufmann, A. (1980).
Wien: Esslinger

Sehr einfühlsam wird die Veränderung von Apfelbäumen von Frühling bis Winter dargestellt.

Altersempfehlung ▪ Ab 4 Jahre.

Ich sehe was, was du nicht siehst …

Lucht, I. (2000).
Ravensburg: Ravensburger Buchverlag

Sehr schön aufgemachtes Naturbilderbuch mit 26 Aufklappbildern zum Suchen und Entdecken.

Altersempfehlung ▪ Ab 3–4 Jahre.

Die Natur ganz nah und weit weg

Mettler, R. (2004).
Hamburg: Carlsen

Das Bilderbuch beginnt mit der Betrachtung überdimensionaler Kirschen. Mit jeder Seite erblickt man nun die abgebildete Natur aus einer immer größer werdenden Entfernung und es erschließt sich die Weite des Raums, bis man schließlich die Landschaft bzw. das Dorf wie von einem Flugzeug aus betrachtet. In der Mitte des Bilderbuches wechselt man auf einen anderen Landschaftsabschnitt und mit jeder Seite rückt nun die Landschaft immer näher. Neben der visuell-räumlichen Perspektivenänderung können die Kinder auch den Ablauf der Bewegungen bzw. Handlungen der abgebildeten Tiere beobachten und gewinnen dadurch auch einen Einblick in zeitliche Veränderungen.

Altersempfehlung ▪ Ab 4 Jahre.

Komm mit, wir entdecken den Winter

Minte-König, B. & Döring, H.-G. (2001).
Stuttgart – Wien: Thienemann

Eine schöne und gut brauchbare Bilderbuch-Reihe zur Einführung in die Jahreszeiten haben Minte-König und Döring ausgearbeitet. Anhand von reich bebilderten Themenbereichen werden Kindern die verschiedenen Veränderungen, die mit einer Jahreszeit für Natur, Tiere und Menschen einhergehen, veranschaulicht. Sehr gelungen sind die beigefügten Erlebniskarten, mit denen Wissenswertes sowie Bastelvorschläge oder Rezepte vermittelt werden.

Altersempfehlung ▪ Ab 5 Jahre.

Dr. Brumm versteht das nicht

Napp, D. (2004).
Stuttgart – Wien: Thienemann

Eine sehr vergnügliche Geschichte von dem Bären Dr. Brumm, dem der Strom gerade beim Anschauen eines Fußballspiels im Fernsehen ausgeht. Er macht sich auf Entdeckungsreise, wo der Strom überhaupt herkommt und richtet gemeinsam mit drei Bibern die Stromanlage wieder her.

Altersempfehlung ▪ Ab 3 Jahre.

Es war einmal ein kleiner Baum

Schlüter, M. (2003).
Stuttgart – Wien: Thienemann

In großflächigen und beeindruckenden Bildern wird dargestellt, wie ein Baum die verschiedenen Zeitepochen und die damit verbundenen Veränderungen in seiner Umgebung miterlebt.

Altersempfehlung ▪ Ab 4–5 Jahre.

Augenblick

Wiesmüller, D. (2002).
Hamburg: Carlsen

In diesem sehr schön bebilderten Buch sehen Kinder auf der linken Seite das Auge eines bestimmten Tieres in Großformat. Auf der rechten Seite wird der Lebensraum gezeigt, in dem man dieses Tier vorfinden kann. Im Text unter den Bildern wird das Tier beschrieben und die Kinder sollen erraten, um welches Tier es sich handeln könnte.

Altersempfehlung ▪ Ab 5 Jahre.

6.13 Über das Leben philosophieren

Mit Kindern im Kindergarten über das Leben philosophieren – geht das überhaupt? Geht man von erwachsenenorientierten Vorstellung über das Leben und die Philosophie aus, so ist dies sicherlich ein schwieriges Unterfangen, das viele Kinder in diesem Alter überfordert. Vergegenwärtigt man sich aber die Unbekümmertheit von Kindern, mit der sie uns nicht selten nach den Hintergründen für die elementarsten Aspekte des Lebens fragen, so wird ersichtlich, dass sie sich weit mehr Gedanken über die Welt machen, als wir ihnen zutrauen. Bereits kleinste Ereignisse bewegen sie zu Fragen, an die wir nie denken würden. Und wie oft ertappen wir uns dabei, nicht gleich eine passende Antwort parat zu haben und die Neugier der Kinder zu vertrösten. Ebenso sind wir fasziniert von manchen einfachen Gedankengängen, mit denen Kinder selbst versuchen, sich Phänomene zu erklären, die wir selbst nie in dieser Schlichtheit und Prägnanz durchdrungen haben. Gerade die Tatsache, dass Kinder noch nicht auf längerfristige Lebenserfahrungen und auf das damit verbundene Wissen um die Komplexität der Welt zurückgreifen können wie wir Erwachsene, ermöglicht ihnen nicht selten einen unmittelbareren und zutiefst wissbegierigen Blick auf die einfachsten und doch wichtigen Dinge des Lebens, welchen wir oft schon verloren haben. All dies zeigt uns auf, dass Kinder ihre eigene Art haben, Ereignisse und Dinge zu betrachten und zu erklären, die dem philosophischen Prinzip, sich über Gedanken und Vorstellungen die Welt zu erschließen, sehr wohl gerecht wird, aber auch getragen ist von der bekannten kindlichen Naivität. In diesem Sinne erfordert das Philosophieren mit jüngeren Kindern unsere Fähigkeit, uns auf die Betrachtungsebene der Kinder einzulassen, um die Anlässe und Hintergründe ihrer Fragen und Sichtweisen verstehen zu lernen. Gelingt uns dies, so sind wir auch in der Lage, Kindern Anregungen und Antworten in Bezug auf Fragen des Lebens zu geben, die nicht schulmeisterlich sind, sondern sie zum selbständigen Weiterdenken ermuntern. In diesem Sinne bedeutet Philosophieren mit Kindern, nicht feststehende Antworten oder Erklärungen zu geben, sondern mehr Fragen als Antworten zu entdecken und gleichzeitig die Relativität verschiedener Sichtweisen zu vermitteln, ohne beliebig zu werden.

Ist 7 viel?

Damm, A. (2003).
Frankfurt: Moritz

Dem Betrachter dieses Bilderbuches werden insgesamt 44 elementare Fragen über das Leben in der Welt gestellt, die zum Nachdenken und Besprechen einladen. Unterstützt werden die Fragen durch jeweils zwei Bilder bzw. Fotos, die die Fragestellungen bildlich unterstützen und verschiedene Perspektiven für die Beantwortung der Fragen anregen. Großteils ist die Gegenüberstellung der Bilder bzw. Fotos genial gelungen. So schaut man bei der Frage „Wozu sind Ideen gut?" einerseits auf das Foto eines Kindes, an dessen Gesicht sechs Gummibärchen haften und andererseits auf eine Zeichnung, in der ein Junge seine Schultasche von einem Wolf schleppen lässt, indes der Junge einen Knochen vor sich herträgt. Oder bei der Frage „Ist 7 viel?" sieht man auf der einen Seite das Foto einer großen Eistüte mit sieben Kugeln, während auf der anderen Seite ein Junge gezeichnet ist, der enttäuscht auf seine sieben dürftigen Legosteine blickt.

Thematik ■ Auseinandersetzung mit verschiedensten elementaren Fragen des Lebens.

Praktische Hinweise ■ Die Idee zu diesem Buch kam Antje Damm in der Auseinandersetzung mit den Kinderfragen ihrer eigenen Töchter. Mit dem Buch ist es ihr sehr gut gelungen, dem Phänomen der Kinderfragen, die uns Erwachsenen oft so unbekümmert und überraschend gestellt werden, dass wir gerade bei den elementaren Fragen des Lebens nicht selten ins Stammeln geraten, einen anregenden Rahmen zu geben. Bereits die Art der Fragen verweist darauf, dass es nicht darum geht, Antworten zu finden oder vorzugeben, sondern vielmehr mit Kindern in einen Dialog zu treten über ihre Ideen und Sichtweisen. Hilfreich ist hier insbesondere auch die Methodik, durch die Vorgabe zweier kontrastreicher Bilder über den visuellen Kanal verschiedenste Assoziationen bei Kindern auszulösen und uns Erwachsenen gleichzeitig die Relativität möglicher Antworten vorzuführen. Bevor einzelne Fragen mit Kindern durchgegangen werden, ist es sehr zu empfehlen, in einem beschaulichen Moment die Fragen und Bilder auf sich selbst wirken zu lassen und die eigenen auftauchenden Assoziationen auf einer Seite zu notieren. Eine gute Übung ist dann, sich in die Perspektive eines bestimmten Kindes einzufühlen, um dem nachzuspüren, was man glaubt, dass Kinder antworten würden. Dies fördert letztendlich auch die eigene Sicherheit im Umgang mit den oft frappierendsten Antworten von Kindern. Das Buch sollte auch dazu genutzt werden, Kinder dazu anzuregen, selbst ähnliche elementare Fragen zu überlegen und zu stellen, um den Zugang zu eigenen inneren Fragen zu öffnen. Da nicht alle Fragen für Kinder im Kindergarten geeignet sind, sollte man auch die Adäquatheit der Fragen für die eigene Gruppe für sich klären.

Altersempfehlung ■ Je nach Fragen ab 5–7 Jahre.

Der rote Wolf

Waechter, F. K. © 1998
Diogenes, Zürich

Ein junger Hund wird von zwei Frauen weggebracht und fällt dabei im eisigen Winter aus einem Pferdewagen. Er wird von einem Wolf aufgelesen, findet Heimat in seinem Rudel und lernt, sich auch zu behaupten vor den größeren und stärkeren Wölfen. Die Zeit vergeht und der Hund vergisst langsam die Menschen. Eines Tages tritt aber seine liebste Wölfin in ein Eisen und stirbt. Er schleift sie zur Schlucht zu ihrer letzten Ruhestätte, wird dabei aber von Jägern angeschossen. Erneut erlebt der Hund, wie er umsorgt und gehegt wird, dieses Mal von Olga, der Nichte eines der Jäger. Er liebt sein neues Leben und Olga, verliert aber nie seine innere Verbundenheit mit den Wölfen. Als der Hund schwächer wird und seinen nahenden Tod spürt, diktiert er Olga seine Geschichte. Schließlich löst Olga ihr vorher gegebenes Versprechen ein, ihn zur Schlucht und Bestattungsstätte seiner Wölfe zu bringen, um zum Vater aller Wölfe zu fliegen. Wunderbar dargestellt mit kleinen Bildern auf fünf Seiten läuft das erfüllte und reiche Leben des Hundes noch einmal ab.

Thematik ■ Darstellung des Lebens eines Hundes von der Geburt bis zum Tod. Identität. Heimat und Fremdsein. Auseinandersetzung mit Gewalt und Tod. Akzeptanz des Lebens, so wie es ist.

Praktische Hinweise ▪ Das Bilderbuch von Waechter ist ein sehr vielschichtiges Buch, da verschiedenste Aspekte des Lebens angesprochen werden. So führen uns die Erlebnisse des Hundes an verschiedenen Lebensorten zur Auseinandersetzung mit dem Gefühl des Dazugehörens bzw. Heimat und des Fremdseins. Gleichzeitig vermittelt die Geschichte auch das Prinzip der Hoffnung, da der Hund auch in den schwierigsten Situationen immer wieder einen Unterschlupf und Zuneigung findet. Durch diese Erfahrungen lernt der Hund, das Leben und seine oft unvorhersehbaren Wendungen so anzunehmen, wie es ist. Durch diese Haltung ist es ihm auch möglich, trotz der verschiedenen Schicksalsschläge schließlich auf ein erfülltes und glückliches Leben zurückzublicken. All diese Aspekte werden insbesondere auf den Seiten, an dem sich der Hund an all seine Lebensabschnitte erinnert, sehr eindrucksvoll dargestellt. Gerade die Wahl der kleinen Bilder schafft einerseits einen emotional bewegenden Überblick über das Leben und verkörpert andererseits die Dichte an Lebenserfahrungen selbst. Eine weitere wichtige Thematik des Buches betrifft den Umgang mit dem Tod. Durch die Erfahrung mit verschiedenen Bedrohungen (Krieg, Jäger) und dem Erleben von Verlusten kann der Hund den Tod als natürlichen Bestandteil des Lebens betrachten, so dass er auch am Ende mit sich im Einklang die letzte Reise antreten kann. Sehr leicht kann bei der Darlegung dieser unterschiedlichen Themen der Eindruck entstehen, dass dieses Bilderbuch zu schwierig sein könnte für Kinder im Kindergarten. Hinzu kommt auch, dass sich der zeichnerische Stil von üblichen Bilderbüchern abhebt und sicherlich nicht für alle Kinder ansprechend ist. Dem ist jedoch entgegenzuhalten, dass auch jüngere Kinder sehr wohl beeindruckt sind von den Erlebnissen des roten Wolfes. Zusätzlich kommt den Kindern die gute Verknüpfung zwischen den eindrucksvollen Zeichnungen und dem knappen Text sehr entgegen.

Altersempfehlung ▪ Ab 5–6 Jahre.

Frederick

Lionni, L. (2004).
Weinheim: Beltz & Gelberg

Die Maus Frederick lebt mit ihrer Mäusefamilie in einer Mauer nahe der Scheuer und dem Kornspeicher. Da der Winter bald naht, sind alle Mäuse damit beschäftigt, Nahrung zu horten. Bis auf Frederic. Immer wieder fragen die fleißigen Mäuse ihn, warum er nicht arbeitet und was er gerade macht. Und sie bekommen zu hören, dass er Sonnenstrahlen, Farben und Wörter sammelt. Als der Winter kommt, zehren die Mäuse zu Beginn noch von ihrem Essensvorrat, doch dann geht auch dieser aus. Die einbrechende Kälte wird spürbar und keine der Mäuse spricht mehr. Da fragen sie Frederick, was eigentlich mit seinen Vorräten ist. Frederick beginnt, von einem großen Stein aus, den Mäusen seine gesammelten Sonnenstrahlen zu schicken. Erstaunt über die sich ausbreitende innere Wärme, fragen sie auch begeistert nach den Farben. Und Frederick erzählt ihnen von den Farben der blühenden Natur und die Mäuse sehen mit geschlossenen Augen die Farben so klar wie nie zuvor. Als Frederick ihnen auch noch ein Gedicht aus den gesammelten Wörtern vorträgt, bejubeln ihn die Mäuse begeistert als einen Dichter, was Frederick in seiner Bescheidenheit ganz verlegen macht.

Thematik ■ Anderssein. Die Bedeutung innerer Kraftquellen für das Leben. Gegenseitige Unterstützung.

Praktische Hinweise ■ Mit den Kindern kann zunächst besprochen werden, wie sich Frederick von den anderen Mäusen unterscheidet und was die anderen Mäuse zu Beginn der Geschichte wohl über Frederick denken. Spannend ist hierbei insbesondere die Frage, ob und wie sehr sich die anderen Mäuse über Frederick ärgern oder Groll gegen ihn hegen. Auch wenn sie an einer Stelle eine Frage mit vorwurfsvollem Ton stellen, akzeptieren die anderen Mäuse letztendlich Frederick in seinem Anderssein, da sie ihn später sehr wohl von ihren gesammelten Vorräten mitessen lassen. Eine weitere Thematik betrifft die Bedeutung von inneren Kraftquellen für das Leben und vor allem in schwierigen Situationen. Da Kinder im Kindergartenalter noch sehr konkret denken, ist es wichtig, diese Bedeutung gezielt herauszuarbeiten. Hilfreich ist hierbei, die Kinder zunächst danach zu fragen, ob Frederick auch Vorräte gesammelt hat, welche es sind und wo sie sich befinden. Danach sollte besprochen werden, wie und warum diese inneren Vorräte den anderen Mäusen helfen. Um die Kraft dieser Vorräte zu veranschaulichen, ist es auch sinnvoll, auf dem Boden liegend eine Entspannungsübung zu machen, bei der die Kinder eine Phantasiereise in kalte und heiße Jahreszeiten bzw. Landschaften machen, sich die intensiven Farben von Blumen vorstellen und den Klang bzw. die Melodie einfacher Gedichte auf sich wirken lassen.

Altersempfehlung ■ Ab 5 Jahre.

Die große Frage

Erlbruch, W. (2004).
Wuppertal: Peter Hammer

In künstlerisch eindrucksvollen Bildern (Mixtur aus Zeichnungen, Malerei und Collagen) werden die Antworten verschiedener Personen (Bruder, Pilot, Großmutter, Mann, Soldat, Matrose, der Tod, Vater, Gärtner, der Blinde, Bäcker, Schwester, Boxer, Mutter), Tiere (Katze, Vogel, Hund, Ente, Kaninchen) und Dinge (die Zahl 3, Stein) auf die Frage geschildert, warum sie glauben, dass der Betrachter des Bilderbuches oder sie selbst auf der Welt sind. So sagt der Bruder, dass er auf der Welt sei, um Geburtstag zu feiern. Der dicke Mann ist zum Essen und der Matrose zum Befahren der Meere auf der Welt. Der Gärtner verweist auf die Geduld und der Tod darauf, das Leben zu lieben. Das Kaninchen meint, es sei auf der Welt, um gestreichelt zu werden, und die Mutter schließlich, weil es ihr Kind liebt. Auf den letzten beiden Seiten besteht schließlich die Möglichkeit, dass das Kind selbst, wenn es größer wird, seine eigene Antworten auf die Frage, warum man auf der Welt ist, aufschreibt.

Thematik ■ Anregung zum Nachdenken, warum man auf der Welt ist und was das Leben lebenswert macht.

Praktische Hinweise ■ Viele Kinder beschäftigen sich früher oder später mit der Frage, warum sie eigentlich auf der Welt sind. Um dieser Frage nachzugehen, treten verschiedene Personen und Tiere – sogar ein Stein und die Zahl 3 – in diesem Buch auf, um sowohl ganz banale als auch tiefgründige kurze Antworten zu geben. Durch diese Gestaltung gelingt es Erlbruch, auf beeindruckende wie auch auf einfache Weise zu verdeutlichen, dass es keine generelle Antwort geben kann, sondern jeder diese Frage nur ganz persönlich und subjektiv in Abhängigkeit seiner Erfahrungen sowie seines Lebenskontextes beantworten kann. Bereits jüngere Kinder lassen sich durch diese Aufzählungen anregen, für sich selbst auch Antworten zu finden, und nicht selten sind Erwachsene erstaunt, auf was Kinder in diesem Alter alles kommen. Sehr gelungen an dem Buch ist auch, dass alle Antworten – die banalen wie die tiefgründigen – gleichberechtigt nebeneinander stehen und nicht die eine oder andere Antwort als besser oder besonders hervorgehoben werden. Dies lädt auch Kinder dazu ein, einfach das zu sagen, was ihnen in den Sinn kommt, und sich nicht besonders gute Antworten überlegen zu müssen.

Altersempfehlung ▪ Ab 4–5 Jahre.

Die Schöpfung. Eine musikalische Erzählung

Heine, H. (2005).
Weinheim: Beltz & Gelberg

In diesem Bilderbuch wurden zwei eigenständige Bilderbücher von Helme Heine (Samstag im Paradies und Der Club) zusammengelegt. Beigefügt ist eine CD, in der Heine selbst die Geschichte untermalt mit klassischer Musik erzählt. Im ersten Teil wird geschildert, wie Gott an einem Montag das dunkle Nichts beendet, um die Welt zu erschaffen. Nach Gestaltung des Himmels am Dienstag und der Erdkugel am Mittwochmorgen kreiert er Mittwochnachmittag und -abend die Pflanzen sowie die Bäume. Am Donnerstag hängt er die Sterne in den Himmel und entwirft am Freitag die unterschiedlichsten Tiere. Schließlich formt Gott am Samstag mit Liebe zum Detail den Menschen. Daraus entstehen schließlich Adam und Eva, welchen er sein Paradies schenkt. Sie bekommen viele Kinder und Kindeskinder, wovon eines natürlich auch der Betrachter selbst ist.

Im zweiten Teil wird der Betrachter in der Du-Form angesprochen und er erfährt sogleich, dass bei seiner Geburt auch drei Freunde bei ihm eingezogen sind: Professor Kopf, Rosi Herz und Dick Bauch. Alle drei haben wichtige Aufgaben zu erledigen. So ist Professor Kopf, der im Dachgeschoss wohnt, für die Sinne, die Ordnung aller Eindrücke und für die Erinnerungen zuständig. Rosi Herz, welche im ersten Stock links wohnt, kümmert sich rührend um alle angenehmen und unangenehmen Herzensangelegenheiten. Dick Bauch schließlich lebt im Keller und beschäftigt sich mit der Verarbeitung des Essens und Trinkens. In der Regel verstehen sich die drei sehr gut. Kommt es jedoch zum Streit und die drei reden nicht mehr miteinander, kann dies auch zur Erkrankung führen, so dass der Doktor die drei wieder geschickt zueinander führen muss. Die drei Freunde bleiben bis zum

Tod beieinander und gehen erst danach getrennte Wege.

Thematik ■ Schöpfungsgeschichte. Zusammenspiel zwischen Körper, Denken und Gefühl.

Praktische Hinweise ■ Grundsätzlich ist darauf hinzuweisen, dass dieses Buch nicht in einem durchgelesen werden sollte, da es sich um zwei grundsätzlich verschiedene Thematiken handelt. Der erste Teil des Buches vermittelt sehr kindgerecht und mit ansprechenden, teils großformatigen Bildern die biblische Schöpfungsgeschichte. Gott wird dabei als sehr bedachte und liebevolle Person gezeichnet, welche nur das Beste für die Natur und den Menschen will. Im zweiten Teil des Buches versucht Heine das Zusammenspiel zwischen Körper, Denken und Fühlen zu veranschaulichen. Dies erfolgt auf sehr humorvolle und geistreiche Weise, wobei dies in der Regel mehr die Erwachsenen als Kinder anspricht. Positiv an der Darstellung ist, dass Kinder dazu angeregt werden, darüber nachzudenken, wie sich insbesondere Gedanken und Gefühle voneinander unterscheiden und sich gegenseitig auch beeinflussen. Kritisch ist jedoch anzumerken, dass es einige Stellen gibt, welche für Kinder problematisch sein können, schwer einzuordnen sind oder zu Missverständnissen führen. So wird beschrieben, dass es zu Albträumen kommen kann, wenn der Professor in der Nacht die Übersicht verliert und Zettel vertauscht. Dies kann sowohl ängstliche Kinder als auch Kinder, die wirklich unter Albträumen leiden, verunsichern. Ebenso kann die Schilderung, dass man krank wird, wenn die drei streiten und nicht mehr miteinander reden, zu falschen Schlussfolgerungen bei Kindern führen, indem sie z. B. glauben, dass sie krank werden, weil sie etwas falsch gemacht haben. Auch die Darstellung des Todes und die Aktivitäten der drei danach sind für jüngere Kinder eher schwer einzuordnen und nachvollziehbar.

Altersempfehlung ■ Erster Teil ab 4 Jahre, zweiter Teil ab 5–6 Jahre.

Weitere empfehlenswerte Bücher

Ach nein – Und wenn schon

Berner, R.S. (2005).
München/Wien: Carl Hanser

Eine vergnügliche Geschichte über das weiße Huhn, das immer gleich das Negative sieht, und über das schwarze Huhn, das alles positiv und gelassen betrachtet. Eine wunderbare Einführung in Pessimismus und Optimismus.
Altersempfehlung ■ Ab 5 Jahre.

Nur ein kleines Samenkorn

Carle, E. (2004).
Hildesheim: Gerstenberg

Poetische Geschichte über ein kleines Samenkorn, das es auf seinem Flug durch die Welt schafft, trotz vielfältiger Gefahren zur Blume zu werden. Ein Buch über Hoffnung und den Kreislauf der Natur. Leider vergriffen!
Altersempfehlung ■ Ab 5 Jahre.

Wilma wünscht sich was

Flottwell, P. & Biermann, F. (2006).
Düsseldorf: Sauerländer

Was wäre das Leben ohne all die Wünsche, die auch mal nicht in Erfüllung gehen. Spielerische Vermittlung der Bedeutung von Wünschen und der damit verbunden Phantasie.
Altersempfehlung ▪ Ab 4–5 Jahre.

Der Gedankensammler

Feth, M. & Boratynski, A. (2006).
Düsseldorf: Sauerländer

Anspruchsvolle Vermittlung, dass sich Gedanken an ihren Inhalten unterscheiden lassen.
Altersempfehlung ▪ Ab 5–6 Jahre.

6.14 Einstimmung auf Feste und Feierlichkeiten

Wir leben in einer Zeit, in welcher die gezielte Pflege von Festen und Feierlichkeiten entweder zunehmend vernachlässigt wird oder Feste primär als ein Fest der Geschenke praktiziert werden wie am Beispiel Weihnachten oder Ostern zu beobachten ist. Angesichts dieser Entwicklung kommt der Vermittlung des Hintergrundes und der tieferen Bedeutung von Festlichkeiten für Kinder im Kindergarten eine wichtige Bedeutung zu. Sicherlich spielt der eigene Bezug zu religiösen und kirchlichen Aspekten eine wichtige Rolle dafür, ob und wie intensiv religionspädagogische Ansätze im Kindergarten umgesetzt werden. Dabei sind insbesondere zwei Extreme zu vermeiden. So sollten auch bei einer nicht religiös verankerten Einstellung Kinder grundsätzlich im Sinne einer ausgewogenen Sinn- und Werteerziehung vertraut gemacht werden mit religiösen Anschauungen, Traditionen und Brauchtümern. Dabei sollten auch Traditionen anderer Kulturen mit veranschaulicht werden. Andererseits erweist es sich gerade bei religiösen Themen als wichtig, Kindern mit einer offenen sowie reflektierten Haltung gegenüberzutreten und sie nicht zu missionieren.

Im Folgenden werden einige Bilderbücher zu religiösen Festen und Themen vorgestellt, die sich einerseits gut als Ergänzung zu religionspädagogischen Ansätzen und andererseits zur Vermittlung religiöser Hintergründe für Feste eignen. Leider konnte kein Bilderbuch gefunden werden, das sich explizit mit dem Thema Pfingsten auseinandersetzt.

Auf Wiedersehen, Oma

Müller, B. (2006).
Gossau: Nord-Süd

Felipa wohnt in einem Dorf, hoch oben in den Anden. Sie ist traurig, weil ihre alte Großmutter gestorben ist. Da sie weiß, dass die Seelen der Menschen nicht sterben, beschließt sie, den Esel, das Schwein und die Lamas zu fragen, ob sie wüssten, wo die Seele der Oma ist. Doch von den Tieren erhält sie auf ihre Frage keine Antwort, nur die Mutter erklärt der ratlosen Felipa, dass die Oma in den schneebedeckten Bergen oben bei den Göttern lebt. Sogleich macht sie sich frühmorgens auf den Weg dorthin, aber der Weg ist zu weit und als es dunkel und kalt wird, findet sie ihr Vater und bringt sie wieder zurück. Er erklärt Felipa, dass man die Seelen nicht einfach besuchen kann, weil sie in ihrer eigenen Welt leben. Einmal im Jahr, Anfang November, wird jedoch ein Fest gefeiert, weil die Seelen der toten Menschen dann die Lebenden besuchen. Gemeinsam mit den anderen bereitet Felipa das Essen für dieses Fest vor. Einen Tag und eine Nacht lang wird der Besuch der Seelen gefeiert und am nächsten Morgen brechen alle zu den Gräbern auf, um sie zu schmücken und am Friedhof zu feiern. Felipa spürt dabei die Nähe der Großmutter und erzählt ihr all ihre Gedanken. Als das Fest vorbei ist, verabschiedet sie sich etwas traurig von der Großmutter, da diese ja wieder in ihre eigene Welt zurückkehrt. Trost erfährt sie aber durch die Freude auf das Fest im nächsten Jahr.

Thematik ▪ Allerheiligenfest. Umgang mit dem Tod und der Erinnerung an einen Angehörigen.

Praktische Hinweise ▪ Ausgehend von ihren persönlichen Erfahrungen mit dem Allerheiligenfest (Tag der Toten) in Lateinamerika und davon beeindruckt, wie dort die ganze Gemeinschaft den Tod als Teil des Lebens feiert, hat Birte Müller dieses feinfühlige Bilderbuch geschaffen. Sehr schön wird darin die Wichtigkeit des Allerheiligenfestes geschildert, um das Andenken an die Verstorbenen zu bewahren und zu pflegen. Gerade auch durch das Eintauchen in die Erlebniswelt und in die Sichtweise eines Mädchens aus einer anderen Kultur gelingt es noch besser, das Wesen und die universelle Bedeutung dieses Festes zu vermitteln. Ebenso wird aufgezeigt, dass das damit verbundene jährliche Ritual auch jüngeren Kindern helfen kann, eine Zeit und einen Ort für ihre Erinnerungen zu finden. Vor dem Betrachten des Bilderbuches ist es sinnvoll, mit den Kindern darüber zu sprechen, was sie selbst schon über das Allerheiligenfest wissen und was sie glauben, wo die Toten sind. Eine Frage, die betroffene Kinder in diesem Alter ja besonders interessiert. Durch diese Einführung erhalten Kinder eine klarere Orientierung und können die Geschichte besser mit eigenen Kenntnissen und Eindrücken in Verbindung bringen.

Altersempfehlung ■ Ab 5 Jahre.

Sankt Martin und der kleine Bär

Schneider, A. & Dusiková, M. (2000).
Gossau: Nord-Süd

Als der kleine Bär aufwacht und nach Marina sucht, sieht er vom Fenster aus, dass sie mit vielen Kindern einen Laternenzug durch die Straßen macht. Natürlich holt der kleine Bär seine eigene Laterne, um mit Marina bei diesem Fest mitzuziehen. Da der kleine Bär das St. Martinsfest noch nicht kennt, fragt er Marina, was die vielen Menschen da machen. Als Kleinster kämpft er sich durch das Gewühl der Menge, um endlich zu sehen, worauf die Menschen gespannt schauen. Als er vorne ankommt, sieht er, wie ein Mann frierend im Schnee sitzt und St. Martin hoch auf einem Pferd erscheint. Als dieser auch noch ein Schwert in der Hand hat, erschrickt der kleine Bär und eilt Hilfe suchend zu Marina. Sie beruhigt ihn, dass dies alles nur ein Spiel ist und nimmt ihn tröstend auf den Arm. So beobachtet der kleine Bär das Geschehen weiter und erkennt, dass St. Martin ein guter Mann ist, weil er dem frierenden Mann hilft. Da sieht der kleine Bär einen weinenden Jungen neben sich und Marina erklärt ihm, dass der Junge traurig ist, weil er seine Laterne verloren hat. Angeregt durch die Person des St. Martin schenkt der kleine Bär dem Jungen seine Laterne. Schließlich geht er mit Marina Hand in Hand mit der gemeinsamen Laterne nach Hause, das St. Martinslied singend.

Thematik ■ St. Martinsfest. Umgang mit Angst auslösenden Situationen. Die Tugend des Teilens.

Praktische Hinweise ■ Dieses Buch eignet sich insbesondere für jüngere Kinder, welche zum ersten Mal am St. Martinsfest teilnehmen. Zum einen erhalten Kinder auf sehr kindgerechte Art Informationen über den Ablauf des Festes. Zum anderen wird sehr anschaulich aus der Perspektive des kleinen Bärs geschildert, wie es auch jüngeren Kindern in dieser Situation ergehen könnte. So gehören sie zu den Kleinsten und müssen sich in dem Gewühl zurechtfinden. Ebenso gibt es gerade für ängstliche Kinder auch Angst einflößende Situationen wie die Dunkelheit, die unüberschaubare

Menge oder die Situation, wo St. Martin sein Schwert zieht, um den Mantel zu teilen. Durch das Miterleben der Auflösung der Sorgen und Ängste des kleinen Bären können sich somit jüngere und ängstliche Kinder besser auf das St. Martinsfest einstellen. Sehr gut gelungen ist auch, dass der kleine Bär durch die Geschichte vom St. Martin selbst angeregt wird, einem anderen Kind zu helfen, da dadurch die Thematisierung des Teilens vertieft werden kann.

Altersempfehlung ■ Ab 3 Jahre.

Die Geschichte vom Heiligen Nikolaus

Schneider, A. & Bagdaschwili, W. (Illustr.) (2003) © Coppenrath, Münster

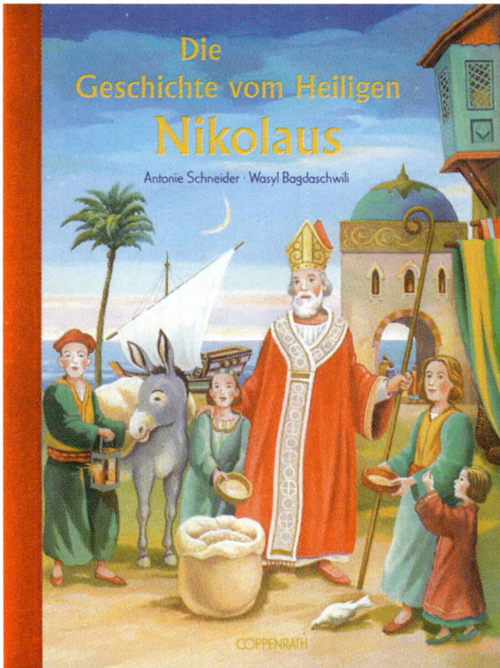

Als Kind wohlhabender und frommer Kaufleute, welche ihm die Wichtigkeit von Hilfsbereitschaft vermitteln, wächst der Heilige Nikolaus in der Hafenstadt Patras auf. Kurz nachdem er Priester wird, sterben seine Eltern. Das erhaltene Vermögen teilt er mit den Armen. Eines Tages zieht er in die Stadt Myra und sammelt bald schon eine eigene Gemeinschaft Gläubiger um sich. Schließlich wird er zum Bischof von Myra ernannt und setzt sich noch mehr für die Menschen ein, indem er Häuser für Obdachlose und für Waisenkinder baut. In einer Hungersnot überzeugt er die Seeleute des Kaisers, das auf den drei Schiffen gelagerte Korn an die Bevölkerung zu verteilen. Als diese mit den Schiffen zum Kaiser zurückkehren, passiert das Wunder, dass kein einziges Korn fehlt. Schnell verbreitet sich die Nachricht über das Wunder von Myra in vielen Ländern. Schließlich stirbt der Heilige Nikolaus am 6. Dezember. Doch auch nach seinem Tod wenden sich Menschen in ihrer Not an ihn, damit er ihnen beisteht und hilft.

Thematik ■ Geschichte des Hl. Nikolaus. Bedeutung von Hilfsbereitschaft und Unterstützung für die Armen. Bedeutung der Heiligenverehrung für religiöse Menschen.

Praktische Hinweise ■ In malerischen Bildern erhalten Kinder einen Einblick in das Leben und die Taten des Heiligen Nikolaus. Mit der Frage, warum die Menschen sagen, dass Nikolaus ein guter Mann war, können die Kinder sehr gut dazu angeregt werden, über die Bedeutung der einzelnen Wohltaten von Nikolaus nachzudenken. Neben diesen Aspekten wird Kindern auch gut vermittelt, welche Rolle die Verehrung von Heiligen für religiöse Menschen damals hatte und auch heute noch teilweise hat.

Auch wenn die Praxis der Heiligenverehrung in unserer Zeit deutlich abgenommen hat, erleben manche Kinder dies im Umgang mit älteren Menschen oder anhand der Betrachtung von Heiligenbildern an bestimmten Orten, ohne dass ihnen die Hintergründe hierfür immer erklärt werden. Anhand des Buches lassen sich auch diese Hintergründe mit Kindern sehr gut erarbeiten und sie werden so mit einer alten religiösen Tradition vertraut gemacht.

Altersempfehlung ■ Ab 4–5 Jahre.

Weihnachten ist, wenn …

Bolliger, M. & Manna, G. (2002).
Zürich: bohem press

Erzählt wird die Geschichte von dem Flüchtlingskind Assia, die aus einem anderen Land stammt und das Weihnachtsfest nicht kennt. Staunend und irritiert zugleich läuft es durch die Straßen der Stadt, sieht die vielen Tannenbäume und gefüllten Schaufenster, voll mit Dingen, deren Notwendigkeit sie nicht kennt. Als die Kinder in der Schule den Adventskranz bewundern, fragt Assia mutig, was Weihnachten eigentlich ist. Die Kinder lachen zunächst, führen dann aber auf, was sie alles mit Weihnachten verbinden. Schließlich erzählt die Lehrerin die Weihnachtsgeschichte und Assia selbst kommt zum Schluss, dass Weihnachten ist, wenn sie froh ist.

Thematik ■ Kindliche Vorstellungen über Weihnachten und seine Hintergründe. Kommerzialisierung von Weihnachten.

Praktische Hinweise ■ Während alle anderen Kinder in Bezug auf Weihnachten an verschiedene Tätigkeiten und die Bedeutung der Geschenke denken, erfasst Assia kurz und prägnant die emotionale Tragweite von Weihnachten. Die insgesamt schöne und knapp erzählte Geschichte eignet sich sehr gut zum Austausch darüber, was Kinder über Weihnachten denken und was sie für das Wesentliche halten. Sehr zu empfehlen ist es, bereits vor der Lektüre die Ideen und Vorstellungen der Kinder im Sinne des Buchtitels zu sammeln. Dadurch werden einige die Ähnlichkeiten ihrer Antworten mit den Antworten der Kinder im Buch erkennen und sich bestätigt fühlen und umso erstaunter werden sie über die einfache Antwort von Assia sein.

Altersempfehlung ■ Ab 5 Jahre.

Die erste Weihnacht

de Paola, T. (1984).
Oldenburg: Lappan

Dieses Krippenspiel-Bilderbuch stellt man am besten senkrecht auf einen Tisch, da sich die insgesamt sechs Pappbilder nach vorne klappen lassen. Dabei entfaltet sich eine plastische und dreidimensionale Darstellung der Geschichte von der Geburt Jesus mit folgenden Inhalten: Erscheinung des Engels Gabriel bei Maria, Ankunft von Maria und Josef in Bethlehem, Aufsuchen der Krippe, Erscheinung der Engel bei den Hirten, Weisung des Weges für die Heiligen Drei Könige durch den Stern, Anbetung des Jesuskindes durch die Hirten und die Heiligen Drei Könige.

Thematik ■ Geburt Jesus und Heilige Drei Könige.

Praktische Hinweise ■ Dieses Spielbilderbuch ist gerade auch für jüngere Kinder in allen Belangen sehr gut gelungen. Die Texte sind kurz und somit sehr einprägsam für Kinder. Die feingliedrige dreidimensionale Darstellung trägt dazu bei, dass gerade auch jüngere Kinder sehr davon beeindruckt sind. Hinzu kommt, dass sich bis auf die letzte Seite bei jedem Bild eine oder mehrere Figuren jeweils mit einem Pfeil bewegen lassen. Dadurch werden die Kinder aktiv in das Erzählen und Betrachten des Bilderbuches miteinbezogen.

Altersempfehlung ■ Ab 3 Jahre.

Das Christkind ist geboren

Goranova, T. (2003).
München: arsEdition

Erzählt wird die Geschichte der Geburt Jesu beginnend mit der Prophezeiung Jesajas, dass ein Kind geboren wird, um den Menschen Gutes zu tun. Danach erhalten Kinder einen Eindruck, wie Maria und Josef zunächst in Nazareth lebten und Maria der Engel Gabriel erscheint. Aufgrund der Weisung von Kaiser Augustus brechen Maria und Josef nach Bethlehem auf, wobei textlich sehr schön dargestellt wird, wie beschwerlich der Weg für Maria ist und wie sich Josef um sie kümmert. Als Jesus im Stall geboren wird, erhellt ein riesiger Stern die Umgebung. Die Tochter des Herbergswirtes bringt Maria und Jesus etwas Essen vorbei und die Hirten machen sich nach der Erscheinung des Engels auf dem Weg zur Krippe. Dort angelangt spüren sie die Kraft, die von dem Kind ausgeht. Schließlich erscheinen die Heiligen Drei Könige, nachdem sie dem Stern gefolgt sind. Am Ende des Buches ist zusätzlich der gereimte Liedtext „Das Wunder der Heiligen Nacht" (ohne Noten jedoch) angeführt. Ebenso ist dem Buch eine kleine aufklappbare Papier-Krippe beigelegt.

Thematik ▪ Geburt von Jesus und Heilige Drei Könige.

Praktische Hinweise ▪ Das Buch besticht durch seine malerischen und einfühlsam gestalteten Bildern. Kinder erhalten dadurch einen emotional sehr stimmigen und warmen Zugang zur Weihnachtsgeschichte.

Altersempfehlung ▪ Ab 4–5 Jahre.

Die Ostergeschichte

Wildsmith, B. (1994).
Zürich: bohem press

Als erstes sieht man, wie ein kleiner Esel Angst hat, weil auf ihm noch nie jemand geritten ist. Jesus gelingt es, dem Esel durch seine einfühlsame Art die Angst zu nehmen, so dass sie zusammen nach Jerusalem aufbrechen. Auf dem Weg zur Stadt darf der kleine Esel über die Kleider und Zweige reiten, welche die vielen Menschen für Jesus auf dem Boden ausgebreitet haben. Stolz bringt der Esel Jesus durchs Stadttor zum Tempel, wo Jesus die Händler vertreibt. Im weiteren Verlauf erlebt der Esel das letzte Abendmahl, die Verhaftung und die Verurteilung von Jesus durch Pilatus mit. Traurig begleitet der Esel Jesus auf seinen Kreuzweg. Als Jesus vom Kreuz genommen wird, darf ihn der Esel zur Grabhöhle bringen. Schließlich wird er Zeuge davon, wie Jesus aufersteht und nach 40 Tagen in den Himmel aufsteigt. Zurück in seinem Stall denkt der Esel immer wieder an Jesus, der so viel Gutes getan hat und den er auf seinem Rücken nach Jerusalem tragen durfte.

Thematik ■ Ostergeschichte

Praktische Hinweise ■ Die Erzählung aus der Perspektive eines Esels erleichtert gerade jüngeren Kindern den Zugang zur Ostergeschichte. Geschickt wird zu Beginn dargestellt, wie Jesus dem Esel die Angst nimmt, was das Gefühl der Verbundenheit mit Jesus verstärkt. Gleichzeitig erhalten Kinder durch die Figur des Esels einen Orientierungspunkt, von dem aus sie die Ereignisse rund um Jesus betrachten können. Dies ist sehr schön daran zu erkennen, dass Kinder in der Regel bei jeder neuen Seite gleich einmal schauen, wo der Esel sich befindet. Ebenso fördert die Einnahme der Perspektive des Esels das Miterleben der Geschehnisse und somit eine größere Offenheit für die Inhalte der Ostergeschichte. Die Texte sind einfach gestaltet und die Bilder künstlerisch ansprechend aufbereitet.

Altersempfehlung ■ Ab 4 Jahre.

Weitere empfehlenswerte Bücher

Juli tut Gutes

Bauer, J. & Boie, K. (1994).
Weinheim: Beltz & Gelberg

Im Kindergarten soll St. Martin einmal richtig gefeiert werden, indem die Kinder Spielsachen mitbringen, um sie auf den Martinsflohmarkt zu verkaufen. Das Geld soll dann armen Menschen zukommen. Darauf hat Juli so gar keine Lust, schließlich braucht er ja seine Spielsachen selber. Nur schwer kann er sich von seinem alten Klingeltelefon trennen, entdeckt aber dafür beim Flohmarkt zwei Funkgeräte und ist ganz begeistert vom Martinstag. Spritzige und unkonventionelle Geschichte über den St. Martinstag.

Altersempfehlung ▪ Ab 5 Jahre.

Wo der Weihnachtsmann wohnt

Kunnas, M. (1982).
Hamburg: Oetinger

Für diejenigen, die keine Abneigung gegen die Figur des Weihnachtsmannes haben und nicht religiös orientiert sind. Eine wunderbar bebilderte Geschichte, wie sich die Wichtel weit oben in Lappland im Auftrag des Weihnachtsmannes darum kümmern, dass auch alle Weihnachtswünsche der Kinder in Erfüllung gehen. Die Bilder leben von den liebevoll und herrlich gemalten Details, deren Betrachtung für Kinder eine wahre Fundgrube zum Entdecken und Staunen darstellt.

Altersempfehlung ▪ Ab 4 Jahre.

Von Schafen, Perlen und Häusern. Jesus erzählt

Butterworth, N. & Inkpen, M. (2000).
Wuppertal/Kassel: Oncken

Sammlung von insgesamt acht Geschichten, welche auf einfallsreiche und kindgerechte Weise bereits jüngeren Kindern Gleichnisse aus der Bibel vermittelt.

Altersempfehlung ▪ Ab 3 Jahre.

Mein erstes Buch von Ostern

Möres, C. & Czerwenka, E. (2004).
Freiburg: Herder

Ein kleines und einfach aufgemachtes Bilderbuch, welches bereits jüngere Kinder mit der Ostergeschichte vertraut macht.

Altersempfehlung ▪ Ab 3 Jahre.

Conni und der Osterhase

Schneider, L. & Wenzel-Bürger, E. (2006).
Hamburg: Carlsen

Auf einfache und ansprechende Art werden die typischen Osterbräuche und auch damit verbundene Bastelanregungen näher gebracht.

Altersempfehlung ▪ Ab 3 Jahre.

6.15 Förderung kognitiver Fertigkeiten

Jegliches Betrachten und Vorlesen eines Bilderbuches schafft Anreize, verschiedenste kognitive Fähigkeiten wie visuelle Wahrnehmung und Verarbeitung von Bildern, Sprachverständnis, expressive Sprachfertigkeiten (wie Nachsprechen von Reimen), narratives Verständnis und das Verständnis logischer bzw. kausaler Zusammenhänge beim Kind zu schulen. Dies beginnt bereits mit den Elementarbilderbüchern für die Kleinsten, welche gezielt den Wortschatz fördern, und endet mit Bilderbüchern, die versuchen, komplexe Beziehungen zu vermitteln. Neben diesen grundlegenden Aspekten lassen sich aber auch Bilderbücher finden, die gezielt spezifische kognitive Funktionen trainieren. In der folgenden Auswahl werden Bilderbücher vorgestellt, welche auf gezielte Weise Fertigkeiten wie Wahrnehmung bzw. Aufmerksamkeit, Gedächtnis, logisches Schlussfolgern, Begriffsbildung, Sprachverständnis, expressive Sprachfertigkeiten und phonologisches Bewusstsein fördern.

Die Torte ist weg! Eine spannende Verfolgungsjagd

Tjong-Khing, T. (2006).
Frankfurt: Moritz

Wunderbar gezeichnet werden über zwölf großflächige Bilder hinweg verschiedene Geschichten von Tieren nebeneinander erzählt und alles ohne Text. Alle Tiere bewegen sich dabei von links nach rechts und die unterschiedlichen Landschaften fließen sehr anschaulich ineinander über. Da ist zunächst einmal die Geschichte von den zwei Ratten, die Herrn und Frau Hund die Torte wegnehmen und vor ihnen fliehen, wunderbar unterbrochen von einem Frosch, der schon die ganze Zeit da war, ohne wirklich aufzufallen. Mehr und mehr verschiebt sich aber die Aufmerksamkeit auf das Schweinekind, das vom hohen Berg herunterfällt, aber Gott sei Dank vom Storch aufgefangen wird. Viele Tiere sind unterwegs, deren Erlebnisse zu entdecken sind. Viele treffen aufeinander, manche kommen von Anfang an mit dem Tempo nicht mit, andere wieder tauchen zwischendurch oder später auf. Es gibt vieles zu entdecken und zu verknüpfen. Der Spaß beim Suchen ist also Kindern wie Erwachsenen garantiert.

Thematik ▪ Förderung der Wahrnehmung und Aufmerksamkeit. Logisches Kombinieren.

Praktische Hinweise ■ Mit diesem Buch ist Tjong-Khing ein faszinierendes Suchbilderbuch geglückt. Kinder werden einerseits in ihrer Aufmerksamkeit und Wahrnehmung geschult, da sie immer wieder nach den Protagonisten suchen müssen, die man auf der vorherigen Seite im Blick hatte. Andererseits werden sie herausgefordert, die sich entwickelnden Geschichten logisch miteinander zu verknüpfen und zu erzählen.

Altersempfehlung ■ Ab 4 Jahre.

Die Maus, die hat Geburtstag heut

Maar, P. (1997).
Hamburg: Oetinger

Die Maus hat heute Geburtstag. Der Elefant, das Schwein, der Strauß, die Schnecke, der Pinguin sowie das Känguru kommen zum Gratulieren vorbei und bringen natürlich Geschenke mit. Zu raten ist dabei immer, welches Tier ein Geschenk vorbeibringt, da nur ein kleiner Ausschnitt von jedem Tier zu sehen ist. Daraufhin wird das Kind gefragt, was das jeweilige Tier mitgebracht hat. Das Kind muss sich also einprägen, welches Geschenk schon vorher zu sehen war. Die Tatsache, dass die Kinder zwischenzeitlich immer wieder erraten müssen, welches neue Tier da kommt, macht die Sache nicht ganz so einfach. Am Schluss sitzen alle Tiere an der Gästetafel mit einer Ausnahme. Auch hier müssen die Kinder wieder erraten, wer fehlt.

Thematik ■ Förderung des Gedächtnisses.

Praktische Hinweise ■ Das Buch ist sehr nett aufgemacht und auch durch die Reime sehr ansprechend für jüngere Kinder. Gleichzeitig hat es eine spielerische Ratekomponente und fördert die Merkfähigkeit von Kindern. Die Anforderungen an die Merkfähigkeit bestehen darin, dass das neu ausgepackte Geschenk immer erst dann zu sehen ist, wenn es neben den alten Geschenken auf einen Tisch gelegt wird. Das Buch bietet auch einen Anreiz, ähnliche Gedächtnisspiele im Kindergarten durchzuführen.

Altersempfehlung ■ Ab 3 Jahre.

Ein Regentag im Zoo

Pin, I. (2006).
Zürich: Bajazzo

Anna besucht mit ihrem Papa den Zoo. Aber weil es regnet, sind die Tiere in verschiedenen Häusern versteckt. Dabei sind die Häuser nach der Körperform der jeweiligen Tiere gebaut. Die Kinder sollen also anhand der Betrachtung der Flächen erraten, welches Tier hinter den Gebäuden wohnen könnte. Um die Antwort zu überprüfen, können schließlich die Kinder die Flächen aufklappen und das jeweilige Tier erkennen.

Thematik ■ Wahrnehmung. Logisches Schlussfolgern von geometrischen Flächen auf Tierkörper.

Praktische Hinweise ■ Mit diesem Buch lernen Kinder, geometrische Flächen in Bezug zu Tierkörpern zu setzen. Neben dem spielerischen Ratespaß besteht eine weitere Variante im Umgang mit dem Buch darin, Kindern die Augen zu verbinden und das versteckte Tier anhand des Befühlens der Fläche zu erraten, was die intermodale Wahrnehmung fördert.

Altersempfehlung ■ Ab 3 Jahre.

Unser Haus!

von Stemm, A. (2005).
München: cbj-Verlag

Beim Öffnen des Buches klappt man die magnetisch zusammengehaltene Außenfassade des Hauses auf und trifft auf sechs Wohnungen, in denen verschiedene Menschen leben. Jede dieser Wohnungen hat nun sechs Einzelbilder, die sich aufklappen und umblättern lassen. Auf den obersten Bildern sind immer die Eingangstüre und der Vorraum abgebildet. Blättert man um, dann lernt man die unterschiedlichen Zimmer dieser Wohnung kennen, bis man schließlich zu den einzelnen Schlafzimmern gelangt. Die Kinder werden dadurch auf sehr spielerische Weise eingeladen, sowohl die Zimmer als auch die Personen der jeweiligen Wohnung zu beschreiben. Besonders raffiniert ist, dass in jeder Wohnung jeweils ein Telefon, ein Boot, eine Katze, ein Auto (als Spielzeug oder Abbildung), ein Herz und eine Maus zu finden sind, welche die Kinder suchen sollen.

Thematik ■ Wahrnehmungsförderung.

Praktische Hinweise ■ „Unser Haus!" ist ein sehr gelungenes und schön aufgemachtes Klapp-Bilderbuch mit Suchspielelementen. Es lassen sich damit verschiedenste Such- und Merkspiele machen. Die einfachste Variante ist, dass die Kinder nach einem Gegenstand suchen, dann das Zimmer, in dem sich der Gegenstand befindet, aufgeklappt lassen und zur nächsten Wohnung gehen. Etwas schwieriger ist es, wenn die Kinder, nachdem der Gegenstand gefunden wurde, wieder aus der Wohnung gehen müssen (also zur obersten Klappe), um in die nächste Wohnung zu gehen. Dies erfordert von Kindern, dass sie planvoll vorgehen und abspeichern, wo sie bereits waren. Sind die Kinder schon besser vertraut mit dem Buch, kann man sie auch fragen, in welchem Zimmer sie z. B. das Telefon in dieser Wohnung vermuten. Alles in allem handelt es sich um ein sehr brauchbares Buch, von dem man länger etwas hat.

Altersempfehlung ■ Ab 4 Jahre.

Was war hier bloß los? Ein geheimnisvoller Spaziergang

Muller, G. (2000).
Frankfurt: Moritz

Man schlägt die erste Seite auf und lapidar steht die Aufforderung da: „Geh den Spuren nach!" Und man ist eingeladen, den verschiedensten Spuren zu folgen und zu entdecken, was der kleine Junge und die unterschiedlichen Tiere, die nach und nach dazukommen, alles so machen. Ausgangspunkt der Geschichte sind lediglich die Spuren eines kleinen Jungen, der zunächst in der Wohnung einiges erledigt, bevor er mit seinem Hund in eine Schneelandschaft geht, um etwas zu holen. Dass es sich um einen Jungen und seinen Hund handelt, wird erst beim letzten Bild sichtbar. Ebenso wird dann erst erkennbar, was der Junge gesucht hat. Dazwischen treffen seine Spuren und die des Hundes auf die Spuren anderer Tiere und einer anderen Person, die es zu entdecken gilt.

Thematik ■ Förderung der Wahrnehmung und des logischen Kombinierens. Sequentielle Erfassung von Handlungsabläufen.

Praktische Hinweise ■ Mit diesem Buch werden Kinder in ihrer Wahrnehmung gefördert, auftauchende Spuren mit bestimmten Menschen bzw. Tieren in Verbindung zu bringen. Manche der Tätigkeiten des Jungen erschließen sich erst mit dem nächsten Bild auf der folgenden Seite, so dass Kinder auch trainiert werden, anhand der Spuren und der Veränderung von Gegenständen die Handlungen des Jungen zu erfassen und nachzuvollziehen.

Altersempfehlung ■ Ab 4 Jahre.

Was stimmt denn da nicht?

Butschkow, R. (2004).
Leipzig: Baumhaus

List fährt gemeinsam mit ihren Eltern und ihrem Hund Popcorn zu ihren Großeltern. Das Problem ist nur, dass ihr mit der Ankunft alles, was sie sieht, sehr merkwürdig vorkommt. Und in der Tat ist es Butschkow auf sehr ansprechende und amüsante Weise gelungen, an insgesamt neun verschiedenen Orten (Bahnhof, Bauernhof, Stall, Esszimmer, Feld, Markt, Kirmes, Badesee und Schlafzimmer) lustige Details einzubauen, die es so nicht geben kann bzw. die dort nicht hingehören. Aufgabe der Kinder ist es nun zu entdecken, was alles nicht stimmen kann, weil es den Situationen und der Logik nicht entspricht.

Thematik ■ Förderung der Wahrnehmung und Aufmerksamkeit. Logische Auseinandersetzung mit dem Alltagskontext von Gegenständen und Handlungen von Personen.

Praktische Hinweise ■ Kinder sowie Erwachsene werden auf jeden Fall viel zu lachen und zu schmunzeln haben angesichts der witzigen Gegebenheiten, die vorzufinden sind. Kinder lernen dabei auf spielerische Weise, die Bilder noch genauer anzuschauen und zu analysieren, um ja kein lustiges Detail auszulassen. Dabei müssen sie berücksichtigen, wie verschiedene Gegenstände sowie Tätigkeiten von Menschen und Tieren im Alltag ablaufen, um die logischen Inkonsistenzen zu erfassen.

Altersempfehlung ■ Ab 4 Jahre.

Das Bilder-Buch der Gegensätze

Girard, F. & Fordacq, M.-O. (2006).
Düsseldorf: Patmos

Anhand wunderbar ausgewählter Fotos führen Girard und Fordacq Kinder in die Welt der Gegensätze ein. Jeweils einem oder zwei Bildern werden verschiedene Gegensatzpaare gegenübergestellt, die es auf den Fotos zu entdecken gilt.

Thematik ■ Erfassung des Prinzips von Gegensätzen.

Praktische Hinweise ■ In der Arbeit mit jüngeren Kindern ist zu empfehlen, anhand des ersten Bildes zu verdeutlichen, was Gegensätze überhaupt sind. Auf den weiteren Seiten sollten dann Kinder zunächst einmal ermuntert werden, selbst anhand der Fotos abgebildete Gegensätze zu finden. Finden die Kinder keine Gegensätze (mehr), dann ist es sinnvoll, z. B. nach folgendem Muster vorzugehen: „Irgendetwas auf diesem Foto ist *schwer*. Könnt ihr entdecken, was ich meine?“ Haben die Kinder das Richtige gefunden: „Was ist das Gegenteil von *schwer*? Könnt ihr das auf dem Foto finden?“ Wenn die Kinder im Finden von Gegensätzen eingeübt sind, ist es zu empfehlen, die Kinder auch nach Gegensätzen im Gruppenraum oder im Garten suchen zu lassen.

Altersempfehlung ■ Ab 4 Jahre.

Zoom

Banyai, I. (1998).
Düsseldorf: Sauerländer

Das textlose Buch beginnt damit, dass man etwas zackiges Rotes sieht und nicht weiß, was das sein soll. Blättert man um, so erkennt man, dass es sich um den Kamm eines Hahnes handelt. Auf der nächsten Seite sind zwei Kinder an einem Fenster zu entdecken, die eben genau auf diesen Hahn schauen. Mit jedem Umblättern nun gelangt man in eine neue Perspektive und zoomt sich sozusagen immer mehr zurück, bis man schließlich nur noch auf einen winzigen Lichtpunkt blickt, der die Welt darstellt. Immer wieder ist man erstaunt und verblüfft über den Perspektivenwechsel.

Thematik ■ Vermittlung visueller und gedanklicher Perspektiven.

Praktische Hinweise ■ Dies ist vermutlich das beste Buch zur Vermittlung von Perspektiven. Primär handelt es sich um visuelle Perspektiven, aber beim Betrachten vollzieht sich auch an mehreren Stellen ein gedanklicher Perspektivenwechsel, weil etwas doch nicht so ist, wie man zuerst geglaubt hat. Es ist einfach phantastisch, wie Banyai demonstriert, dass etwas groß Geglaubtes doch klein ist und in noch Größerem aufgeht. Genauso faszinierend ist es, wenn man das Buch von hinten nach vorne blättert. Es entwickelt sich dabei ein ähnliches Gefühl des immer tieferen Eindringens in die Bilder. Angesichts der Anforderungen an das abstrakte Denken ist das Buch eher für ältere Kindergartenkinder geeignet.

Altersempfehlung ■ Ab 5 Jahre.

Wer ist denn Frau Sudek?

McKee, D. (2004).
Mülheim an der Ruhr: Verlag an der Ruhr

Jennifer geht raus zum Spielen, weil ihre Mama sauer auf sie ist. Tim meint dazu nur lapidar: „Daran ist nur Frau Sudek schuld"! Klar, dass Jennifer nachfragt, wer Frau Sudek überhaupt ist. Doch darauf erhält Jennifer keine Antwort, weil Tim erst einmal erklärt, was Herr Motzek gemacht und dazu geführt hat, dass Jennifers Mama überhaupt sauer wurde. Jennifer lässt nicht locker und fordert Tim erneut auf, etwas über Frau Sudek zu erzählen. Dies ist jedoch nicht so einfach, weil Tim zunächst noch erklären muss, was die Frau von Herrn Motzek gemacht hat und wie das Ganze wiederum mit Frau Kaufmann und ihrer Katze zusammenhängt. Immer wieder fragt Jennifer nach, was das alles mit Frau Sudek zu tun hat. Aber Tim muss noch fünf andere Personen erwähnen, bis er endlich bei Frau Sudek angelangt ist, die der Ausgangspunkt für die ganzen Reaktionen der unterschiedlichen Personen war.

Thematik ■ Erfassung von Ursache-Wirkungs-Mechanismen im sozialen Bereich.

Praktische Hinweise ■ Dieses Buch schärft die Logik für soziale Zusammenhänge und für das Prinzip von Ursache und Wirkung. Anhand der Geschichte wird Kindern sehr gut vermittelt, wie soziale Verhaltensweisen zusammenhängen und eine Kettenreaktion beginnend mit Frau Sudek auslösen können. Die Komplexität sozialer Situationen wird dadurch deutlicher. Positiv ist auch, dass der Verlag zu diesem Buch eine Arbeitsmappe für den Einsatz in Kindergarten und Grundschule anbietet.

Altersempfehlung ■ Ab 5–6 Jahre.

Feriengrüße aus Crabby Beach

Harvey, R. © 2006
Gerstenberg, Hildesheim

Penny, Henry, Rajah, Frankie und ihre Eltern fahren in Urlaub nach Crabby Beach. Die Oma winkt und erinnert die ganze Familie noch daran, ihr auch mal einen Brief zu schicken. Auf den verschiedensten Urlaubsstationen schreiben sie daher ihrer Oma einen Brief und beschreiben darin, was sie gerade erleben. Über jeweils zwei Seiten hinweg sind nun genau diese Situationen bildlich dargestellt inklusive dem abgedruckten Brief.

Thematik ■ Förderung der rezeptiven Sprachfertigkeiten und der Wahrnehmung. Berücksichtigung unterschiedlicher Erzählperspektiven.

Praktische Hinweise ■ Roland Harvey liefert mit diesem Buch einen originellen Beitrag zur Förderung rezeptiver Sprachfertigkeiten und der Wahrnehmung. Gleichzeitig ist es auch eine Fürsprache für die Briefkultur, die ja mit Internet und E-Mail immer mehr verloren geht. Das Betrachten dieses Bilderbuchs erfordert von den Kindern einerseits die Fähigkeit, die Sätze zu verstehen und genau zu analysieren, um zu bestimmen, was gesucht werden kann und was nicht. Gleichzeitig muss berücksichtigt werden, wer den Brief geschrieben hat, um die Person, die von sich erzählt, überhaupt zu finden. Andererseits wird die visuelle Wahrnehmung geschult, da bei den meisten Bildern sehr viel abgebildet ist.

Altersempfehlung ■ Ab 5 Jahre.

Mein Schneemann

Briggs, R. (1978).
München: Bertelsmann

„Mein Schneemann“ ist eine reine Bildergeschichte, kommt also vollkommen ohne Text aus. Es geht um einen Jungen, der eines Morgens in den Garten läuft, um mit dem ersten Schnee einen großen Schneemann zu bauen. Abends schaut er immer wieder fasziniert hinaus zu seinem Schneemann. In der Nacht schließlich träumt er davon, wie er aufsteht und zu seinem Schneemann geht. Dieser wird lebendig und der Junge bitte ihn in die Wohnung hinein. Der Junge zeigt ihm auf sehr rührende Weise verschiedenste Sachen in der Wohnung und Garage, welcher der Schneemann nicht kennt und sogleich ausprobiert. Beide haben großen Spaß miteinander und schließlich bereitet der Junge dem Schneemann ein Essen. Daraufhin bittet der Schneemann seinerseits den Jungen mitzukommen und fliegt mit ihm über die Landschaft und Stadt zum Meer, um ihm den Sonnenaufgang zu zeigen. Nachdem sie wieder zurückfliegen, stellt sich der Schneemann wieder auf seinen gewohnten Platz im Garten, während der Junge wieder ins Bett geht. Der Junge kann nicht mehr richtig einschlafen, wälzt sich im Bett, und als er merkt, dass es hell geworden ist, läuft er besorgt in den Garten hinaus und findet nur noch den geschmolzenen Schneemann vor.

Thematik ■ Förderung der expressiven Sprachfertigkeiten.

Praktische Hinweise ■ Gerade die textlosen Bilderbücher, welche eine Geschichte erzählen, stellen eine hervorragende Möglichkeit dar, Kinder dazu anzuregen, in eigenen Worten den Hergang der Geschichte zu erzählen. Dies fördert einerseits die grammatikalischen Fertigkeiten, andererseits wird das Gefühl für den logischen Aufbau einer Geschichte durch das direktere Nacherzählen gefördert.

Altersempfehlung ■ Ab 4 Jahre.

Der Buchstabenbaum

Lionni, L. (2005).
Weinheim: Beltz & Gelberg

Eine Ameise erzählt ihrer Freundin die Geschichte des Buchstabenbaums. Es beginnt damit, dass die Buchstaben glücklich auf einem Baum leben und jeder Buchstabe sein Lieblingsblatt hat. Eines Tages entsteht ein Sturm, der einige Buchstaben wegbläst, während die anderen ängstlich zusammen rücken. Da taucht ein Wortkäfer auf und zeigt den Buchstaben, wie sie Wörter bilden können, um zukünftig starken Winden standhalten zu können, was auch der Fall ist. Später erscheint eine Raupe, die den Buchstaben beibringt, Sätze zu bilden, um etwas auszusagen. Die Raupe ist jedoch damit noch nicht zufrieden und fordert die Buchstaben auf, etwas Wichtiges zu formulieren. Schließlich trägt die Raupe die Buchstaben durch die Welt, um den Menschen die Bedeutung von Frieden zu verkünden.

Thematik ■ Einführung in das Prinzip von Buchstaben, Wörtern und Sätzen. Bedeutung von Frieden für die Welt.

Praktische Hinweise ■ Dies ist wahrscheinlich das schönste Bilderbuch zur Einführung in das Prinzip von Buchstaben, Wörtern und Sätzen. Mehrere Aspekte machen dieses Bilderbuch zu einem Kleinod. Kindern wird auf sehr poetische Weise vermittelt, wie aus Buchstaben Wörter und aus Wörter Sätze entstehen. Eine ästhetischere Form, Kinder in das alphabetische Prinzip einzuführen, ist schwer zu finden. Gleichzeitig gelingt es Lionni, Sprache als etwas grundlegend Lebendiges und nicht Statisches darzustellen.

Altersempfehlung ■ Ab 5–6 Jahre.

Krogufant

Ball, S. (2004).
Weinheim: Parabel

Auf der rechten Seite ist immer ein Tier mit einem dreisilbigen Namen abgebildet (insgesamt 12 Tiere), auf der linken Seite die entsprechenden Silben untereinander geschrieben. Die Kopf-, Mittel- und Fußteile der Tiere lassen sich jeweils getrennt voneinander umblättern und ergeben insgesamt über 1.700 Phantasietiere. So wird aus der Kombination von Krokodil und Ziegenbock unter anderem ein Zie-ko-dil, Zie-gen-dil, Kro-gen-dil, Zie-ko-bock, Kro-ko-bock oder ein Kro-gen-bock.

Thematik ▪ Förderung des Verständnisses für Silben und der phonologischen Bewusstheit. Phantasie.

Praktische Hinweise ▪ Sara Ball hat mit Krogufant ein ideenreiches Klappbilderbuch geschaffen, um Kinder spielerisch in das Prinzip der Silbentrennung von Wörtern einzuführen und somit die Fähigkeit der phonologischen Bewusstheit zu fördern. Das Buch erfordert verschiedene sprachliche Fertigkeiten von Kindern, welche bei der Verwendung berücksichtigt werden müssen, um eine Überforderung von Kindern zu vermeiden. Zunächst ist es erforderlich, Kindern das Prinzip der Silben zu vermitteln. Dies gelingt mit diesen Büchern am besten, wenn anfangs nur mit den zwölf Tieren isoliert gearbeitet wird. Die drei Körperteile jedes Tieres sollten beginnend mit dem Kopfteil nacheinander umgeklappt werden, während dabei die entsprechenden Silben betont vorgesprochen werden. Dies sollte in der Regel so lange wiederholt werden, bis die Kinder die Silbenstruktur erfasst und abgespeichert haben. Die nächste Hürde stellt für Kinder die Anforderungen an das Arbeitsgedächtnis dar. Kinder müssen nicht nur die Tiernamen als Ganzes, sondern gleichzeitig auch die drei Silben der unterschiedlichen Tiernamen isoliert voneinander im Gedächtnis behalten, um die unterschiedlichen Phantasienamen der neu entstandenen Tierfiguren überhaupt bilden zu können. Dies ist gerade für die mittlere und letzte Silbe im Vergleich zur ersten Silbe schwieriger. Daher empfiehlt es sich, zunächst nur die erste Silbe jeweils zwischen den einzelnen Tieren auszutauschen, bis das Prinzip der Aufgabenstellung verstanden und beherrscht wird. Erst danach sollte dann langsam auf den Austausch der Mittelsilbe und schließlich der Endsilbe übergegangen werden.

Altersempfehlung ▪ Zum Betrachten und Vorlesen ab 3 Jahre. Zum aktiven Mitmachen ab 5 Jahre.

Genau! sagt Paul Schlau

Spinner, E. & Luchs, A. (2005).
Zürich: Bajazzo

Mara, Peter, Tom, Rut und Lilli sitzen gelangweilt in ihrem Zimmer. Das ist natürlich ein klarer Fall für Paul Schlau, der viele Ideen hat, was Kinder gegen ihre Langeweile tun können. Als die ersten Vorschläge nicht helfen, da die Kinder dies alles schon gemacht haben, braucht er Verstärkung von Anna Gans, die Spezialistin für besonders hartnäckige Fälle von Langeweile ist. Sie schlägt das Spiel Vokalessen vor, bei dem in der Phantasie verschiedene Speisen erfunden werden müssen, welche als Vokale nur den Buchstaben A (z. B. Schlagrahmkranz) oder I (z. B. Pilzfisch, Milchzimtring) haben. Da fällt Peter auf, dass die Speise Basilikim-Zicchini, die auch genannt wird, kein Beispiel für das Spiel Vokalessen ist, sondern eigentlich ein Vokaltausch ist, und fortan reden alle nach diesem Prinzip miteinander.

Thematik ■ Förderung des Verständnis für Vokale und der phonologischen Bewusstheit. Anregung der Phantasie bei der Gestaltung von Wörtern.

Praktische Hinweise ■ Mit diesem Sprachspielbuch werden Kinder sehr gut in ihrem Verständnis für Vokale geschult. Gleichzeitig können sie selbst angeregt werden, das Spiel sowohl mit weiteren Speisen weiterzuspielen als auch auf andere Kategorien anzuwenden. In Anbetracht der beträchtlichen Anforderungen an die phonologische Bewusstheit und an den Wortschatz sollte jedoch das Spielprinzip von Vokalessen im Kindergarten vereinfacht werden, indem auch Wörter gelten, welche einen spezifischen Vokal nur am Anfang haben. In diesem Sinne können beispielsweise auch Vokaltiere (z. B. A-Tiere: Hamsteraffe, Aalschlange, Ameisenwal oder E-Tiere: Regenwurmesel, Rehfledermaus) erfunden werden. Zur Erleichterung sollten die Kinder am Anfang auch Bilder dieser Tiere vor sich liegen haben, um die Verknüpfungen besser anzuregen. In Bezug auf das Spielprinzip des Vokaltausches ist anzumerken, dass die eigenständige Manipulation von Vokalen in Wörtern auch für ältere Kinder im Kindergarten großteils noch schwierig sein kann. Daher ist zu empfehlen, das die Erzieherin die neu kreierten Wörter zunächst vorspricht und dann von den Kindern nachsprechen lässt.

Altersempfehlung ■ Ab 5–6 Jahre.

Weitere empfehlenswerte Bücher

Wer kann's sein? Ein Rätsel-Bilderbuch

Brand, C. & Brand, H. (2004).
Oldenburg: Lappan

Dieses kleinformatige Rätsel-Bilderbuch stellt Kindern insgesamt zwölf Rätsel in Reimform. Gesucht werden jeweils bestimmte Tiere oder Objekte, die auch in den Bildern wieder zu finden sind.

Altersempfehlung ▪ Ab 5 Jahre.

ottos mops

Jandl, E. & Junge, N. (2001).
Weinheim: Beltz & Gelberg

Dieser schräge kleine Bildband besticht durch seine kurzen Zungenbrecher und witzigen Zeichnungen. Es geht um Otto, der mit der Erziehung seines Hundes, eines Mopses, seine liebe Not hat. Das Buch eignet sich sehr gut dafür, in der ganzen Gruppe die kurzen Zungenbrecher laut nachzusprechen und mehrmals zu wiederholen.

Altersempfehlung ▪ Ab 4 Jahre.

Mein schönstes Wimmelbuch

Mitgutsch, A. (2005).
Ravensburg: Ravensburger Buchverlag

Die Wimmelbücher von Ali Mitgutsch sind Klassiker und regen Kinder immer wieder an zum Suchen, Entdecken und Geschichtenerzählen.

Altersempfehlung ▪ Ab 3 Jahre.

Hexe Zerolina im Zahlenland

Schoof, R., Friedrich, G. & Sangl, M. (2005).
Freiburg: Kerle

Anschauliche und vergnügliche Einführung in die Zahlen 1 bis 10. Auf jeder Seite sind mehrere Gegenstände oder Tiere abgebildet, die gezählt werden können und jeweils die eingeführte Zahl ergeben.

Altersempfehlung ▪ Ab 4–5 Jahre.

Mouse around

Schories, P. (1991).
Canada: Sunburst Book/Harper Collins

Eine beeindruckende Bildergeschichte über eine kleine neugierige Maus, die aus ihrem Nest fällt und von vielen verschiedenen Personen unerkannt mitgenommen wird, bis sie wieder in ihr Nest zurückgelangt. Damit lassen sich sowohl die expressiven Sprachfertigkeiten als auch das Verständnis für sequentielle Abläufe fördern.

Altersempfehlung ▪ Ab 3 Jahre.

Schau, was Max alles zaubern kann!

Zeuch, C. & Kraushaar, S. (2006).
Würzburg: Edition Bücherbär

Mit vielen spielerischen Elementen und insgesamt 67 Aufklappbildern werden Kindern die Uhr, die Farben, Buchstaben, Zahlen, Formen und Gegensätze vermittelt. Der Zauberstab zum Zaubern ist gleich mitgeliefert.

Altersempfehlung ▪ Ab 5–6 Jahre.

Literatur

Arizpe, E. & Styles, M. (2003). Children reading pictures. Interpreting visual texts. London/New York: Routledge Falmer.
Bar-Tal, D., Raviv, A. & Leiser, T. (1980). The development of altruistic behavior: Empirical evidence. Developmental Psychology, 16, 516–524.
Bar-Tal, D., Raviv, A. & Shavit, N. (1981). Motives for helping behaviour: Kibbutz and city children in kindergarten and school. Developmental Psychology, 17, 766–772.
Baron-Cohen, S. (2004). Vom ersten Tag an anders. Das weibliche und das männliche Gehirn. Freiburg: Walter.
Bates, J. E. (1989). Concepts and measures of temperament. In G. A. Kohnstamm, J. E. Bates & M. K. Rothbart (Eds.), Temperament in childhood (pp. 3–26). Chichester: Wiley.
Bering, J. M. & Bjorklund, D. F. (2004). The natural emergence of reasoning about the afterlife as a developmental regularity. Developmental Psychology, 40, 217–233.
Bieg, S. R. & Behr, M. (2005). Mich und Dich verstehen. Göttingen: Hogrefe.
Brilleslijper-Kater, S. N. & Baartman, H. E. M. (2000). What do young children know about sex? Research on the sexual knowledge of children between the ages of 2 and 6 years. Child Abuse Review, 9, 166–182.
Bus, A. G., van Ijzendorn, M. H. & Pellegrini, A. D. (1995). Joint book reading makes for success in learning to read: A meta-analysis on intergenerational transmission of literacy. Review of Educational Research, 65, 1–21.
Bus, A. G., Belsky, J., van Ijzendoorn, M. H. & Crnic, K. (1997). Attachment and bookreading patterns: A study of mothers, fathers, and their toddlers. Early Childhood Research Quarterly, 12, 81–98.
DeLoache, J. S., Pierroutsakos, S. L. & Uttal, D. H. (2003). The origins of pictorial competence. Current Directions in Psychological Science, 12, 114–118.
Dickinson, D. & Smith, M. (1994). Long-term effects of preschool teachers' book readings on low-income children's vocabulary and story comprehension. Reading Research Quarterly, 29, 104–122.
Dyer, J. R., Shatz, M. & Wellman, H. M. (2000). Young children's storybooks as a source of mental state information. Cognitive Development, 15, 17–37.
Eisenberg, N. & Fabes, R. A. (1998). Prosocial development. In W. Damon (Editor-in-Chief) & N. Eisenberg (Volume Editor), Handbook of child psychology. Vol. 3. Social, emotional, and personality development (pp. 701–778). New York: Wiley.
Evans, M. A. & Saint-Aubin, J. (2005). What children are looking at during share storybook reading. Evidence from eye movement monitoring. Psychological Science, 16, 913–920.
Fletcher, K. L. & Reese, E. (2005). Picture book reading with young children: A conceptual framework. Developmental Review, 25, 64–103.
Foy, J. G. & Mann, V. (2003). Home literacy environment and phonological awareness in preschool children: Differential effects for rhyme and phoneme awareness. Applied Psycholinguistics, 24, 59–88.
Gelman, S. A., Chesnick, R. J. & Waxman, S. R. (2005). Mother-child conversations about pictures and objects: Referring to categories and individuals. Child Development, 76, 1129–1143.
Grimm, H. (2002). Störungen der Sprachentwicklung. Göttingen: Hogrefe.
Haden, C. A., Reese, E. & Fivush, R. (1996). Mothers' extratextual comments during storybook reading: Stylistic differences over time and across texts. Discourse Processes, 89, 259–271.

Harris, M. & Butterworth, G. (2002). Developmental Psychology. A student's handbook. Hove: Psychology Press.
Harter, S. (1998). The development of self-representations. In W. Damon (Editor-in-Chief) & N. Eisenberg (Volume Editor), Handbook of child psychology. Vol. 3. Social, emotional, and personality development (pp. 553–617). New York: Wiley.
Hollstein, G. & Sonnenmoser, M. (2006). Werkstatt Bilderbuch. Allgemeine Grundlagen, Vorschläge und Materialien für den Unterricht in der Grundschule. Baltmannsweiler: Schneider Verlag Hohengehren.
Holodynski, M. & Friedlmeier, W. (2005). Emotionen – Entwicklung und Regulation. Berlin: Springer.
House, C. A. & Rule, A. C. (2005). Preschoolers' ideas of what makes a picture book illustration beautiful. Early Childhood Education Journal, 32, 283–290.
Jalongo, M. R., Dragich, D., Conrad, N. K. & Zhang, A. (2002). Using wordless picture books to support emergent literacy. Early Childhood Education Journal, 29, 167–177.
Justice, L. M. & Pullen, P. C. (2003). Promising interventions for promoting emergent literacy skills: Three evidence-based approaches. Topics in Early Childhood Special Education, 23, 99–113.
Karmiloff-Smith, A. (1985). Language and cognitive processes from a developmental perspective. Language and Cognitive Processes, 1, 61–85.
Karrass, J., VanDeventer, M. C. & Braungart-Rieker, J. M. (2003). Predicting shared parent-child book reading in infancy. Journal of Family Psychology, 17, 134–146.
Lee, K., Cameron, C. A., Doucette, J. & Talwar, V. (2002). Phantoms and fabrications: Young children's detection of implausible lies. Child Development, 73, 1688–1702.
Leinbach, M. D. & Fagot, B. I. (1993). Categorical habituation to male and female faces: Gender schematic processing in infancy. Infant Behavior and Development, 16, 317–332.
Lohaus, A. & Ball, J. (2006). Gesundheit und Krankheit aus der Sicht von Kindern. Göttingen: Hogrefe.
Martin, C. L., Ruble, D. N. & Szkrybalo (2002). Cognitive theories of early gender development. Psychological Bulletin, 128, 903–933.
Miller, C. L. (1983). Developmental changes in male/female voice classification by infants. Infant Behavior and Development, 6, 313–330.
Miller, P. J. & Aloise, R. R. (1989). Young children's understanding of the psychological causes of behaviour: A review. Child Development, 60, 257–285.
Parsons, M. J. (1987). How we understand art. Cambridge: Cambridge University Press
Payne, A. C., Whitehurst, G. J. & Angell, A. L. (1994). The role of home literacy environment in the development of language ability in preschool children from low income families. Early Childhood Research Quarterly, 9, 427–440.
Perner, J. (1991). Understanding the representational mind. Cambridge: MIT Press
Peskin, J. & Astington, J. W. (2004). The effects of adding metacognitive language to story texts. Cognitive Development, 19, 253–273.
Petermann, F. & Wiedebusch, S. (2003). Emotionale Kompetenz bei Kindern. Göttingen: Hogrefe.
Petermann, F., Niebank, K. & Scheithauer, H. (2003). Entwicklungswissenschaft. Entwicklungspsychologie, Genetik, Neuropsychologie. Berling: Springer.
Peterson, C. & McCabe, A. (1983). Developmental psycholinguistics: Three ways of looking at a child's narrative. New York. Plenum Press.
Phillips, G. & McNaughton, S. (1990). The practice of storybook reading to preschool children in mainstream New Zealand families. Reading Research Quarterly, 25, 196–212.
Polak, A. & Harris, P. L. (1999). Deception by young children following noncompliance. Developmental Psychology, 35, 561–568.

Schmitz, U. (1997). Das Bilderbuch in der Erziehung. Donauwörth: Auer.
Sénéchal, M. & Cornell, E.H. (1993). Vocabulary acquisition throught shared reading experience. Reading Research Quarterly, 28, 360–375.
Senechal, M., Cornell, E.H. & Broda, L.S. (1995). Age-related differences in the organization of parent-infant interactions during picture-book reading. Early Childhood Research Quarterly, 10, 317–337.
Sénéchal, M, LeFevre, J., Hudson, E. & Lawson, E.P. (1996). Knowledge of storybooks as predictor of young children's vocabulary. Journal of Educational Psychology, 88, 520–536.
Shapiro, L.R. & Hudson, J.A. (1991). Tell me a make-believe story: Coherence and cohesion in young children's picture-elicited narratives. Developmental Psychology, 27, 960–974.
Snow, C.E., Burns, M.S. & Griffin, P. (Eds.). (1998). Preventing reading difficulties in young children. Washington, DC: National Academy Press.
Springer, K. & Ruckel, J. (1992). Early beliefs about the cause of illness: Evidence against immanent justice. Cognitive Development, 7, 429–443.
Solomon, G.E.A. & Cassimatis, N.L. (1999). On facts and conceptual systems: Young children's integration of their understandings of germs and contagion. Developmental Psychology, 35, 113–126.
Sroufe, L.A. (1996). Emotional development: The organization of emotional life in the early years. New York: Cambridge University Press.
Subbotsky, E. (1994). Early rationality and magical thinking in preschoolers. British Journal of Developmental Psychology, 12, 97–108.
Thiele, J. (2003). Das Bilderbuch: Ästhetik – Theorie – Analyse – Didaktik – Rezeption. Bremen/Oldenburg: Universitätsverlag Aschenbeck & Isensee.
Ulich, M. & Oberhuemer, P. (2004). Es war einmal, es war keinmal ... Ein multikulturelles Lese- und Arbeitsbuch. Berlin, Düsseldorf, Mannheim: Cornelsen Scriptor.
Vargá, A.K. (1990). Visuelle Argumentation und visuelle Narrativität. In W. Harms (Hrsg.), Text und Bild. Bild und Text. (S. 356–367). Stuttgart: Metzlersche Verlagsbuchhandlung.
Wasik, B.A. & Bond, M.A. (2001). Beyond the pages of a book: Interactive book reading and language development in preschool classrooms. Journal of Educational Psychology, 93, 243–250.
Wellman, H.M. & Gelman, S.A. (1998). Knowledge acquisition in foundational domains. In W. Damon (Editor-in-Chief), D. Kuhn & R.S. Siegler (Volume editors), Handbook of child psychology. Vol. 2. Cognition, perception, and language (pp. 523–573). New York: Wiley.
Whitehurst, G.J., Falco, F., Lonigan, C.J., Fischel, J.E., Valdez-Menchaca, M.C. & Caulfield, M. (1988). Accelerating language development through picture book reading. Developmental Psychology, 24, 552–558.
Wooley, J.D. & Wellman, H.M. (1993). Origin and truth: Young children's understanding of imaginary mental representations. Child Development, 64, 1–17.
Yaden, D.B., Smolkin, L.B. & Conlon, A. (1989). Preschoolers' questions about pictures, print conventions, and story text during reading aloud at home. Reading Research Quarterly, 24, 188–214.
Yuill, N. & Pearson, A. (1998). The development of bases for trait attribution: Children's understanding of traits as causal mechanisms based on desire. Developmental Psychology, 34, 574–586.

Anhang: Empfehlenswerte Bilderbücher für Eltern

- **Einfach traumhaft als Gutenachtgeschichten**
  Henze, D. & Abedi, I. (2002). Das 99. Schaf oder Schäfchen zählen macht müde. München: arsEdition.
  Altersempfehlung ▪ Ab 4 Jahre.
  Munck, H. (2002). Die Sandmann Gute-Nacht-Geschichten vom kleinen König. Berlin: Buchverlag Junge Welt.
  Altersempfehlung ▪ Ab 3 Jahre.
  Pressler, M. & Bansch, H. (2005). Guten Morgen, gute Nacht. Weinheim: Beltz & Gelberg.
  Altersempfehlung ▪ Ab 3–4 Jahre.

- **Zur Vertiefung der Vater-Sohn-Beziehung**
  d'Allancé, M. (2006). Auf meinen Papa ist Verlass. Frankfurt: Moritz.
  Altersempfehlung ▪ Ab 3 Jahre.

- **Wenn der Papa zu wenig zu Hause ist und keine Zeit hat**
  Shipton, J. & Percy, S. (1999). Du und ich, Papa! Rheinfelden: OZ Verlag.
  Altersempfehlung ▪ Ab 3 Jahre.

- **Zur Vertiefung der Mutter-Sohn-Beziehung**
  Shalev, Z. & Kaergel, J. (2006). Mamas liebster Junge. Weinheim: Beltz & Gelberg.
  Altersempfehlung ▪ Ab 5 Jahre.

- **Zur Vertiefung der Mutter-Tochter-Beziehung**
  Reichenstetter, F. & Hardt, I. (2004). Anna spielt Mama. Würzburg: Edition Bücherbär.
  Altersempfehlung ▪ Ab 4 Jahre.

- **Zur Veranschaulichung der Bedeutung der Liebe zur Mutter**
  Friester, P. & Goossens, P. (2004). Heule-Eule. Gossau: Nord-Süd.
  Altersempfehlung ▪ Ab 3 Jahre.

- **Wenn Mutter und Tochter aufeinander sauer sind und Versöhnung so gut tut**
  Appelgren, T. & Savolainen, S. (2003). Josefine findet heute alles doof. Hamburg: Oetinger.
  Altersempfehlung ▪ Ab 4–5 Jahre.

- **Wenn Kinder nicht einschlafen wollen**
  Lindgren, A. & Wikland, I. (1989). Nein, ich will noch nicht ins Bett! Hamburg: Oetinger.
  Altersempfehlung ▪ Ab 4–5 Jahre.

- **Wenn Kinder und Erwachsene nicht einschlafen können**
  Scotton, R. (2006). Russell, das schlaflose Schaf. Esslingen: Esslinger.
  Altersempfehlung ▪ Ab 4–5 Jahre.

- **Wenn Kinder Angst beim Einschlafen haben**
  Corentin, P. (2004). Papa! Weinheim: Beltz & Gelberg.
  Altersempfehlung ▪ Ab 3 Jahre.
  Glitz, A. & Sönnichsen, I. (2005). Monster unter Willis Bett. Stuttgart – Wien: Thienemann.
  Altersempfehlung ▪ Ab 4–5 Jahre.

- **Wenn das Kind Angst vor der Dunkelheit hat**
  Junge, A. (2005). Im Dunkeln. Eine Gutenachtgeschichte. Berlin: Aufbau.
  Altersempfehlung ▪ Ab 5 Jahre.

- **Um den Weg auf's Töpfchen amüsant zu erleichtern**
  Ross, T. (2002). Die kleine Prinzessin. Ich will mein Töpfchen! Frankfurt: Baumhaus.
  Altersempfehlung ▪ Ab 2–3 Jahre.

- **Wenn Daumenlutschen ein Problem ist**
  Rössler, M.-T. & Blazejovsky, M. (2003). Simon Daumenlutscherkind. Wien/München: Jungbrunnen.
  Altersempfehlung ▪ Ab 4 Jahre.

- **Wenn das Kind tollpatschig ist**
  Holland, C. & Schreiber-Wicke, E. (1998). Kai kann's. Stuttgart – Wien: Thienemann.
  Altersempfehlung ▪ Ab 4 Jahre.

- **Ein Plädoyer für die Muße des Trödelns**
  Geisler, D. (2001). Ich trödel doch nicht, sagt Max. Frankfurt: Fischer Schatzinsel.
  Altersempfehlung ▪ Ab 3–4 Jahre.

- **Wenn Kinder Probleme mit dem ständigen Geküsstwerden haben**
  Clark, E. C. (2001). Schluss mit Kuss! München: Lentz.
  Altersempfehlung ▪ Ab 3–4 Jahre.

- **Zum Verhalten im Straßenverkehr**
  Spathelf, B. & Szesny, S. (2005). Ein Schutzengel für den Straßenverkehr oder Die wichtigsten Tipps, wie man sich vor Unfällen schützen kann. Wuppertal: Albarello.
  Altersempfehlung ▪ Ab 4–5 Jahre.

- **Was tun, wenn sich das Kind verläuft**
  Volmert, J. & Szesny, S. (2003). Wenn du dich verlaufen hast oder Wie man mit dem Wiederfindebären wieder zurückfindet. Wuppertal: Albarello.
  Altersempfehlung ▪ Ab 4–5 Jahre.

- **Zur Vorbereitung auf ein Baby und Abbau möglicher Eifersucht**
  Weninger, B. & Tharlet, E. (1997). Ein Geschwisterchen für Pauli. Gossau: Neugebauer.
  Altersempfehlung ▪ Ab 4 Jahre.

- **Um Kinder auf amüsante und lustige Weise zu überzeugen, wie wichtig eine Brille ist**
  Paul, K. & Thomas, V. (2003). Zilly fliegt wieder. Weinheim: Beltz & Gelberg.
  Altersempfehlung ▪ Ab 4 Jahre.

- **Wenn Kinder Angst haben, wegen einer Brille ausgelacht zu werden**
  Muhr, U. & Herold, H. (2005). Matti braucht eine Brille. Wien: Annette Betz Verlag im Verlag Carl Ueberreuter.
  Altersempfehlung ▪ Ab 4 Jahre.

- **Wenn Oma oder Opa im Altersheim sind. Abbau von Berührungsängsten**
  Preuß, M. (2004). Paul und die seltsamen Leute im Altenheim. Oldenburg: Lappan.
  Altersempfehlung ▪ Ab 5 Jahre.

- **Wenn Eltern zu sehr mit ihrem Kind schreien**
  Bauer, J. (2000). Schreimutter. Weinheim: Beltz & Gelberg.
  Altersempfehlung ▪ Ab 3–4 Jahre.

- **Zur Einführung von Familienregeln**
  Volmert, J. & Szesny, S. (2004). Der kleine, freche Quengelkaspar oder Wie man Familienregeln lernt. Wuppertal: Albarello.
  Altersempfehlung ▪ Ab 4–5 Jahre.

- **Amüsante Vermittlung der Wichtigkeit allgemeiner Regeln**
  Raab, B. & Olten, M. (2006). Warum muss ich das? Von Aufräumen bis Zähneputzen. Hamburg: Oetinger.
  Altersempfehlung ▪ Ab 4 Jahre.

- **Wenn die Eltern umziehen oder umgezogen sind**
  Schuurmans, H. (2002). Plotter zieht um. Oldenburg: Lappan.
  Altersempfehlung ▪ Ab 4 Jahre

- **Wenn es viele Diskussionen um das mögliche und richtige Haustier gibt**
  Gladdines, T. & Bramlage, D. (2003). Ein Tier für Sophie. München: Pattloch.
  Altersempfehlung ▪ Ab 4 Jahre

- **Wenn Adoptivkinder danach fragen, wie sie zur Familie kamen**
  Curtis, J. L. & Cornell, L. (2000). Erzähl noch mal, wie wir eine Familie wurden. Hamburg: Edition Riesenrad.
  Altersempfehlung ▪ Ab 4 Jahre.

- **Wenn die Mutter einen neuen Lebenspartner hat**
  Boeck, J. & Felsmann, I. (1995). Mama hat sich verliebt. Freiburg: Kerle. Leider vergriffen, daher Suche im Antiquariat notwendig.
  Altersempfehlung ▪ Ab 4–5 Jahre.